JN347241

일본 바로보기

오태헌

들어가면서

한국인은 유전적으로 일본인과 가장 비슷하다고 한다. 비슷할 것 같은 중국인보다 유전적 차이가 적다. 그런데 한일 간에는 온통 문제투성이다. 역사교과서가 그렇고 독도가 그렇고 위안부가 그렇다. 언제 어떻게 풀어야 할지 모를 문제들이 산적해 있다. 시간이 지나도 영영 풀리지 않을 것 같아 보이는 문제도 적지 않다. 왜 이렇게 문제가 많은 것일까? 해결하기 위해 양국 간의 노력은 없었던 것일까?

결코 그렇지 않다. 최근 한일 간의 문화적 교류만 보더라도 과거의 아픈 역사쯤 대수롭지 않다는 듯 그 정도가 깊어지고 있다. 과거와는 다른 한일관계의 새로운 조짐이 나타나고 있는 것이 사실이다. 이럴 때 일수록 일본에 대한 올바른 인식이 필요하다. 왜냐하면 양국 간에 더 이상 새로운 문제가 만들어지는 것을 어느 누구도 원하지 않기 때문이다. 해결되지 않은 현존하는 문제만으로 충분하다. 다음 세대에게까지 또 다른 문제를 물려줘서는 안 된다. 그러기 위해서는 서로를 알아야 한다. 상대국의 다양한 현상을 이해할 능력을 먼저 키워야 하는 것이다.

그런 의미에서 분명한 것은 우리보다는 일본사람이 나보다는 더 남을 아니 주위를 먼저 생각하는 '관성'이 있다는 것이다. 관성이란 별다른 저항이 없으면 원래의 상태를 계속 유지해 나가려고 하는 성질을 뜻한다. 물리학에서 주로 사용되는 용어지만 문화적 측면에도 충분히 적용이 가능하다. 익숙한 문화에서 벗어나면 부자연스럽고 적응하는데 어려움을 겪게 되는 것이 이를 말해준다.

일본사람들은 개개인의 자유나 의사표현보다는 자신을 둘러싼 집단 혹은 사회적 환경을 전제로 자신의 적절한 위치를 찾고, 사회생활을 영위하고, 판단의 준거로 삼는다. 일본, 일본사람, 일본적인 사고방식의 대표적인 특징을 찾는다면 우선 이러한 일본사람의 '관성'을 학습하는 것부터 시작해야 한다. 그렇다면 이런 사고방식은 어디에 근거하고 있는 것일까? 우리나라와는 다른 것 같고 서양과는 더욱 다른 것 같아 보이는 이러한 일본을 이해하는데 어려움을 호소하는 사람이 적지 않은 것이 사실이다.

역사적, 문화적으로 보면 오래 전부터 일본은 중국과 우리나라로부터의 많은 것을 받아들였다. 물론 근대에 이르러 일본은 서구문화를 보다 적극적으로 흡수하기 시작했다. 이렇듯 일본의 흡수 능력은 뛰어나다고 할 수 있다. 그러나 다른 나라로부터 문화가 이전되었다고 해서 그 나라 문화가 일본문화와 동일시되는 경우는 적은 것 같다. 원초적인 발생의 근원은 다른 나라에 있지만 점차 일본적인 것으로 확대 재생산해내는 사례가 있기 때문에 그렇다.

일본의 대표적인 인류학자 나카네치에(中根千枝)는 이러한 사례를 유교에서 찾는다. 일본사람이 유교라고 인식하고 있는 것 중에는 우리나라 혹은 중국의 그것과는 많은 차이를 보이는 것이 적지 않다. 상징적인 사례로 부모에 대한 '효'(孝)를 생각해 볼 수 있다. 중국과 우리는 분명 부모에 대한 효는 절대적인 것이다. 그 이유는 자신의 존재를 가능하게 한 것이 부모이기 때문이다. 그러나 일본사람이 효에 대해 생각하고 부모에게 효도해야 한다고 생각하는 근간에는 나 자신을 양육해 주었기 때문이다. 이렇듯 지극히 '일본적'인 것을 찾아내어 학습하는 것, 이것이 바로 이질적으로 느끼는 일본을 이해하기 위한 첫걸음이 될 것이다.

이 책의 각 장에서 다루고 있는 내용은 크게 현대를 살아가는 일본사람들의 생활과 전통적인 일본양식으로 나누어 볼 수 있다.

생활 속에서 찾아 볼 수 있는 '일본적' 양식을 소개하고 그 이면에 내재하고 있는 역사적 배경 등을 설명하고 있다. 현대 일본 사회에서 보이는 각각의 일본적인 현상을 우선 파악하고 그런 현상이 왜 일어나게 되었는지에 대해 역점을 두고 설명하고자 했다.

한편 전통적인 일본양식을 통해 일본을 알아가는 부분에서는 특히 일본사람의 가장 기본적인 의식주를 통해 일본의 전통양식을 소개하고자 한다. 과거와 현재가 조화를 이루며 공존하는 일본사회를 엿볼 수 있을 것이다. 우리에게 알려진 일본의 모습은 옛 것과 지금의 것이 함께 어우러져 있다고 볼 수 있다. 고전연극 가부키(歌舞伎)를 즐기고 일본의 전통 씨름인 스모우(相撲)를 관람하는 일본의 모습이 있는가 하면, 성능이 우수한 최첨단의 자동차 생산국의 이미지가 있고 경제대국 일본의 모습이 공존하고 있기 때문이다. 일본을 알기 위해서는 전통적 일본양식과 현대 일본인의 모습이 반드시 서로 같이 학습되어야 하는 이유가 여기에 있다.

그리고 각 장 끝부분에는 앞서 언급한 '일본적'인 것을 이해하기 위해 알아야 할 핵심적인 일본어 단어를 선정해 소개하고 있다. 이 단어들이 가진 함의가 일본을 알아가고 일본 사람의 행동양식 또는 의식구조를 이해하는 데 꼭 필요해서라는 판단에서이다. 이 안에는 이미 우리에게 널리 알려진 일본어 단어 혹은 우리의 문화와 매우 흡사한 내용도 일부 포함되어 있다. 고도경제성장기 이후 현재에 이르기까지 일본인의 삶과 사회적 활동에는 어떤 변화가 일어났는지 등의 의식구조의 변천에 대해서도 생각해 볼 수 있는 기회가 될 것으로 기대한다.

일본입문서를 쓴다는 생각으로 여러 현상에 대해 경험을 바탕으로 쉽게 설명하고, 그 배경을 명확히 하여 독자들로 하여금 일본을 새롭게 생각해 볼 수 있도록 하겠다는 의도로 이 책의 집필을 시작했지만 부족한 점이 많다는 것을 고백하지 않을 수 없다. 건설적인 비판은 겸허하게 수렴할 준비가 되어 있으므로 독자 여러분의 많은 지적과 격려를 바란다.

목 차

3장 일본적 주택구조와 공간의 미학

4장 연중행사 속에 나타난 일본적 가치관

5장 기모노의 유래와 종류

일본 바로보기

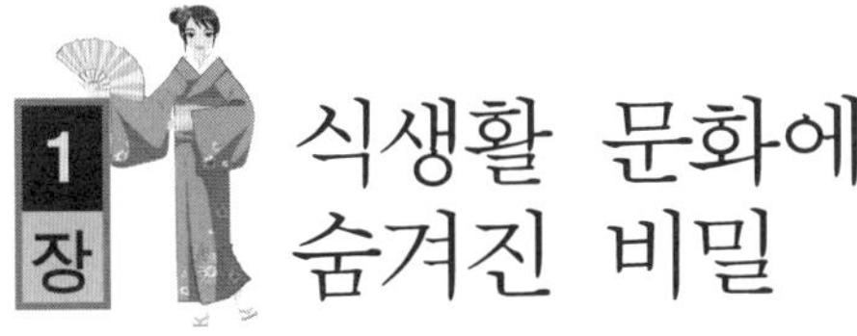

1장 식생활 문화에 숨겨진 비밀

1 젓가락 끝이 뾰족한 이유

일본은 세계에서 가장 먹을 것이 풍부한 나라에 포함된다. 세계에서 제일 맛있다는 소고기도 있고 세계에서 제일 단맛을 내는 수박, 포도 등의 과일도 일본에서 맛 볼 수 있다. 높은 대가를 지불하는 나라에는 아무리 먼 곳에서라도 가장 품질이 좋은 상품을 우선적으로 보내게 되어 있다. 가령 일본에서 먹는 망고는 필리핀에서 먹는 것보다 맛있고 자몽이나 파인애플도 캘리포니아나 남아프리카 또는 하와이나 태국에서 먹는 것 보다 훨씬 달고 맛있다. 우리나라 송이버섯 재배지에서 제일 좋은 물건은 가장 높은 가격을 쳐주는 일본으로 수출하는 것 역시 같은 맥락에서 이해할 수 있다. 세계에서 가장 높은 소비수준이 외국의 다양한 음식과 요리가 자연스럽게 유입되는 요인인 것이다. 그렇다고 일본의 전통음식이 이들 외식문화에 뒤질 정도로 시장에서 홀대를 받는 것은 결코 아니다.

대부분의 일본 요리는 숟가락을 사용하지 않고 젓가락만으로 먹는다. 젓가락은 서양에서는 찾아볼 수 없는 우리나라와 중화권 국가 그리고 일본에서만 쓰이는 식사도구이다. 그런데 이 세 나라에서 쓰이는 젓가락의 모양이 각기 다르다. 한국은 쇠로 만든 젓가락이 일반적이지만, 일본은 나무로 되어 있고 끝이 뾰족하다는 특징이 있다. 그리고 중국의 젓가락은 뿔 등으로 만들어져 한국과 일본의 것보다 긴 것이 특징이다. 일본의 젓가락 끝이 뾰족한 것은 대륙문화와 달리 섬나라에서 육류보다는 생선을 즐겨 먹었고, 생선의 진미를 맛보기 위해 가시를 발라 먹어야 하는 데 편리하도록 점차 끝이 가늘어졌다고 알려져 있다. 중국은 원탁에 둘러앉아 음식을 먹기 때문에 먼 곳에 놓은 음식을 쉽게 가져갈 수 있도록 길어졌다고 한다. 물론 원탁을 돌려가며 음식을 먹지만, 옆 사람 혹은 그 옆 사람에게까지 음식을 덜어서 접시에 놓아주는 음식예절이 있어 자연스럽게 젓가락이 길어졌다. 일본의 고사기(古史記)를 보면 젓가락을 지금처럼 두 개를 한 쌍으로 쓰는 것이 아니라 나무 한 가락을 핀셋처럼 끝을 구부려서 사용했다고 기록되어 있다.

그리고 일본이 식탁에 젓가락을 가로로 놓는 것과는 달리 우리나

끝이 뾰족한 일본의 각종 젓가락

라와 중국은 세로로 놓는 것이 다르고, 일본에서는 남자 젓가락보다 여자용이 조금 더 짧은 것이 특징이다. 또한 작은 밥공기를 의미하는 차왕(茶碗)도 여자가 쓰는 것은 메오토차왕(夫婦茶碗)이라고 해서 남자들이 주로 사용하는 것보다 조금 작다. 남자가 쓰는 밥공기도 그다지 크지 않아 두 세 차례 정도 공기에 밥을 더 덜어서 먹는 경우가 많다. 일본사람에게 초대를 받아 밥을 먹게 되면 조금씩 두 공기정도는 먹는 것이 좋으며, 이때 공기를 다 비우지 않고 밥을 조금 남기면 더 먹고 싶다는 의사표시가 된다. 만약 손님이 밥공기의 밥을 깨끗하게 비우면 더 이상 권하지 않는다.

또한 젓가락만으로 음식을 먹기 때문에 나타나는 우리나라와는 다른 식사예절이 적지 않다. 밥그릇을 손으로 들어서는 안 되는 우리나라와는 달리 왼손으로 밥그릇을 들고 먹는 것이 일반적이다. 반찬도 마찬가지로 접시를 일일이 자기 앞으로 들고 와서 먹을 만큼 덜어서 먹는다. 놓여있는 반찬을 젓가락으로 들쑤시는 것은 지저분하게 생각하며 젓가락이 반찬에서 다른 반찬으로 바로 가서는 안 된다. 젓가락을 통해 반찬 맛이 섞여 원래의 맛을 느끼지 못하게 되기 때문이다. 밥과 함께 나오는 국 역시 손으로 들고 젓가락으로 저어가면서 그릇 언저리에 입을 대고 마셔 먹는다. 식사할 때 왼손을 거의 사용하지 않는 우리의 식사문화와 달리 일본에서는 두 손이 모두 바쁘게 움직여야 예절을 그대로 지킬 수 있다.

!? 2 초밥 용어는 따로 있다

일본음식의 대표격인 스시(寿司, 초밥)에는 실제 치라시즈시(散らし寿司), 오시즈시(押し寿司), 마키즈시(巻き寿司) 등 여러 종류가 있다. 우리가 알고 있는 일본음식 스시 즉 초밥은 니기리즈시(握り寿司)를 말한다. 스시는 원래 축하하는 자리 등 기쁠 때 먹는 고급스러

운 음식이었으나 요즘은 저렴한 가격으로 즐길 수 있는 카이텐즈시(回転寿司, 회전초밥) 가게가 생기는 등 일상적으로 가볍게 즐길 수도 있는 음식이 되었다.

여러가지 초밥

스시라는 말은 스(酢, 식초)를 섞은 밥 즉 스메시(酢飯)에서 유래되었다. 이 스메시의 '메'자가 빠지면서 스시로 불리기 시작했다. 그래서 우리나라에서 스시를 초밥이라고 부른다. 스시를 한자로 표기하는 것에도 「鮨」·「鮓」·「寿司」 등 여러 가지가 있다. 「鮨」는 생선이 맛있다는 의미에서 만들어진 한자이고, 「鮓」는 얇게 벗기다는 의미의 「乍」가 들어가 생선을 얇게 뜨다는 의미에서 만들어졌다. 현재 일반적으로 쓰이고 있는 「寿司」라는 한자는 고토부기(寿, 축복 혹은 경사)를 쓰가사도루(司どる, 담당하다)라는 의미로 운이 좋다든지 축하하는 자리에서 먹는 것이라는 의미를 갖고 있다.

또한 스시는 일본을 대표하는 요리일 뿐 아니라 건강식으로도 전 세계에 널리 알려져 있다. 특히 1980년대 미국 전역에 스시바가 등장한 것을 계기로 그 세력을 확장시켜 나가고 있다. 익히지 않은 생선을 먹는 것이 익숙하지 않은 사람들을 위해 새우 등을 익혀 밥과 함께 둘둘 말은 캘리포니아롤 등이 구미 여러 나라에서 미식가들의 주목을 받고 있다.

스시는 기원전 4세기경 동남아시아에서 처음 만들어진 것으로 알려져 있다. 일본에 스시가 전해진 것은 헤이안(平安)시대 무렵이다. 당시의 스시는 '나레즈시(熟鮨)'라고 불렀으며, 생선 배의 창자를 빼내고 밥으로 채워 무거운 돌로 눌렀다가 식초로 간을 맞춘 것으로 지금의 스시와는 모습이 전혀 달랐다. 또한 냉동기술이 없었던 시절이기 때문에 사람들은 보존했다가 언제든지 먹을 수 있는 음식으로 스시를 먹었다고 전해진다. 지금도 그 당시의 스시와 비슷한 형태의 후나즈시(鮒鮨) 혹은 이즈시(イズシ) 등의 스시가 그 명맥을 이어오고 있다.

스시를 지금의 니기리즈시 형태로 먹기 시작한 것은 에도(江戸)시대 말기로 19세기 초부터이다. 당시 에도(江戸, 지금의 도쿄)에는 야타이(屋台, 노점)가 유행하였고 이 야타이에서 처음으로 니기리즈시를 팔기 시작했다. 그리고 니기리즈시는 동경만(東京湾) 즉 에도 앞(江戸前) 바다에서 잡히는 어패류를 이용해서 만들었기 때문에 에도마에즈시(江戸前寿司)라고 불렸다. 당시의 니기리즈니는 지금의 테니스 공 정도의 크기로 지금의 스시에 비해 훨씬 크기가 컸다고 한다. 또한 스시의 명맥을 오랫동안 이어왔던 나레즈시와는 달리 곧 바로 먹을 수 있었기 때문에 하야즈시(速鮨)라고도 불렸다. 그 후 1923년 '관동대지진(関東大地震)'으로 도쿄에서 스시를 만들던 요리사들이 고향으로 돌아가면서 일본 전역에 니기리즈시가 확산되었다.

회전초밥 가게

한편 스시에 들어가는 몇몇 재료와 관련되는 용어가 일상회화에서 사용될 때와 전혀 달리 쓰이는 것이 이채롭다. 즉 스시를 만들고 먹을 때에만 쓰이는 스시 전문용어인 셈이다. 첫째, 스시에 들어가는 밥은 샤리(シャリ)라고 한다. 하얀 백색의 찰기가 없는 스시에 쓰이는 밥이 붓샤리(仏舍利, 석가의 유골)와 닮았다고 해서 붙은 이름이다. 둘째, 스시와 함께 먹는 단맛이 나는 식초로 절인 생강을 가리(ガリ)라고 한다. 이 생강을 씹을 때와 갈 때 가리가리(ガリガリ, 딱딱한 것을 긁을 때 나는 소리)라는 소리가 난다고 해서 그렇게 쓰인다. 셋째, 스시를 다 먹고 입가심으로 먹는 차를 아가리(アガリ)라고 한다. 입에 남은 생강과 생선 냄새를 씻어내기 위해 마지막에 내오는 차를 말하는데 아가리는 끝남, 마침, 종료의 의미가 있다. 스시가게뿐 아니라 이자카야(居酒屋, 선술집) 등에서도 술과 음식을 다 먹고 자리를 뜨기 전에 아가리를 달라고 해도 무관하다. 넷째, 스시집에서 먹는 간장을 무라사키(ムラサキ) 즉 자색을 가리키는 말을 쓰는 데 이는 간장 색이 보랏빛을 내기 때문이라고 한다. 마지막으로 스시에 들어가는 와사비(わさび, 고추냉이)는 눈물을 뜻하는 '나미다(涙)'라고 부른다. 고추냉이가 너무 많이 들어가면 매워서 눈물이 나기 때문이다.

3 메밀국수와 우동의 차이

일본 사람들의 주식은 아직도 물론 쌀이지만 일인당 쌀 소비량은 1960년대에 비해 절반 정도로 줄었다. 반면 밀 소비량은 늘고 있고 밀가루 등을 이용한 면 종류 식사가 많이 발달되어 있는 나라가 또 일본이다. 특히 우리말로 번역이 필요 없는 우동은 물론이고 메일국수인 소바가 그 대표적인 음식이다. 일본 어느 지역을 가더라도 그 지역의 유명한 우동집과 소바집이 있을 정도이다. 그런데 우동과 소바는 같은 가게에서 함께 파는 경우가 많다. 물론 선조들

의 대를 이어 우동만 혹은 소바만을 파는 오래된 가게도 적지 않다. '동일본(東日本)은 소바, 서일본(西日本)은 우동'이라는 말이 있듯이 일본을 나가노(長野)현과 시즈오카(静岡)현을 경계로 동쪽은 소바를 즐겨먹고, 우동은 서쪽 지방에서 주로 많이 먹는다. 그래서 우동이나 소바를 파는 가게를 동일본에서는 소바야(そば屋)라고 하고 반대로 일본에서는 우동야(うどん屋)라고 한다.

우동이나 소바가 일본사람들이 얼마나 즐겨먹는 음식인지를 알아보려면 전철이나 지하철 역 주변, 또는 역 승강장에 위치해 있는 타치구이소바야(立ち食いそば屋)라는 서서먹는 우동집을 보면 알 수 있다. 보통 3,4백 엔 정도로 저렴하게 식사를 할 수 있는 장점은 물론이고 바쁜 시간에 간단하게 한 끼 식사를 하기에는 안성맞춤이다. 주문해서 음식이 나오기까지는 1분이 채 안 걸린다.

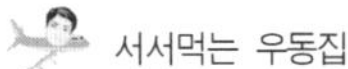 서서먹는 우동집

전국적으로 가장 유명한 우동은 사누키(讃岐)우동이다. 사누키는 지금의 카가와(香川)현의 옛 이름으로 이 지방에서 만들어지는 우동을 일본에서는 가장 알아준다. 이 지역 사람들은 하루에 한번은 먹을 정도로 우동을 즐긴다. 다른 지역에도 사누키 우동이라는 간판을 내 걸고 장사를 하는 곳이 많다. 카가와(香川)현에서 나오는 밀가루는 온난 기후의 강우량이 적은 독특한 자연환경에서 만들어지는 것으로 일본 최고의 품질을 자랑한다. 더욱이 이 지역은 지하수맥이 지표 가까이에 있어 미네랄 성분을 다량으로 함유한 양질의 물을 쉽게 얻을 수 있는 특징이 있다. 또한 일본에서 강우량이 적은 기후 특성을 살려 소금을 만드는 염전이 발달되어 있기로도 유명하다. 이러한 자연의 혜택을 받은 밀과 물과 소금이 잘 어우러져 일본 최고의 우동을 만들어내고 있는 것이다.

무로마치(室町)시대부터 현재의 우동과 같은 형태의 음식을 먹기 시작했고, 에도(江戸)시대에 들어오면서 우동을 먹는 식생활 문화가 서민들 사이에서 정착되었다. 지금과 같이 가츠오부시(鰹節, 가다랭이를 말려서 얇게 썬 것)와 간장으로 간을 맞춘 국물에 우동을 넣고 먹기 시작한 것은 에도(江戸)시대 중엽에 간장이 일본 전역에 보급된 후로, 그 이전에는 미소(味噌, 된장)로 맛을 낸 국물로 우동을 먹었을 것으로 추측하고 있다.

우동

한편 소바는 이와테(岩手)현의 왕고소바(わんこそば), 나가노(長野)현의 신슈소바(信州そば), 교토(京都)의 니신소바(にしんそば) 등 각 지방마다 특색을 살린 향토음식으로 오랜 기간 동안 일본 사람들의 식생활에 뿌리 깊게 내재되어 왔다. 메밀에는 쌀이나 밀 등과 같은 곡물에 비해 훨씬 영양가가 높은 것으로 알려져 있으며, 단백질을 많이 함유하고 있고 식욕부진 해소에 효과를 발휘하는 비타민B가 많이 들어있다. 지금은 기계로 뽑아낸 면이 많이 유통되고 있지만 소바 원래의 맛을 그대로 살리기 위해서는 데우치소바(手打ちそば, 손으로 쳐서 만든 메밀국수)로 먹어야 한다.

메밀이 처음으로 일본에 전해진 것은 죠몬(縄文)시대이다. 야요이(弥生)시대에 이르러 일본 전역에서 메밀이 재배되기 시작했고, 메밀국수 형태로 먹기까지는 탈곡한 메밀로 죽을 끓인다든지, 조와 수수 등의 곡물과 함께 섞어 먹었다. 에도(江戸)시대에 들어와 우동을 만드는 기술을 바탕으로 메밀을 국수형태로 만들어 먹기 시작했다. 메밀국수를 만드는 방법은 나가노(長野)현의 기소(木曾)라는 지방에서 시작되어 지금의 도쿄인 에도(江戸)로 전해졌다. 당시 에도에는 백미(白米)가 유통되고 있어 서민들의 식생활은 풍부한 편이었다. 그러나 쌀밥에만 의존한 식사로 비타민B1 부족으로 생기는 영양실조의 일종인 각기라는 병에 걸리는 어린아이들이 늘어나기 시작했는데 메일을 먹으면 그

소바

질병에 효과가 있다고 알려지면서 메밀국수가 인기 식품으로 주목을 받았다. 그래서 지금도 도쿄를 중심으로 한 관동지방에는 우동집보다 소바집이 더 많다.

그런데 보통 소바는 메밀가루로만 만드는 것이 아니다. 메밀가루에 밀가루를 함께 섞어 만든다. 밀가루가 많이 들어가면 찰기가 있어 먹을 때 느낌이 부드럽지만, 반대로 메밀가루가 많이 들어가면 면발이 쉽게 끊기고 입안에서 거친 느낌을 받는다. 일본 농림성 규정에 따르면 일본 시중에서 판매하는 소바는 메밀가루가 30%이상 들어가야 한다. 또한 시판되는 소바는 포장지 겉면에 메밀가루의 함유량을 반드시 기재하도록 되어 있다.

 4 된장은 역시 우리 된장

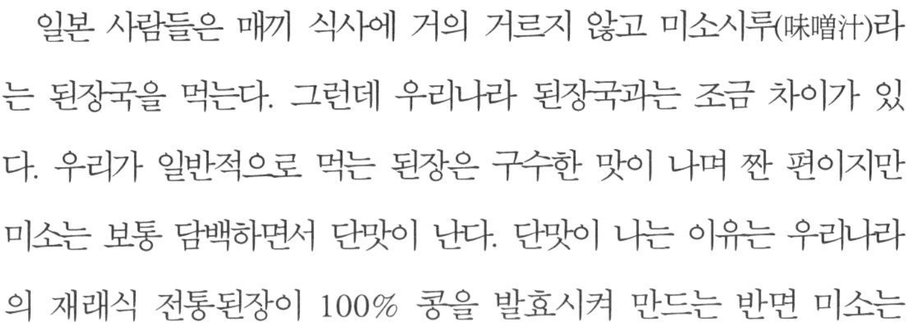

일본 사람들은 매끼 식사에 거의 거르지 않고 미소시루(味噌汁)라는 된장국을 먹는다. 그런데 우리나라 된장국과는 조금 차이가 있다. 우리가 일반적으로 먹는 된장은 구수한 맛이 나며 짠 편이지만 미소는 보통 담백하면서 단맛이 난다. 단맛이 나는 이유는 우리나라의 재래식 전통된장이 100% 콩을 발효시켜 만드는 반면 미소는 콩뿐 아니라 보리나 밀가루, 쌀 등이 함께 들어가기 때문이다. 그리고 습도가 높은 일본에서는 우리나라처럼 자연발효가 안되어 그대로 두면 썩어버리기 때문에 곰팡이의 일종인 코지균을 쌀에서 미리 길러서 콩과 함께 섞는다.

에도(江戸)시대 속담에 '의사에게 돈을 내지 말고, 된장집에 내라'는 말이 있을 정도로 미소는 오래 전부터 건강식으로 서민들이 즐겨 먹었던 음식이었다. 아침저녁으로 하루라도 걸러서는 안 될 정도로 매일 먹어야 건강을 유지할 수 있다고까지 알려져 있다. 미소는 다소 짠 맛이 나는 것을 요즘은 염분 성분을 최소화해 건강을 생각하는 현대 일본인들에게 여전히 중요한 건강식으로 자리를 확고히 하고 있다.

일본 각지에서 미소가 만들어지고 있으며 각 지방마다 각기 특색이 있다. 오사카(大阪) 등을 중심으로 한 관서(関西)지방에서는 단맛이 많이 나는 시로미소(白味噌)가, 도쿄를 중심으로 한 관동(関東)지방에는 아카미소(赤味噌)가 주류를 이루고 있다. 정월 초하루에 먹는 오조우니(お雑煮, 일본식 떡국)의 색과 맛이 지역에 따라 차이가 나는 것도 미소의 종류가 다르기 때문이다.

미소가 중국에서 우리나라를 거쳐 일본에 전해진 것은 6세기경이었다. 그 후 일본 고유의 미소가 만들어지기 시작한 것은 헤이안(平安)시대에 들어와서부터이다. 그러나 당시 미소는 서민들은 맛볼 수 없는 상류계층의 귀족들만의 음식이었다. 또한 물에 녹지 않는 미소였기 때문에 혀로 핥는다든지 두부나 야채에 발라서 먹었다.

가마쿠라(鎌倉)시대에 들어와 물에 풀리는 미소가 만들어지면서 미소시루가 식탁에 등장하게 된다. 또한 이 당시 무사사회에서는 이치주우잇사이(一汁一菜, 밥 이외에 국과 반찬이 각각 하나밖에 없는 간소한 식사)라는 식사 방법이 정착하기 시작하면서 매 식사 때마다 미소시루를 먹는 습관이 생겨났다. 그 이후 귀했던 미소가 점차 서민들에게 퍼지기 시작했고 에도(江戸)시대에 들어와서는 직접 미소를 만드는 집들이 생겨나기 시작했다. 점차 미소시루 이외의 다양한 조리법이 개발되면서 미소는 일본 식탁에서 없어서는 안 되는 음식이 되었다. 농가에서도 흉작으로 기아에 허덕였던 시기에도 미소만큼은 저장해 놓았을 정도였다.

원래 미소시루는 전쟁터에서 소중하게 보관되던 음식이었다. 전란이 계속되던 시기 사람들은 전장에서 토란 줄기를 미소로 푹 끓이고 난 후 건조시킨 것을 끈으로 사용했었다. 토란 줄기는 섬유질로 되어 있어 튼튼해서 옷이나 물건을 묶는 데 유용하게 사용되었다. 미소로 끓이는 것은 줄기를 더 강하게 하기 위해서가 아니라 전장에서 음식이 동이 나면 토란 줄기를 썰어 뜨거운 물에 넣어 먹기 위해서였다. 변변한 요리재료가 없었던 전쟁터에서 간단하게 토란 줄기를 넣은 미소시루가 만들어졌던 것이다.

5 사시미刺身의 원래 의미

일본의 선조들은 해산물을 최대의 영양식으로 여겼다. 대자연에서 자라난 풍부한 해산물을 가득 싣고 '大漁'라는 깃발을 걸어 올린 고깃배가 뭍으로 돌아오면 그것으로 온 가족이 생계를 이을 수 있었다. 일본 사람만큼 식생활에서 수산물이 차지하는 비중이 높은 국민은 드물다. 실제 일본사람들이 육식을 하기 시작한 것은 불과 백여 년전의 일로 오랜 기간 동안 바다에서 나는 것만으로 차려진 식단이 진수성찬으로 평가되었다. 그래서 생선에 관한 한 일가견이 있다고 자부하는 일본 사람들이 많다. 맛있게 먹는 것 역시 그들만의 방법이 있다. 일본을 잘 모르는 외국인일지라도 일본사람들이 생선을 날 것으로 먹는 것쯤은 알고 있다. 앞서 설명한 스시와 더불어 신선한 생선을 아무런 조리를 가미하지 않고 그대로 먹는 사시미(刺身, 회)를 일본사람들이 좋아하는 이유는 생선을 가장 맛있게 먹는 방법 중에 하나이기 때문이다.

사시미는 보통 관동(関東)지방에서는 오사시미(お刺身) 관서(関西)지방에서는 오츠쿠리(お作り)라고 불리며, 관동(関東)지방에서 다랑어 등의 붉은 생선살을 주로 먹는 반면 관서(関西)지방에서는 도미 등의 하얀 생선살을 즐겨먹는 경향이 있다. 전통적인 일본 정찬요리 갓뽀우(割烹)요리의 메뉴는 먼저 무엇을 횟감으로 쓸 것인가를 정한 다음 거기에 맞게 찜 요리와 굽는 요리를 정했다. 이렇듯 일본요리의 중심적 존재였던 것이 바로 사시미였다. 사시미는 찌르다는 의미의 사스(刺す)와 몸 즉 생선의 살을 의미하는 미(身)가 합쳐진 말이다. 이는 여러 종류의 생선을 접시에 담을 때 종류를 구분하기 위해 각각의 생선 지느러미를 생선살에 찔러 놓은 것에서 유래되었다. 점차 원래의 지느러미를 꽂는 풍습은 없어지고 사시미라는 이름만 남아 지금에 이르고 있다.

사시미의 원형은 가마쿠라(鎌倉)시대부터 시작되었다고 알려져 있다. 원래는 생선을 얇게 썰어 익히지 않고 먹는 어부들의 즉석요리였다고 한다. 당시는 아직 간장이 없었던 시절이었기 때문에 생선회를 잘게 썰어 식초에 절여서 먹었다. 이런 음식을 나마스(膾)라고 하는데 지금은 생선뿐 아니라 무와 당근 따위도 이렇게 조리해서 먹는다. 간장이 만들어지기 시작한 무로마치(室町)시대에 들어와 지금과 같이 사시미를 와사비(わさび, 고추냉이)와 간장에 찍어 먹게 되었다. 그러나 당시 간장은 서민들이 먹기 어려운 고급 조미료였기 때문에 신분이 높은 사람만이 먹을 수 있었다. 일반서민에게 사시미 요리가 확산된 것은 간장이 보편적인 조미료로 보급된 에도(江戸)시대 말기에 이르러서이며, 당시 사시미를 전문적으로 취급하는 사시미야(刺身屋)라는 노점이 만들어질 정도로 인기가 있었다.

사시미

사시미를 먹는 또 하나의 즐거움은 생선회와 함께 어우러져 나오

는 다양한 장식을 보는 것이다. 야채나 해초 등으로 만들어지는 이러한 장식을 보통 츠마(つま)라고 하는데 단순히 멋있게 보이기 위한 것뿐만 아니라 입안을 개운하게 하는 재료들이 함께 나오는 것에 더 큰 의미가 있다. 가령 사시미를 먹기 전에 갈아 놓은 무를 간장에 찍지 않고 먹으면 입안의 다른 요리 맛이 사라져 사시미 원래의 맛을 느낄 수 있다.

또한 사시미를 그릇에 담는 방법은 원래는 일기일종(一器一種)이라고 해서 한 접시에 다른 종류의 생선을 같이 담지 않는 것이 원칙이었다. 각기 다른 냄새를 가진 생선들이 뒤엉키면 제대로 맛을 낼 수 없기 때문이었다. 그러나 현재는 다양한 종류의 생선을 한 그릇에 담는 모리아와세(盛り合わせ)가 일반적이다. 모리아와세는 원래 에도(江戸)시대 말기 대중들에게 사시미 문화가 전해졌을 때 접시를 들고 생선 가게로 가서 적당히 여러 생선들을 함께 사서 집으로 가져가는 것에서 유래되었다.

!? 6 물이 좌우하는 니혼슈日本酒의 맛

일본 사람들이 가장 많이 먹는 술은 맥주이다. 성인 한 사람이 마시는 맥주 소비량은 우리나라의 1.5배에 달한다. 그렇다고 맥주가 일본을 대표하는 술은 아니다. 일본의 전통적인 술 제조양식을 이어오며 일본의 애주가로부터 꾸준히 사랑을 받고 있는 술은 니혼슈(日本酒)라는 일본 청주(清酒)이다.

일본에서 술이 제조되기 시작한 것은 죠우몬(縄文)시대와 야요이(弥生)시대 사이로 알려져 있다. 나라(奈良)시대에 현재와 같은 양조법이 중국에서 전해졌고 헤이안(平安)시대에는 여러 다양한 종류의 술들이 제조되기 시작했다. 그러나 이 당시의 술은 종교적 의식에 활용된다든지 경사스러운 일에만 먹을 수 있는 것으로 일반 서민들이 먹을 수 있는 것은 아니었다. 가마쿠라(鎌倉)시대에 들어와 그때까지 조정(朝廷)의 관련 기관에서만 만들던 술을 사원과 신사에서도 만들기 시작했다. 당시 사원에는 국민들로부터 받는 공양미가 있었으며 술 제조에 절대적으로 필요한 깨끗한 물과 넓은 공간이 있었다. 승려들이 만들던 술이 점차 서민들로 전해져 에도(江戸)시대에 들어와 술을 만들어 파는 양조장이 하나 둘 생겨나기 시작했다.

현재 일본에 청주를 만드는 양조기술을 보유한 업자는 2천여 개 이르는 것으로 추산된다. 양조장마다 각기 다양한 종류의 청주를 만들어내기 때문에 일본에서 만들어지는 청주의 종류는 헤아릴 수 없을 정도로 많다고 봐야 한다. 도심은 물론이고 지방 곳곳 어느 지역에 가더라도 그 지방 특산물에 청주는 빠지지 않는다. 이러한 청주는 그 지역에서 만들어지는 청주라는 의미로 지자케(地酒)라고 불린다. 최근 일본에서 판매량이 증가하고 있는 소주와 와인, 가장 많이 마시는 맥주 등은 모두 일본에서 만들기 시작한 술이 아니다. 유일하게 청주만이 일본에서 만든 술이다. 그래서 청주를 니혼슈(日本酒)라고 부른다.

각종 니혼슈(日本酒))

청주가 일본에서 만들어지기 전에는 도부로쿠(どぶろく) 혹은 니고리자케(濁酒)라는 우리의 막걸기 즉 탁주가 주류를 이루고 있었다. 에도(江戸)시대 중엽 무렵 지금의 효고(兵庫)현 동쪽 지방인 셋츠(摂津)라는 곳에서 탁주를 만들어 팔던 코우노이케 신로쿠(鴻池新六)라는 양조업자가 있었다. 어느 날 큰 실수를 한 종업원을 꾸짖었는

데 그 종업원이 양조 중이던 술통에 잿물을 넣고 도망을 갔고 그 다음날 술통을 보니 탁하던 술이 맑게 변한 것을 발견했다고 한다. 그는 바로 이 술을 상품화해서 팔기 시작했고 탁한 술에 익숙했던 사람들에게 맑게 비추는 청주는 매우 색다른 것이었으며 만들기가 무섭게 팔려나갔다. 일본의 대표적인 그룹 중 하나인 산와(三和)그룹이 바로 이 코우노이케(鴻池) 집안이다.

이렇듯 가장 먼저 청주를 만들기 시작한 셋츠지역에서 유래되어 지금도 니혼슈의 가장 대표적인 산지는 효고(兵庫)현 니시노미야(西宮)부근의 나다(灘)라는 지역이다. 이 지역의 니혼슈가 오랜 기간 동안 명맥을 이어올 수 있었던 것은 양조에 가장 중요한 원료인 물이 유명하기 때문이다. 청주는 전체의 약 80% 가까이가 물로 구성된다. 그만큼 술의 맛은 물의 질과 직접적인 관련이 있다. 또한 물이 중요한 이유는 술을 발효시키는 효모의 활동을 활발하게 해주고 유해한 세균의 침입을 막아주는 역할을 하기 때문이다. 청주를 만드는 데 가장 유명한 물은 나다노미야미즈(灘の宮水)라고 하는데 여기서 말하는 미야(宮)는 효고(兵庫)현의 니시노미야(西宮)에서 비롯된 것이다.

청주를 만드는 최적의 물로 미야미즈(宮水)가 주목을 받기 시작한 것은 1840년경의 일이다. 서쪽의 우오자키(魚崎)와 동쪽의 니시노미야(西宮)에 각각 양조장을 운영하던 양조업자가 동쪽에서 만들어지는 술이 항상 맛있게 만들어지는 것이 궁금해 양쪽의 토우지(杜氏,

양조장의 최고 우두머리)를 교체했지만 그래도 동쪽의 술이 맛있었다고 한다. 여러 시행착오를 거쳐 동쪽의 물을 서쪽으로 가져가 술을 빚자 맛이 같아졌다고 한다. 그 후 니시노미야(西宮)의 미야(宮)를 따서 미야미즈(宮水)라는 이름을 붙였고 이것이 지금에 전해지고 있다.

그리고 일본에서 파는 니혼슈의 상표를 보면 가장 많이 눈에 띄는 것이 ○○○마사무네(○○○正宗)이다. 다카마사무네(鷹正宗), 기쿠마사무네(菊正宗), 사쿠라마사무네(桜正宗) 등 각종 이름 뒤에 마사무네(正宗)라는 단어가 들어간다. 이는 린자이 세이슈(臨済正宗)라는 경문(経文)에서 유래된 것으로 새로 만든 청주의 작명을 고민하던 양조업자가 사찰에 갔다가 만든 것이다. 린자이 세이슈(臨済正宗)의 正宗을 음 그대로 읽으면 세이슈(せいしゅう)가 되고 清酒는 세이슈(せいしゅ)로 읽는다. 清酒라는 이름 대신 비슷한 발음이 나는 正宗을 붙여 음으로 읽는 대신 훈독해서 '마사무네'라고 읽었다. 우리나라에서 쓰이는 정종이라는 말 역시 여기서 나온 말이다.

메이와쿠迷惑

보편적 가치와 윤리적 체계 혹은 도덕적 의무처럼 일본에서 중요하게 여겨지는 것이 '단체성'이다. 사회를 구성하는 다양한 조직과 단체에 잘 조화할 수 있는 소양을 키우는 것이 무엇보다 중요한 것이 일본이다. 이러한 '단체성'은 일본 어린이들이 일찍부터 몸에 익히는 규범으로 우리나라 혹은 서양 어린이들이 교육받는 도덕교육과 기본적으로 같은 성격이다. 서양인과 일본인은 인생의 출발점과 배우는 것부터 그 방향을 달리하고 있다고 할 수 있다. 서양 사람들은 자신이라는 인격에 먼저 자신의 아이덴티티를 확립하는 것부터 시작한다고 보면, 일본 사람들은 단체와 조화를 이룰 수 있는 최소한의 의무조건인 메이와쿠니나라나이(迷惑にならない, 폐가 되지 않는)를 가정과 학교를 통해 학습하며, 단체에서 잘 협조하고 조화를 이루어가는 '융화술'을 배우는 것부터 시작한다. 이를 통해 사회생활에 적응할 수 있는 가장 기본적인 자세를 갖추는 것이다. 단체나 전체 구성원에게 폐가 되지 않도록 개인적인 언행을 삼가는 것이 다양한 집단적 사회 활동이 유지되고 있는 근간인 것이다.

이와 같은 메이와쿠라는 단어는 일본 사회 전반에 걸쳐 쉽게 찾아

볼 수 있다. 휴대전화 혹은 컴퓨터로 들어오는 불필요하고 귀찮은 스팸 메일을 일본에서는 메이와쿠메일(迷惑メール)이라고 한다. 엄격하게 규제하고 있는 메이와쿠 메일은 적발되면 최대 3억 엔의 벌금을 내야하고, 2002년 7월에 제정된 일본 총무성 특정전자메일법에 의해 처벌을 받는다. 남에게 폐를 끼치는 것에 대한 죄 값이 얼마나 무거운가를 보여주는 좋은 사례라고 할 수 있다.

인간관계에 있어 가끔은 서로 신세도 지고 그 신세를 훗날 갚기도 하며 관계를 더욱 돈독하게 만들어가는 것이 우리의 정서라면, 일본은 어설픈 관계에 있는 사람으로부터 선뜻 신세를 지려하지 않는다. 그것이 상대에게 폐를 끼치는 것이 될지도 모른다는 생각에 더욱 그럴 것이고 빚이 되어 부담스럽게 느끼고 싶지 않기 때문일 것이다. 가령 연말에 연하장을 보내지 못했는데 상대로부터 연하장을 받으면 나중에라도 꼭 답장의 연하장을 보낸다.

지난 이라크전쟁 발발 후 인질로 잡혔던 일본인에 대한 일본 국내의 여론은 의외로 냉담했다. 다행히 풀려나기는 했으나 조용히 숨죽이고 귀국할 수밖에 없었다. 국민에게 폐를 끼쳐 죄송하다는 짧은 한마디를 남기고.

전쟁 발발과 함께 일본 외무성은 집요할 정도로 중동지역 여행을 삼가 해 줄 것을 국민에게 홍보했다. 그럼에도 불구하고 그것을 지키지 않고 행동한 것에 대한 책임은 개인에게 있고 본인의 무분별한 행동으로 일본 전체에 폐를 끼쳤기 때문에 여론은 그들에게 전혀 동정의 관심을 보이지 않았다. 그리고 불행하게도 이라크 내 테러조직에 납치되었다가 끝내 목숨을 잃은 일본인 고다(香田)씨의 유가족이 TV 앞에서 국민에게 한 말은 여러분께 폐를 끼쳐 죄송하다는 말이었다. 비명에 간 고인 역시 그렇게 생각하고 있었을까?

예측불허의 상황 연출로 인한 피해는 어쩔 수 없다 하더라도 경고를 했음에도 불구하고 개인적인 행동으로 집단에게 폐를 끼치는 것은 용납되지 않는 사회가 일본이다. 가령 호우주의보 등의 경보가 있었음에도 불구하고 산에서 조난되었다가 구조된 사람은 가장 먼저 관련되는 모든 사람에게 폐를 끼쳐 죄송하다는 말을 한다. 회사경영이 어려워져 사임에까지 이르게 된 사장은 회사 구성원에게 가장 먼저 폐를 끼쳐 죄송하다는 말을 한다. 이러한 메이와쿠에 대한 의식은 유치원 교육에서부터 철저하게 훈련받고 가정에서 부모로부터 각인된다.

그러나 일본 사람의 행동양식의 가장 기본이 되는 '폐를 끼쳐서는 안 된다'는 것이 국경을 넘으면 달라지는 것이 아닌가 싶다. 과거 전쟁을 통해 주변국에게 준 엄청난 폐는 물론이고 지금에 와서도 그것을 인정하지 않고 오히려 왜곡하려 하는 것을 보면 메이와쿠는 어디까지나 국내용이 아닌가 싶다. 앞으로는 더 이상 주변국에게 폐를 끼치지 않는 국제적으로 통용될 수 있는 일본적인 메이와쿠 문화를 기대해 본다.

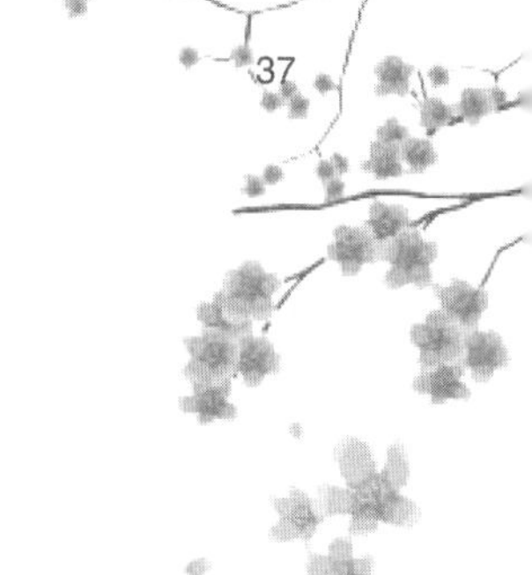

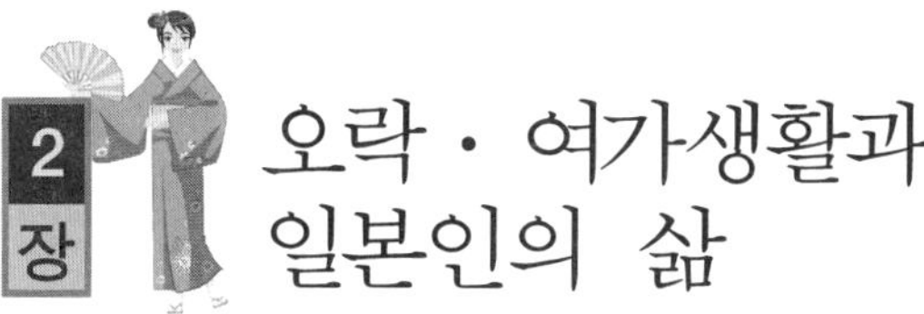

2장 오락 · 여가생활과 일본인의 삶

1 서민의 사교장이었던 대중목욕탕

현대 일본의 성인 남녀들이 생각하는 여가는 일 이상으로 중요한 의미를 가지고 있다. 일 벌레라는 수식어가 따라다니던 과거 일본의 직장인의 모습과는 거리가 있다. 물론 전 국민이 일에 심취해서 경제대국을 만들었으니 이제는 조금 쉬어도 될 것 같다는 생각도 해 본다. 그렇다면 일본 사람들은 여가를 어떻게 보내고 있는 것일까? 여가생활과 관련된 통계를 찾아보면 역시 좋아하는 것을 하며 시간을 보낸다는 사람이 가장 많다. 아마도 취미생활을 즐기는 것을 선호하는 듯하다. 그 다음으로는 쌓인 피로를 풀 수 있는 온천여행을 즐기겠다는 사람이 많은 것으로 나타난다.

바닷가에 있는 모래온천장

일본 사람들이 목욕을 즐기는 것은 너무나 잘 알려져 있는 사실이다. 일본 사람들에게 목욕은 반드시 해야 하는 일과 중 하나로 하루의 피로를 푸는 데 절대 빠뜨릴 수 없을 만큼 중요하다. 샤워만 하는 것이 아니라 반드시 욕조에 몸을 담근다. 다른 나라에서 흔히 볼 수 있는 욕조에서 몸을 씻는 일은 없다. 어디까지나 욕조는 적당하게 데워진 물에 몸을 담그기 위한 곳으로 가족 모두가 한번 데워진 물을 같이 사용한다. 단체로 해외여행을 갔던 일본사람들이 묵은 호텔의 온수가 동이나 고생했다는 이야기를 가끔 듣는다. 그리고 일본친구 집에 묵은 외국인이 목욕을 하고 나서 욕조에 물을 빼버려 가족 모두가 다시 욕조에 물을 받아서 목욕을 했다는 목욕문화의 차이도 여러 번 들었다.

일본에서 목욕은 몸을 씻는 의미를 넘어 오락의 일환이다. 우리의 찜질방이 그렇듯이. 일본 전역에 수천 개가 넘는 온천이 있다. 온천의 종류도 이루 말할 수 없을 정도로 다양하다. 목욕을 통해 일본사람들은 친구와 가족과 친목을 다지고, 때로는 탕 속에 몸을 담근 채 쟁반 위의 술을 마셔가며 담소를 나누기도 한다.

헤이안(平安)시대부터 귀족집안에서는 이사나 혼례, 병이 완치되었다든지 신년을 맞았을 때 빠뜨리지 않고 목욕을 했다. 종교적으로 혹은 문화적인 통과의례로서도 목욕은 일본 사람들에게 중요시되어 왔던 것으로 보인다.

일본에서 가장 오래된 목욕형태는 세토나이카이(瀬戸内海) 각지에 점재하는 이시부로(石風呂)로 자연의 암굴에서 증기욕을 하는 것이었다. 일본에 불교가 전해지면서 쿄토(京都)의 투우다이지(東大寺) 등의 사원에서 욕당(浴堂)과 욕조를 만들어 놓고 철제로 만든 큰 솥에 물을 끓여 목욕하는 것이 등장하게 되었다. 승려와 서민은 심신을 청결하게 하기 위해 목욕을 했으나 때로는 치료를 목적으로 입욕을 했다. 그 후 민간영업으로 목욕이 활용되면서 뜨겁게 달군 돌에 물을 부어 증기를 몸에 뒤집어쓰는 무시부로(蒸し風呂, 증기사우나)가 확산되었다. 시간이 지나면서 물의 양이 늘어나 하반신은 물에 담그고 상반신은 증기로 몸을 데우는 방식으로 변했다. 이러한 목욕형태는 무로마치(室町)시대부터 에도(江戸)중기까지 승려와 귀족, 무사들 사이에서 행해졌다. 유카다(浴衣, 홑겹으로 된 기모노)를 입은 유나(湯女)라고 불린 여성이 있는 목욕탕이 있어 그 여성들이 손님의 긴 머리를 빗어주거나 몸을 닦아 주었다. 에도(江戸)시대 초기의 관습을 그린 병풍 등을 보면 당시 목욕탕의 모습을 볼 수 있다.

일본의 대표적인 온천지역 벳부(別府) 전경

그 후 문을 자주 열고 닫아 증기가 밖으로 세어나가는 것을 막기 위해 자구로구치(ざくろ口)라는 출입구가 있는 목욕탕이 등장했다.

출입구 위쪽 절반을 판으로 가려 손님은 몸을 굽히고 들어가도록 만들었다. 그러나 창문이 한두 개밖에 없는 실내에 증기가 가득 차 현기증으로 졸도하는 사람도 종종 있었다고 한다. 더욱이 실내가 어둡고 혼욕이었기 때문에 여성에게 장난을 치는 남성들의 문제도 있었다고 한다. 이런 증기목욕 시대에는 목욕을 즐기는 사람이 알몸이 아니라 목욕용 훈도시(褌, 남성의 음부를 가리기 위한 폭이 좁고 긴 감) 혹은 허리에 천을 두르고 입욕했다.

에도(江戸)시대에는 혼욕 금지령이 여러 차례 있었던 것으로 기록되어 있다. 그래서 점차 남녀 각기 달리 사용할 수 있는 센토우(銭湯, 대중목욕탕)가 만들어졌다. 특히 남성용 센토우는 2층으로 만들어져 2층에서는 차와 과자를 먹으며 장기나 바둑을 즐기는 당시 서민의 사교장 역할을 했었다.

최근 일본에서 특히 도심에서 센토우를 찾아보기 어려워졌다. 목욕이 가능한 시설이 대부분 가정에 갖추어져 있기 때문일 것이다. 그리고 대중목욕에 익숙하지 않은 젊은 세대들이 늘어나고 있는 것도 그 이유일 것이다. 센토우에 가면 우리나라의 목욕탕 카운터라고 할 수 있는 반다이(番台)라는 곳이 있다. 그런데 이 반다이의 위치가 애매한 곳에 있는 센토우가 있다. 밖이 아닌 탈의실 안에 있다. 물론 남녀 각각 반다이가 있으면 다행인데 그렇지 않다. 위가 뚫린 담으로 남녀 탈의실을 구분해 놓고, 담 끝 쪽 높은 곳에서 남녀 탈의실을 내려다보고 사람이 앉아 있다. 그곳이 목욕비를 받으며 양쪽 탈의실을 관리하는 카운터 반다이다. 그곳에 앉는 사람은 대부분 나이 많은 노인이지만 가끔 젊은 여성이 앉아 있기도 한다. 그리고 영업시간은 대체로 오후 3~4시부터 11~12시까지로 새벽부터 문을 여는 우리나라 대중목욕탕과는 대조적이다. 지금도 도쿄 중심가의 사우나에 가면 탕 안에서 때를 밀어주는 사람이 여자인 곳이 있다. 일본은 습도가 높아 특히 여름에는 고온다습한 기후를 견디어내야 한다. 그래서 센토우는 한 여름에도 정상 영업을 한다.

목욕 문화 속에 드러나는 일본사람들의 생활상은 우리와 닮은 것 같으면서 전혀 다른 관습과 사고방식을 가지고 있다. 그것이

혼욕을 기본으로 하면서 여성의 이용시간을 별도로 두고 있는 온천지역의 전통여관

오랜 세월 동안 이어져 내려오고 있기에 그들에게는 가치가 있고 쉽게 그 행동양식을 버리지 못하는 것이다. 지금의 일본을 알기 위해서는 역사적 혹은 문화적 배경을 먼저 알아야 하는 이유가 바로 여기에 있다.

!? 2 한 여름 밤의 불꽃 향연

후덥지근하기로 악명이 높은 일본의 여름을 식혀주는 청량음료 같은 존재가 바로 하나비(花火, 불꽃 또는 불꽃놀이)다. 가장 전통적인 방법으로 일본의 여름휴가를 즐기는 것은 아마도 유카다(浴衣, 홑겹으로 된 기모노)를 입고 게타(下駄, 나막신)를 신고 우치와(団扇, 부채)를 들고 하나비를 보는 것이 아닐까? 불꽃놀이를 단순한 놀이나 관람의 수준을 넘어 예술의 경지로 격상시킨 나라가 바로 일본이다. 일본사람들 역시 불꽃놀이에 아름다운 폭죽 그 이상의 의미를 부여한다. 이러한 것이 가능했던 이유는 불꽃축제의 불꽃을 만드는 하나비시(花火師, 불꽃놀이에 쓰이는 불꽃을 만들고 불꽃놀이 대회의 준비와 운영을 하는 사람)의 존재가 있었기 때문이다.

일본사람들이 대표적인 쇼쿠닌(職人, 장인)하면 떠올리는 일본 특유의 직업 중 하나가 하나비시다. 장인들이 대부분 그렇듯이 하나비시 역시 수 십 년간 몸으로 일을 익혀야 비로소 쇼쿠닌으로 불릴 수 있다. 불꽃을 제조하기 위해서는 화학류단속법이 정하는 보안관리 기술 면허를 취득해야 한다. 그러나 면허를 취득하더라도 어느 방향에서 보더라도 둥그런 원이 그려지도록 불꽃을 만드는 데 3년, 불꽃이 피었을 때 빛이 나게 하는 작업을 익히는 데 5년이 통상 걸린다고 한다. 이렇게 연마한 기술은 여름에 일본 각지에서 하나비시들의 경합으로 열리는 불꽃놀이대회에서 발휘된다. 불꽃을 만드는 것은 특별한 설계도면이 있는 것이 아니고 시험적으로 불꽃을 쏘아 올리는 일도 없다. 마지막까지 하나비시의 경험과 감으로 모든 것이 결정된다.

원래 불꽃놀이는 고대의 통신수단이었던 봉화에서 비롯된 것으로 알려져 있다. 화약이 발명된 것은 기원전 210년 경 진나라 시황제로부터 불사약을 만들라는 명을 받은 사람들이 우연히 발명하게 된 것으로 전해진다. 전쟁시의 봉화 등으로 쓰였던 불꽃이 관상용 불꽃으로 언제부터 발전하게 되었는지 정확한 근거를 찾지 못했다. 다만 화약이 실크로드를 타고 중국에서 유럽으로 건너가

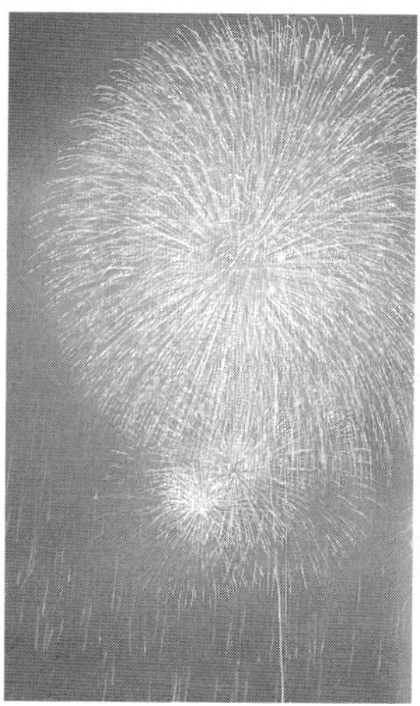

불꽃놀이

14세기 이탈리아 피렌체에서 최초의 불꽃놀이 행사가 있었다고 한다. 일본의 불꽃놀이 역사는 1543년 카고시마(鹿児島)현에 위치한 타네고시마(種子島)에 도착한 중국선박에 타고 있던 포르투갈인 프란시스코가 가지고 있던 소총과 화약이 일본에 전해지던 시대로 거슬러 올라간다.

그 후 에도(江戸)막부의 초대 쇼군(将軍)이었던 도쿠가와 이에야스(徳川家康)가 일본에서는 가장 먼저 불꽃놀이를 접하게 된다. 1613년 영국 국왕 제임스 1세의 사신으로 일본을 방문한 불꽃놀이의 명인 존 셀리스가 도쿠가와 앞에서 불꽃놀이를 시연해 보였다. 당시 불꽃놀이는 대나무 관에 검은 화약을 넣고 한쪽 끝을 점화해 불꽃을 뿜어내는 방식이었다. 이것이 계기가 되어 당시 쇼군과 다이묘(大名) 등 신분이 높은 사람들 사이에게 불꽃놀이가 퍼져나갔다. 이때부터 쇼군과 전국의 다이묘들이 앞 다투어 하나비시를 고용해 자기만의 불꽃을 만들게 했고, 전통적인 가문의 명예를 걸고 스미다(隅田) 강변에서 불꽃놀이 경연대회를 벌였다.

스미다 강변에서 펼쳐지는 불꽃놀이는 일본 최고(最古)의 불꽃놀이라는 명성과 맞물려 지금도 도쿄에서는 여름 한때 불꽃놀이 마니아들을 설레게 하는 주요한 행사로 자리 잡고 있다. 당시의 불꽃놀이는 강 위에 떠있는 야카다부네(屋形船, 지붕이 있는 놀이 배)에서 불꽃놀이를 보고 즐기는 형태였기 때문에 불꽃을 파는 배가 야카다부네 사이를 오가며 주문을 받아 불꽃을 쏘아 올렸다. 그 후에 서민들 사이로 불꽃놀이가 확산되고 하나비시와 불꽃 제조업체가 등장하면서 서서히 규모가 커졌다.

그러나 당시 불꽃놀이가 유행하면서 불꽃에 의한 화재가 끊이지 않고 일어났다. 이에 에도(江戸)막부는 불꽃놀이 금지령을 내렸고, 대회를 개최하기 위해서는 반드시 관련부서의 허가를 받게 했다. 금지령이 해지되는 계기를 마련했던 것은 에도(江戸) 8대 쇼군이었던 도쿠가와 요시무네(徳川吉宗)였다. 1733년 질병(콜레라)과 대기근으로 사망한 영혼을 위로하기 위해 마련한 위령제를 지금의 도쿄를 관통하는 스미다 강변에서 불꽃놀이와 함께 하면서 금지령은 해제되었다. 더욱이 이때 보여주었던 불꽃놀이는 가장 훌륭했다는 평판을 받았다.

이 불꽃놀이를 이끌었던 하나비시는 야마토(지금의 나라(奈良)현) 출신으로 불꽃 제조업체 가기야(鍵屋)를 6대째 이어온 야헤에(弥兵衛)라는 사람이었다. 그 후 1810년 가기야의 7대째 하나비시였던 아오나나(青七)가 독립해 다마야(玉屋)라는 불꽃 제조업체를 시작했다. 스미다 강의 상류에서는 다마야, 하류에서는 가기야가 각각의 기량을 선보이며 경합을 벌였고 사람들은 "다마야, 가기야"라고 응원하며 불꽃놀이를 감상했다. 당시 다마야의 인기가 가기야를 능가하고 있었으나 1843년 대형화재 사고를 일으켜 에도(江戸)에서 추방되었다. 그래서 다마야는 1대를 끝으로 더 이상 이어지지 못했다. 그러나 지금도 매년 7월 30일 경 열리는 이 대회에 가면 많은 사람들이 "다마야, 가기야"라고 응원하는 소리를 들을 수 있다.

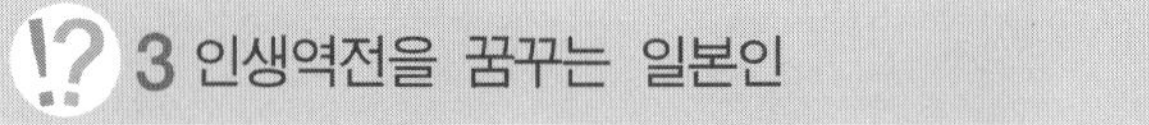

3 인생역전을 꿈꾸는 일본인

매년 발간되는 일본의 레저백서를 보면 연간 5천 만 명 이상이 참여하는 일본의 여가활동에 복권이라는 항목이 들어있다. 그리고 참여자 수는 매년 증가세를 보이고 있다. 오랜 불황 탓이었는지 1990년 대 복권 판매액은 꾸준히 증가해 복권업계는 1조 엔 규모를 지랑하는 명실 공히 일본의 대표적인 산업으로 성장했다.

일본에서 복권의 시작을 알아보려면 약 400년 전 에도(江戸)시대 초기로 거슬러 올라가야 한다. 당시 지금의 오사카 지역에 있었던 용안사(滝安寺)라는 절에서 정월 초하루부터 7일까지 참배한 사람들에게 자기 이름을 쓴 목판을 궤짝에 넣게 한 다음, 마지막 날 송곳으로 궤짝을 3번 찔러 3명의 당첨자를 뽑고, 당첨자들에게 행운이 온다는 오마모리(お守り, 부적)를 선물로 준 것에서부터 시작되었다고 알려져 있다.

이렇듯 일본에서 복권의 시작은 제비를 뽑는 형식으로 금전적인 보상이 아니라 행운을 부르는 부적을 주는 것이었으나, 점차 돈이 그 보상을 대신하면서 급격히 확산되었고 도미쿠지(富くじ, 에도시대

의 복권)는 도시전체에 범람하게 되었다. 그래서 에도(江戸)막부는 1692년 복권행위에 대한 금지령을 내렸다. 그러나 그 이후에 사찰과 신사(神社)에게 만큼은 건물 복원과 수리를 위한 비용 조달의 목적으로 복권 발행을 허가했다. 그래서 당시 유일무이한 천하 공인의 복권이라는 의미를 담아 '고멘도미(御免富)'라고 불렀다고 한다. 에도(江戸)막부가 공인한 이 복권도 1842년 제도개혁에 의해 금지되었다. 그 후 메이지(明治)시대 일본에서는 복권의 형태를 찾아보기 어렵고, 103년이라는 세월이 지난 1945년에서야 비로소 다시 복권이 일본에서 부활하게 된다.

1945년 7월 정부는 전쟁 비용을 조달하기 위해 1등 당첨금이 10만 엔이고, 한 장에 10엔짜리 복권 '勝札'을 발매했다. 그러나 추첨일을 맞이하기 전에 일본은 패망했고 결국 복권은 쓸모없는 종이쪽지가 되고 말았다.

패망한 일본은 전후 극심한 물가상승 방지를 위해 다시 서민들의 구매력 흡수가 필요해졌고, 정부는 그 해 10월에 다시 복권 발행을 하게 된다. 이때 현재 일본의 복권을 칭하는 다카라쿠지(宝くじ)라는 이름으로 정부제1회다카라쿠지(政府第一回宝くじ)를 발매했다. 또한 전쟁으로 폐허로 변해버린 각 지역의 복원자금을 조달하는 목적으로 각 지방자치단체의 독자적인 복권 발행을 허용했다. 이에 따라 1946년 12월에 지방복권 제1호가 후쿠이(福井)현에서 탄생했다. 정부에서 발행하던 정부복권은 1954년에 폐지되었고 그 후 각 지방자

치단체가 단독으로 혹은 공동으로 발매하는 지방복권만이 남아 현재에 이르고 있다. 이러한 복권의 수익금은 전액 공공사업에 활용되고 있다.

일본의 복권은 우리나라와 달리 당첨되더라도 단 한 푼의 세금도 내지 않는다. 복권발행의 최우선 목적이 정부가 수입을 확보하는 것이므로 당첨금에 세금을 부과하는 것은 2중과세로 해석하기 때문이다. 세금이 부과되지 않는 것 이외는 우리나라의 복권과 거의 유사하다. 5만 엔 이상의 당첨금을 받기 위해서는 해당은행으로

복권판매소

가야하며, 50만 엔 이상이 되면 본인임을 증명할 수 있는 의료보험증이나 운전면허증과 인감이 필요하다. 그리고 100만 엔 이상의 고액 당첨자는 당첨금을 받기 위해서 복잡한 절차를 거쳐야 한다. '고액당첨금 지불청구서'란 서류를 작성해야 하는 데 이 청구서의 기재사항이 매우 까다롭다. 복권을 몇 장 구입하였는지부터 시작해서 왜 복권을 그 판매소에서 구입하게 되었으며 당첨금으로 무엇을 할 것 인지까지 다양한 질문에 답해야 한다.

이러한 설문지의 조사 결과 당첨금의 용도로 가장 많이 등장한 것이 주택 구입이었다고 한다. 일본에서 1980년대 자산가치의 급상승으로 만들어졌던 버블이 1990년대 들어와 깨지기는 했으나 여전히 일반 서민에게 주택을 구입하는 것은 쉬운 일이 아니기 때문에 당연한 결과로 보인다.

우리나라가 한때 로또열풍으로 몸살을 앓았던 경험이 있고 그 열기는 아직도 식지 않은 듯하다. 어느 사회이든지 대박의 불로소득을 꿈꾸며 아주 미약한 확률에 투자하는 사람들은 있기 마련이다.

!? 4 노래가 없는 오케스트라

일본이 세계에 전파한 문화상품 중 가라오케(カラオケ)는 그 상징

적인 의미를 부여할 수 있을 정도로 대표적인 존재임에 틀림없다. 타임지가 선정한 20세기 아시아에서 가장 영향력을 행사한 사람 중에는 중국의 마오쩌둥(毛沢東)과 인도의 간디와 함께 세계 최초로 가라오케를 발명한 일본의 이노우에 다이스케(井上大佑)가 포함되어 있다. 또한 이노우에 씨는 해마다 기발한 연구 업적을 이룬 사람에게 수여하는 패러디 노벨상인 '이그(Ig)노벨'의 평화상을 2004년에 수상하기도 했다. '이그노벨'은 이그노블(ignoble, 품위가 없는)이란 단어와 '노벨'을 합친 신조어로 과학유머잡지 '기발한 연구연감(Annals of Improbable Research)'을 통해 매년 발표된다.

가라오케는 일반적으로 일본에서 외래어 표기에 쓰이는 카다가나(カタカナ)로 표기한다. 그런데 원래는 외래어와 일본어가 합쳐진 합성어이다. 가라(カラ)는 비어있다는 뜻을 가리키는 공(空)을 일본말로 읽은 것이고, 오케(オケ)는 오케스트라의 준말이다. 따라서 노래음성이 비어있는 오케스트라를 의미한다.

1971년 '8 Juke'라는 이름으로 처음 개발된 가라오케 시스템의 탄생 경위를 살펴보면, 왕성한 서비스 정신으로 잠재적 수요를 교묘하게 끌어낸 일본의 상인 정신을 느낄 수 있다. 가라오케를 발명한 이노우에 씨는 가라오케의 불구대천의 천적이라고도 볼 수 있는 유흥업소에서 손님의 노래에 맞추어 연주해 주는 밴드출신이다. 몇 몇 유흥업소와 전속계약을 맺고 연주를 하던 중 당시 철강회사 사장이었던 단골 고객으로부터 가라오케 탄생을 감지할 수 있는 제안을 받는다. 회사에서 사원들과 여행을 가는 데 같이 가서 내가 노래할 때 연주를 해 달라는 것이었다. 그러나 업소와의 계약으로 하루도 자리를 비울 수 없는 상황이었던 이노우에 씨는 녹음테이프에 고객이 잘 부르던 3곡을 연주해 녹음한 후 건넸다. 여행에서 돌아온 고객은 예상외로 반응이 좋았다며 다음 여행에는 다른 곡을 녹음해서 달라고 부탁했다. 여기서 사업으로의 전개 가능성을 감지한 이노우에 씨는 곧바로 고우베(神戸) 시내의 결혼식장을 빌려 기타와 드럼과 아코디언과 함께 연주를 녹음하면서 에코도 함께 곁들였다. 100엔으로 5분간 작동하는 타이머를 붙인 가라오케 기기를 유흥업소에 놓고 본격적인 장사를 시작했다. 처음에 녹음된 곡은 겨우 40곡이었다. 바로 이 이노우에 씨가 연간 8조 엔에 달하는 일본의 가라오케 업계를 리드하는 그레센트라는 회사의 창업자이다.

그 후 가라오케는 유흥업소를 중심으로 전국적으로 확산되었고 이에 일본의 전자회사들도 앞 다투어 관련업계에 진출했다. 이로 인해 가라오케는 항상 일본의 최첨단 전자기술과 접목되어 발전하게 된다. 영상을 보며 즐길 수 있는 가라오케의 등장과 리모컨을 이용하여 자동으로 곡을 바꿀 수 있는 기기가 출현한 것이 1980년대이다. 그때까지 가라오케는 녹음된 테이프를 들으며 가사가 적힌 책자를 보고 노래를 불렀다.

또한 가라오케 시장을 과거의 규모에서 2배 이상 끌어올리는 데 막대한 공헌을 한 것이 바로 가라오케박스(カラオケBOX)다. 선박

용 컨테이너를 개조한 옥외용 가라오케 박스가 오카야마(岡山)현에 처음 등장한 것이 1985년이었다. 가라오케는 그 동안 유흥업소를 중심으로 한 성인들만의 영역이었으나, 가라오케박스의 등장으로 잠재적 수요가 깔려 있었던 젊은 세대의 욕구를 충족시키며 가라오케 시장 판도를 바꿔 놓았다. 1990년대 들어오면서 가라오케는 집중관리시스템이 도입되면서 보다 시장이 확대 되었으며, 채점이 가능한 가라오케 기기와 화려한 조명과 함께 전성기를 맞이하게 되는 것도 이 무렵이다.

일본에서 매년 가라오케를 즐기는 인구는 약 5천 만 명에 이른다. 그리고 가라오케사업자협회가 매년 발간하는 '가라오케백서'에 따르면 가라오케박스에 설치된 방의 개수가 무려 15만 개(2004년 기준)에 이른다고 한다. 가라오케는 일본에서 만들어진 지 벌써 30여 년이 지났다. 그러나 전자기술의 발달과 맞물리면서 꾸준히 성장을 해 왔고 지금도 여전히 일본 사람들이 즐기는 최대의 문화상품으로 자리매김하고 있다.

한편 최근에는 IT기술이 가라오케와 접목되면서 IT강국 우리나라가 관련된 새로운 시장을 연이어 개척하면서 가라오케 원조 일본의 부러움을 사고 있다. 우리나라 전자회사가 휴대전화를 통해 음악이 나오고 액정화면에는 가사가 표시되는 가라오케 폰을 독립국가연합(CIS)에서 출시했다. 러시아 최신 유행곡(100곡)이 수록된 MP3 CD를 무료 제공하고 이것을 PC에서 휴대전화로 다운로드해 음악을 재생하면 노래방과 같이 휴대전화 액정화면에 가사가 표시되는 방식이다. 또한 우리나라 중소기업이 TV에 휴대용 노래반주기를 꼽고 노래를 즐길 수 있는 휴대용 영상가라오케를 출시해 일본에 수출까지 하고 있다. 그리고 한류 열풍으로 인기를 모은 우리 가요가 일본의 가라오케에서 불법으로 활용된다며 거액의 손해배상 청구를 하기도 했다. 이제 가라오케는 일본의 전유물이 아닌 모두의 공유물이 되어가고 있고, 앞으로도 일본에서 뿐 아니라 여러 나라에서 여가를 즐기는 대상으로 계속해서 애용될 것으로 보인다.

5 일본 최대의 국민적 오락

일본 파칭코 산업 규모는 30조 엔을 육박한다. 일본이 자랑하는 전자산업과 자동차산업을 능가하는 속도로 일본에서 성장을 거듭한 분야가 바로 파칭코다. 도박형 레저 비즈니스분야에서 국민적 오락으로 자리 잡고 있는 파칭코는 1910년 미국에서 개발되어 일본으로 전해진 손으로 구슬을 튕기는 놀이기구가 그 원형이라 할 수 있다. 1925년 경 이러한 놀이기구를 대형화시키고 여러 대를 모아놓고 경품을 거는 등의 방식을 도입하면서 파칭코는 놀이기구에서 사업기구로 거듭나게 된다. 그 후 손으로 튕기는 방식에서 전동식으로 간편화되고 지금은 컴퓨터로 모든 것이 제어되고 있다.

경품을 현금으로 바꿀 수 있는 시스템이 갖추어지면서 파칭코는 비약적인 발전을 했다. 파칭코 점포에는 만 18세 이상이면 누구나 출입이 가능하다. 파칭코 점포 안에서는 절대 돈으로 경품을 바꾸어 주지 않는다. 경품에 해당하는 플라스틱 조각을 받아 들고 문 밖으로 나가 환금해 주는 장소를 찾아가야 비로소 돈을 손에 쥘 수 있다. 항상 상당량의 현금을 확보하고 있어야 하는 이 환금장소가 범죄의 대상이 되어 매스컴에 오르내리기도 한다.

이렇듯 음성화시키지 않은 교묘한 방법으로 도박시스템을 구축한 파칭코는 많은 세금을 낸다는 이유로 일본 국세청의 지대한 관심을 받는다. 그래서일까 범국가적인 차원에서 파칭코는 권장하는 국민적 오락이자 도박이다. 늦은 시간 TV에서 연예인들이 특정 지역의 파칭코 점포를 돌며 서로 경쟁하는 프로그램이 방영되기도 한다. 우리가 알고 있는 파칭코는 도박 그 이상도 이하도 아닌 것과는 판이하게 다르다. 분명 일본사람들에게 파칭코는 오락이다. 물론 일부 과잉반응을 보이는 마니아들이 중독 현상을 보이며 매일 아침 파칭코 점포로 좋은 자리를 확보하기 위해 서둘러 출근하기도 한다. 아침 개점 시간에 파칭코 앞에 줄을

파칭코

새롭게 문을 여는 파칭코 앞에 모인 사람들

선 사람들을 어렵지 않게 볼 수 있다.

서점에 가면 파칭코를 공략하는 방법을 소개하는 책들이 많이 눈에 띈다. 일반적으로 파칭코 점포에 진열되어 있는 게임기의 기종은 대략 10여 종에 이른다. 그러나 산업규모가 큰 만큼 업체간 경쟁이 치열해 시장 점유를 위한 새로운 기종이 하루가 멀게 등장한다. 그 기종들의 공략법을 익히기 위해 현장에서 돈을 쓰기 전에 책으로 공부한다. 파칭코 업계가 다른 산업에 비해 손색없는 일본의 주요산업임을 증명하는 것은 이렇듯 출판업계뿐 아니라, 파칭코를 제조하는 회사, 파칭코에 종사하는 근로자, 파칭코 기계에 박혀있는 못의 미묘한 차이를 매일 조절하는 구기시(釘師)에 이르기까지 그 영향력이 광범위하고 크다는 것에 있다.

일본 레저백서에 따르면 응답자의 약 20%가량의 일본사람들이 파칭코를 즐기고 있다고 답했으며 1회 평균 약 3천 엔의 비용을 쓴다고 나타나 있다. 특히 남녀 모두 20대의 젊은이들이 다른 연령대에 비해 파칭코 가게를 많이 찾는 것으로 조사되었으나, 다음으로 많은 연령대가 남자의 경우는 30대인 반면 여성은 50대로 나타났다. 젊은 층과 30대의 남성 직장인 그리고 삶의 여유를 찾고 시간 할애가 비교적 용이한 중년 여성들에 의해 일본의 국민적 오락 파칭코는 유지되고 있다고 할 수 있을 것 같다.

그런데 1990년대 후반 들어오면서 파칭코 업계의 매출이 감소하기 시작하고 있다. 오랜 기간 지속된 불황의 여파가 아직 가시지 않은 일본의 오락레저 산업 모두가 비슷한 상황이기는 하지만, 파칭코를 찾는 손님이 점차 감소하면서 파칭코 업체의 도산이 증가하고 있는 추세다. 새로운 활로 모색을 위해 매장을 새롭게 단장하고 경품으로 고급 유명 브랜드를 내세우는 등 각고의 노력을 기울이고 있다.

이런 와중에 유일하게 업계의 주목을 받으며 성장을 지속하는 파칭코 기업이 있다. 바로 '마루한'이라는 기업인데 사장이 한국인이다. 15살 때 밀항선을 타고 일본으로 건너가 3평 점포에서 시작한 파칭코 사업이 지금은 일본 전역에 180개에 달하는 점포를 보유할 정도로 규모가 커졌다. 종업원이 무려 7천명에 달하고 연간 매출이

1조 엔을 넘어선 그야말로 일본 속에 자랑스러운 한국인 그 자체다. 사장은 이 회사의 성공 비결을 지역사회에 대한 공헌으로 꼽는다. 이국인으로써 부딪히는 어려운 난관을 헤쳐 나가기 위한 해결책을 일본 지역주민과 더불어 살아가는 것에서 찾았는지도 모른다.

이 회사뿐 아니라 일본에서 파칭코 사업을 하는 재일동포들이 적지 않다. 왜 일본에서 파칭코 사업이 재일동포들에게 시작하기 쉬웠던 사업인지는 알 수 없다. 그러나 일본사람들이 국민적 오락으로 인식하고 있는 파칭코 업계를 한국 사람들이 이끌어 가고 있다는 점에 자부심을 느껴도 흠이 되지는 않을 듯싶다.

6 아니메와 망가漫画

한국 기성세대들이 밀림의 왕자 레오, 우주 소년 아톰이라는 제목과 함께 그 만화를 만들어낸 데츠카 오사무(手塚治虫)를 기억하고 있다면, 지금의 청소년들은 센과 치히로의 행방불명, 이웃집 토토로, 하울의 움직이는 성 등을 기억해내며 그 만화영화를 만들어낸 미야자키 하야오(宮崎駿)가 더 익숙하다고 생각할지 모른다. 한 세대를 뛰어넘을 정도로 수십 년 동안이나 우리나라 사람들에게 영향을 끼쳐 온 이것들은 모두 일본이 만들어낸 세계적인 만화작품이다.

인류생활에 크게 공헌한 일본의 발명품을 꼽으라면 아마도 일본사람들의 대부분이 망가(漫画, 만화)라고 하지 않을까 싶다. 그만큼 만화는 많은 일본인에게 생활화되어 있는 문화상품이며 일본 대중문화를 선도하는 거대한 매체로 자리 잡고 있다.

전 세계 만화시장의 약 60%를 차지하고 있는 일본만화의 경쟁력은 1959년 '소년매거진', '소년선데이' 등의 소년만화 주간지가 창간되면서 그 기반을 다졌다고 볼 수 있다. 이들 만화주간지에서 특히 인기가 있었던 것이 게키가(劇画, 극화)라고 하는 이야기에 그림을 곁들여 엮은 창작물들이었다. 만화주간지는 읽을거리가 그렇게 많지 않았던 당시의 소설을 대신하여 일본 청소년들의 마음을 사로잡는 데 충분했다. 또한 상상의 세계와 현실을 오가며 펼쳐지는 다채로운 내용의 이야기가 전개되면서 현대의 영웅이 된 만화의 주인공들이 탄생하게 된다. '내일의 죠(あしたのジョ-)'와 '거인의 별(巨人の星)' 등이 그 당시의 대표적인 작품이다.

전철안에서 만화를 읽고 있는 일본 사람

그 후 소년들만의 작품에서 벗어나 소녀들이 좋아할만한 주제를 담은 소녀만화(순정만화)들이 속속 등장하면서 차츰 일본 출판시장에서의 만화의 위상을 높여갔다. 그리고 이들 첫 만화세대들의 성장과 함께 청소년용 만화와 성인용 만화잡지가 차례로 시장에 선보였다. 결국 일본만화의 시작과 세계적인 경쟁력을 갖추게 되는 수요측면에서의 요인을 만들어낸 것이 바로 이들 만화 1세대들이라 할 수 있다. 그들의 성장과 더불어 일본만화는 변화와 성공을 거듭했다고 할 수 있기 때문이다. 그래서 일본에서 만화가 특정 세대의 전유물이 아니라 각각의 세대가 감상하고 즐기기에 충분한 다양한 소재거리가 마련될 수 있었는지 모른다.

이러한 기반생성 과정과 초기발전 과정을 거치면서 일본 만화는 문자, 영상과 함께 정보를 전달하는 유력한 미디어로 확립되었다. 한편 우리나라를 포함한 해외의 여러 나라에서 만화는 일부 마니아를 제외하고는 청소년과 어린이들의 영역으로 인식되고 있다. 따라서 세대를 막론하고 만화에 열중하는 일본 문화가 기묘하게 보일 때도 있다. 실제 전철 안에서 책 읽기를 좋아하는 일본사람들이지만, 그 책 속에는 만화도 섞여있다. 전철 승강장에 있는 신문잡지 판매소에는 항상 수북하게 주간만화잡지가 쌓여있다. 전철 승강장에서 급하게 만화를 사서 전철을 타는 직장인들의 모습을 보는 것은 그리 어려운 일이 아니다.

만화의 위력은 엄청난 부가가치를 창출해 내는 문화산업이라는 것에 있다. 서적, TV, 영화는 물론 가늠하기 힘들 정도의 파괴력을 지니게 되는 인기 캐릭터를 탄생시키는 모태가 되기도 한다. 애니메이션의 가장 대표적인 형식인 만화영화 세계는 미국의 디즈니사와

서점에 진열된 만화책

더불어 일본의 독식이 이어지고 있다고 해도 지나침이 없다. 세계최대의 만화영화 생산국 일본은 보통 만화영화를 아니메(アニメ)라고 부른다. 이 아니메(anime)라는 단어가 영어로 정착되어 가고 있을 정도로 미국시장에서 일본만화의 인지도는 우리나라를 능가한다. 실제 미야자키 하야오(宮崎駿) 감독이 만든 '센과 치히로의 행방불명'은 북미, 유럽, 아시아 등 전 세계적으로 관객을 끌어 모으며 2003년 장편만화영화 부문에서 제75회 아카데미상을 수상하기도 했다. 이 한편의 만화영화로 무려 304억 엔의 흥행수입을 올리며 일본역대 최고기록을 갱신했다.

이렇듯 세계적 문화상품으로 성장한 일본의 만화영화를 2005년 초 일본 정부가 국가차원에서 활용하는 방안을 제시했다. 일본 정부의 정부개발원조(ODA)기금 가운데 일부를 세계 각 나라 TV방송사의 일본 만화영화 방영권 구입자금으로 지원하자는 구상이다. 중남미와 아프리카의 저소득 국가 등 방영권을 지급할 여력이 없어 세계적으로 유명한 일본의 만화영화를 보고 싶어도 못 보는 나라가 있다는 것에서 착안했다고 한다. 경제대국 일본이 해야 하는 원조를 생색내며 자국의 문화를 수출하려는 의도가 보이는 대목이다. 실제 그 동안 일본의 만화영화는 일본의 국위선양에 손색없는 공로자 역할을 수행해 왔다. 일본의 만화영화를 통해 자연스럽게 일본문화가 알려지고 다른 나라로 전파되어 갔기 때문이다.

만화영화는 물론 문화콘텐츠 산업의 저력과 앞으로의 가능성은 이미 세상이 다 아는 이야기이다. 그 황금알을 낳는 새로운 시장을 '포켓 몬스터'와 '키티'와 같은 일본의 캐릭터들이 앞장서서 이끌어 가고 있다.

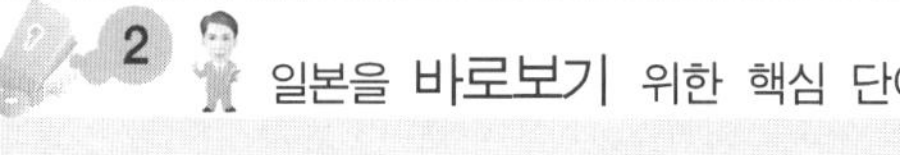

무라하치부村八分

집단의존 성향이 강한 일본사람들이 두려워하는 것이 집단으로부터 버림받는 것이다. 물론 우리나라 역시 집단으로부터 소외되는 것을 원하는 사람은 없을 것이다. 그러나 일본사람이 느끼는 집단으로부터의 따돌림은 사회생활을 정상적으로 영위하기 어려워지는 것은 물론 다시 헤어나기 어려운 미궁을 의미한다. 서로 한번 정한 규칙은 어떠한 일이 있어도 지켜야 하는 일본사람들의 융통성 결여를 꼬집는 외국인이 적지 않다. 집단의 규칙과 규범을 어기면 반드시 응징을 받는 사회가 일본이다. 이런 일종의 징벌을 에도(江戸)시대부터 무라하치부라고 했다.

무라하치부란 촌락에서 행해지는 제재로 마을의 질서를 문란하게 한 사람과 그 가족과의 왕래를 주민 전부가 단절하는 것을 의미한다. 즉 마을 전체가 합심해서 한 가족을 외톨이로 만드는 것으로 보면 될 것 같다.

무라하치부라는 말에 포함된 숫자 八(8)의 의미를 풀어보면 일본사람들의 또 다른 의식구조를 엿볼 수 있다. 즉 총 10 가지 중에 8가지에 대해서는 제재를 가하지만 나머지 2 가지는 아무리 무라하치부가 되었더라도 같이 공유하고 왕래한다는 의미를 담고 있다. 제재에서 제외시

켜주는 두 가지는 장례식과 화재가 발생했을 때이다. 목조건물이 대부분인 일본 주택에 화재가 나면 흔적을 찾아보기 어려울 정도로 모든 것을 잃게 되고, 죽음이야 더 말할 나위 없이 주위의 온정이 필요한 때이다. 이렇듯 서로간의 왕래를 끊는 일이 있더라도 가장 불행한 때만큼은 서로 마음을 나누어 가질 수 있도록 최소한의 배려를 남겨두었다. 참고로 일절 왕래를 끊고 상대를 안 해주었던 8가지는 「冠」, 「婚」, 「建築」, 「病」, 「水害」, 「旅行」, 「出産」, 「忌日」 등이다. 「冠」는 지금의 성인식을 말한다.

만약 지금 이런 무라하치부가 일본에 등장한다면 어떤 일이 벌어질까? 일본에 공동생활의 기본적인 단위라고 할 수 있는 초우나이카이(町内会, 행정단위의 하나인 초우(町)에 사는 주민의 모임)라는 임의의 지역자치단체가 있다. 이 단체에 가입하는 것은 자유지만 가입을 단체가 거절하지는 못하는 강제가입단체에 준하는 공적인 주민의 집합체이다. 이렇듯 일본의 현대사회를 들여다보면 봉건사회의 잔재인 무라하치부를 원천적으로 봉쇄할 수 있는 제도적 장치가 마련되어 있는 듯 보인다. 그러나 현실은 그렇지 않다.

분명 무라하치부는 엄연한 인권을 침해하는 위법행위로 주위로부터의 제재로 끝나는 것이 아니라 가해자는 응분의 죄 값을 물어야 한다. 무라하치부가 일본의 에도(江戸)시대에 있었던 퇴물로 생각해서는 안 된다. 지난 2000년 효고(兵庫)현에 있는 조그만 산간마을에서 무라하치부 사건으로 소송이 제기되었기 때문이다. 다해서 일곱 가구밖에 안 되는 마을의 촌장이 5 가구와 함께 원고를 상대로 일체의 행정서비스는 물론 관보배달과 각종 행사 연락, 소화기 설비 등을 거절했다. 이에 원고는 촌장을 상대로 소송을 냈고 오사카(大阪) 고등재판소는 촌장을 중심으로 '공동절교행위'가 있었다고 인정됨으로 원고에게 위자료 90만엔을 배상할 것을 명령했다. 문제의 발단은 마을에 있던 초등학교의 통폐합에 반대한 원고와 이를 관철시키려는 마을 주민들 사이의 의견대립에서 시작되었다. 결국 사건은 원고의 승소로 끝이 났으나, 이후에도 마을의 각종행사에 원고만을 부르지 않은 등 무라하치부 상태는 지속되고 있다고 한다. 일본사회에서 모두에게 평등하다는 법으로 문제를 해결하더라도 한번 낙인이 찍힌 집단의 이단아는 결코 다시 동화될 수 없다는 엄연한 현실을 보여주는 사례이다.

무라하치부가 현재도 엄연히 존재하고 있다는 사실은 이런 사례를 들추지 않더라도 현대판 무라하치부라 할 수 있는 이지메(いじめ, 따돌림) 현상을 보면 너무나도 분명하게 드러난다. 이미 심각한 수준에 달해 있는 이지메 현상은 일본의 집단적 문화에 그 뿌리를 두고 있음을 알 수 있다. 이는 내부 결속을 당연하게 생각하면서 집단에서의 이탈과 끼지 못한 사람에 대한 배타적 대응으로 나타난다.

2003년 일본의 이지메 발생 학교 수와 발생건수(공립학교)

구분	전체 공립학교 수	발생학교 수	발생률	발생건수	1학교당 발생건수
초등학교	23,381	2,787	11.9	6,051	0.3
중학교	10,358	3,934	38.0	15,159	1.5
고등학교	4,117	1,094	26.6	2,070	0.5
맹 / 농 / 양호학교	935	45	4.8	71	0.1
합계	38,791	7,860	20.3	23,351	0.6

자료 : 2005년 청소년 백서

일본의 2005년 청소년 백서에 따르면 초중고와 맹아, 농아, 양호학교에서 지난 2003년에 파악된 이지메 건수가 무려 2만 3351건에 달한다고 한다. 8년 만에 다시 증가세로 돌아서 위험 수위를 넘어서고 있다는 경고를 백서는 덧붙이고 있다. 특히 중학교가 전체 발생 건수의 38%를 차지하고 있어 가장 심각한 것으로 나타났다. 무엇보다도 현대판 무라하치부라 할 수 있는 이지메는 우리나라에도 이미 보도된 몇 몇 사례를 통해 알 수 있듯이 가혹행위가 상상을 초월한다는 데 그 심각성이 있다.

과거 에도(江戸)시대의 무라하치부와 달리 다소의 예외 조항도 주어지지 않는다는 점이 더욱 안타까운 부분이다. 그러나 이러한 현상이 이웃나라만의 일이 아니라는 것이 더욱 안타깝다. 1980년대 초 일본 유학 시절 접했던 다양한 일본문화 중 절대 우리나라로 건너가지 말았으면 하고 바랐던 이지메 현상이 어떠한 이유에서인지 그 이후 왕따라는 신조어를 만들어 내며 한국에 상륙하고 말았다.

일본사람이 약속과 규범을 정확하게 지키는 것은 집단에서 외톨이가 되지 않으려는 것이지 그 규칙 자체를 존중해서가 아니라는 어느 일본 연예인의 말이 생각난다.

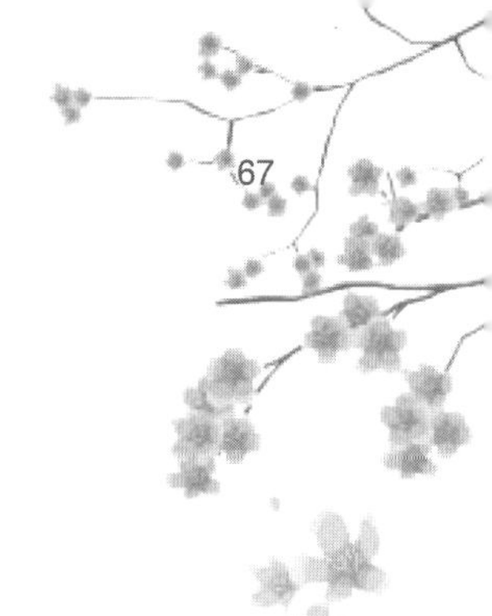

3장 일본적 주택구조와 공간의 미학

!? 1 토끼집

1960년대 일본의 문헌이나 신문을 보면 종종 우사기고야(うさぎ小屋, 토끼집)라는 표현이 나온다. 일본의 주택을 가리키는 말로 토끼집처럼 작고 지저분하다는 의미로 쓰였다. 또한 1970년대 경제협력개발기구(OECD) 보고서를 보면 '일본사람은 토끼집(rabbit hatch)이라 해도 될 정도의 열악한 주택환경 속에서 열심히 일을 한다'고 적혀있다. 누가 언제부터 일본의 주택을 보고 토끼집 같다고 했는지는 명확하지 않다. 그렇지만 현대 일본사람들은 과거 자기나라 주택이 토끼집으로 불린 사실에 대해 잘 알고 있다. 1945년 패전 직후

모든 것이 폐허로 변해버린 상황에서 일본의 주택난은 심각했다. 이를 해소하기 위해 서둘러 '문화주택'과 단지를 조성했다. 여기서 말하는 '문화'는 일본의 전통양식보다 발전된 서양식이라는 뜻을 담고 있다. 가스와 전기, 수도가 들어오고 서재 공간도 마련되는 주택 구조였지만 여전히 협소했다. 그 좁은 집에서 가족 모두가 모여서 생활고를 극복하기 위해 바쁘게 살아가야 했을 것이다. 이 당시 이렇게 만들어진 공동주택을 보고 토끼집과 흡사하다고 했을 가능성이 높다.

1950년경까지는 전체 인구의 절반 이상이 농업과 어업에 종사하고 있었다. 그러나 그 이후 눈부신 경제성장과 더불어 도심의 제조업 노동력이 부족하게 되자 전국 각지에서 도시로 인구가 집중하게 된다. 그래서 1956년 일본 정부는 서둘러 도시 주변에 공영 주택단지(住宅団地)를 만들었고 1970년대에 들어와서는 도시 주변에 신흥 주택단지가 들어서면서 도심의 주거환경은 대폭적으로 개선되었다.

일본경제가 고도 성장기에서 버블경제로 이어지고, 다시 버블경제가 붕괴되고 지금의 안정 성장 시대로 이행하는 30여 년 동안 일본의 거주면적은 점진적으로 넓어져 과거 토끼집이라고 불리던 주택은 어디서도 찾아보기 어려워졌다. 일본의 경제산업성(経済産業省) 통계에 따르면 가구당 면적이 91.1평방미터로 151평방미터의 미국에는 뒤지지만 영국(92평방미터)과 독일(95평방미터)에 육박하는 수치를 기록하고 있다. 분명히 주택환경 측면에서 일본은 세계적인 수준에 도달해 있다고 할 수 있는데 단순히 면적만이 넓어진 것이 아니다.

1980년대에서 1990년에 걸쳐 자산가치의 급등과 급락을 동시에 경험하면서 주택에 대한 생각도 많이 달라졌다. 1980년대까지만 하더라도 많은 일본사람들이 2,30년 동안 장기상환을 하는 조건으로 주택담보대출을 받아 잇코다테(一戸建て, 단독주택)나 만숀(マンション: Mansion, 우리나라의 아파트)을 마련했다. 재산증식의 지름길이었기 때문이었다. 그러나 1990년대 버블 붕괴이후 부동산가격이 하락하면서 '부동산을 가지고 있기만 하면 부자가 된다'는 신화가 무너지기 시작했다. 이러한 부동산 가격 하락으로 재산증식을 위한 수단으로 주택을 구입하는 경향은 현저히 줄었고, 각자의 생활방식에 맞게 주택을 선택하는 사람이 늘어나고 있다. 이런 성향의 사람들은 크게 3가지 부류로 나누어 볼 수 있다.

먼저 자신의 집을 마련하지 않고 매달 월세를 내며 사는 사람들이 있다. 2004년 일본의 토지백서에 따르면 이런 부류의 사람들이 전체 가구의 11.8%로 과거 최고치를 기록한 것으로 되어있다(참고로 일본에는 전세라는 주택계약 형태는 없다. 모든 주택임대는 월세로 이루어진다). 반대로 그래도 내 집이 필요하다고 생각하는 사람들은 두 부류로 나눌 수 있다. 하나는 도심 지역의 아파트를 구입하려는 사람이고 나머지는 교외에 정원이 있는 단독주택을 마련하려는 사람이다. 도심의 아파트를 선호하는 것은 짧은 통근시간은 물론 문화시설이 상대적으로 잘 갖추어져 있기 때문이고, 교외의 단독주택으로 가고자 하는 것은 도심에서 벗어나 자연에 가깝게 다가가려는 심리가 작용한다고 보면 된다.

한편 도심의 인구밀도는 우리나라 못지않게 높다. 2004년 말 현재 전국 국토의 불과 3%에도 못 미치는 케이한신(京阪神, 京都와 大阪, 神戸 등의 도심 3지역과 그 사이를 연결하는 지역)지역 반경 50킬로미터에 거주하는 사람이 전체인구의 45%(1960년 30%)에 달할 정도이기 때문이다. 도심의 주택환경을 개선하려면 대규모의 주택단지를 조성해야 하지만 일본 역시 우리나라와 비슷하게 토지의 소유권이 세분화되어 있어 토지를 매입하는 데만 몇 년씩 걸린다.

더욱이 빈번하게 발생하는 지진으로 지반이 약한 지역은 고층건물을 세우기도 어렵다. 실제 도심 외각에 들어선 주택단지를 보더라도 대규모로 지어진 곳은 드물며 높이 역시 그다지 높지 않다. 그러나 이러한 도심 지역의 주택사정을 개선하는 것 이상으로 현재 일본정부가 관심을 쏟고 있는 것은 고령화 사회 도래와 인구 감소에 따른 주택정책일 것이다.

2 나무로 만드는 집

일본의 건축물 특히 단독주택이나 다세대 주택은 대부분 나무를 사용해서 지어졌다. 도심 큰길에서 벗어나 한적한 골목으로 들어가면 오래된 목조건물을 쉽게 볼 수 있다. 1980년대 버블경제 시기 대부분의 건축물들이 철근 콘크리트를 사용하여 재건축되거나 화려한 대리석 건물로 바뀌었지만 여전히 도심 한편에는 허름한 목조건물이 많이 남아있다.

일본에서 목재가 건축자재의 주종을 이루는 것에는 그만한 이유가 있다. 우선 일본 국토의 대부분이 울창한 산으로 덮여있고 양질

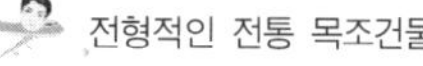
전형적인 전통 목조건물

의 목재가 많이 나오는 자연조건을 들 수 있다. 그리고 일본의 여름은 상대적으로 길고 상당히 습도가 높은데 이러한 기후적 특성이 목조 건축양식에 많이 반영되었다. 특히 전통적 가옥은 습한 공기를 순환시키고 통풍이 잘되도록 지붕을 높게 지었고 건축자재로는 여름에는 시원하고 겨울에는 따뜻하며 지진에 유연하게 대처할 수 있는 목재를 많이 썼다.

그런데 일본은 과거 100여 년 사이에 두 차례나 목조로 된 건축문화가 위기에 처하는 사건을 경험했다. 첫 번째 위기는 1868년의 메이지이신(明治維新, 명치유신)이다. 새롭게 들어선 정부가 불교와 신도를 분리하는 신불분리령(神仏分離令)을 선포했는데 그 목적은 신도를 바로 세움으로써 천황의 신성화를 확고히 하는 데 있었다.

일본은 고대로부터 전해지는 토속신앙인 신도와 대륙으로부터 전해 온 불교가 혼재된 상태였다. 즉 신사에 불상이 놓여 있고 신관과 더불어 승려도 함께 있었다. 메이지(明治) 정부는 이러한 신불습합(神仏習合)을 금지하여, 전국 각지의 신사에 스며들어 있는 불교적 요소를 모두 제거하도록 명했던 것이다. 이 칙령은 점차 폐불기석(廃物棄釈)운동으로까지 확산되면서 수많은 목조 사찰들이 파괴되었다. 이 당시 사찰은 대부분 학교나 관공서 또는 군대의 주둔지로 이용되면서 주위의 성곽들도 무너져 내렸다.

두 번째 위기는 제2차 세계대전이었다. 전쟁으로 불에 타버린 목조건물은 흔적도 없이 사라졌을 뿐 아니라 불이 옮겨 붙는 것을 막기 위해 수많은 멀쩡한 목조건물까지 파괴되었다. 그 후 1940년대 후반부터 1950년대 초, 미군정기를 거치면서 미국적인 건축양식이 전통적인 목조양식을 대신하기 시작했다. 무엇보다도 화재와 지진에 대비한 내화(耐火)건축이 전국적으로 장려되었고 목조양식은 제한적으로 허가되었다. 지금도 목조건물은 건축기준법에 따라 높이에 제한을 받고 있으며, 지정문화재 이외 거대한 목조건물은 세워지지 않고 있다.

!? 3 공간 구분이 없는 구조

일본의 전통 가옥에는 몇 가지 특징이 있다. 우선 공간과 공간을 구분하는 벽이 없다. 방과 방 사이 혹은 거실과 욕실 사이 등 공간 구분은 후스마(襖, 나무로 된 골격에 두꺼운 종이를 바른 문) 또는 쇼유지(障子, 나무로 된 골격에 창호지를 바른 문)로 대신한다. 넓은 공간을 활용하기에는 좋지만 방음은 물론 빛도 차단하지 못하는 칸막이다. 그리고 바닥은 다다미(畳, 속에 짚을 넣은 돗자리)로 되어있다. 일본의 현대식 가옥에 이런 구조를 모두 갖춘 집은 드물지만, 전체 구조의 일부분을 전통식으로 꾸미는 집은 적지 않다. 가령 두개의 방 사이에 후스마나 쇼우지를 이용한다든지 방 한 칸만 바닥에 다다미를 깔아 놓는 경우이다.

후스마가 처음으로 주택공간에 도입된 것은 헤이안(平安)시대이다. 헤이안(平安)시대 귀족들의 주택양식은 통풍을 가장 우선으로 생각해서 집안에 거의 칸막이가 없는 형태였다. 후스마가 만들어지기 전에 공간을 구분하는 데 이용되었던 것은 병풍이었다. 추위를 막기 위해 후스마가 주택에 처음 활용되었을 당시에는 나무로 만든 골격에 비단을 덮어 만들었다. 그 후 중국으로부터 들여온 두꺼운 종이가 비단을 대신하게 되면서 지금과 같은 후스마의 형태를 갖추었다.

당시 병풍과 같이 공간을 구분하는 칸막이를 모두 쇼우지(障子)라고 불렀고 지금의 후스마는 후스마쇼유지(襖障子)라고 했다. 그 후 와시(和紙, 일본 고유의 방식으로 만든 종이)라는 얇은 종이가 일본에서 생산되면서 쇼유지라는 별도의 공간을 구분하는 칸막이가 만들어졌다. 그리고 이 무렵부터 후스마에 그림이 그려지기 시작했고, 와시의 생산이 왕성했던 에도(江戸)시대에 들어오면서 후스마와 쇼우지가 일반 서민에게 널리 보급되었다.

다다미는 일본 고대사를 기록한 고사기(古史記)에 등장할 정도로 오래 전부터 사용했던 물건이다. 다다미가 지금과 같은 모양을 갖추게 된 것은 나라(奈良)시대로, 성무천황(聖武天皇)이 목재로 만든 판위에 깔아서 사용했던 고조우노다다미(御床の畳)가 가장 오래된 것으로 알려져 있다. 헤이안(平安)시대의 귀족들의 저택에서는 방바닥한 편에 다다미를 깔고 잠자리로 혹은 앉기 위한 장소로 활용했다. 그 이후 가마쿠라(鎌倉)시대에 들어와 지금과 같이 몇 장의 다다미를 여러 장 같이 깔아 사용하기 시작했으며, 그 후 에도(江戸)시대에 일반 서민주택에도 널리 활용되었다.

다다미가 깔린 방

메이지(明治)시대가 되어 상류계층에서 주택구조가 서구화되면서 다다미 사용이 줄었으나 그 이외의 계층에서는 오히려 다다미 수요가 증가했다. 현재와 같이 여러 방 중 하나의 방에만 다다미를 설치하기 시작한 것은 2차 세계대전 이후 1950년경부터 이다. 다다미의 크기는 지역에 따라 다소 차이는 있지만 1장의 넓이는 보통 90cm×180cm정도로 장방형으로 2장이 한 평 정도의 크기가 된다. 현재도 방의 크기를 4장 반, 6장, 8장 등 다다미가 몇 장 깔리는가를 기준으로 가늠하는 것이 일반적이다.

한편 집안 전체에 훈훈한 공기가 감돌고 방바닥이 따뜻한 것에 익숙한 우리나라 사람들에게 일본의 겨울은 지내기 힘든 계절이다. 그렇다고 난방이 전혀 안 되는 것은 결코 아니다. 일본 가정의 겨울철 난방은 대부분 난방용 에어컨이 주류를 이루고 있으나, 전통적으로 이어져 내려오는 특이한 난방 기구인 고다츠(炬燵)라는 것이 있다.

커다란 밥상 크기의 테이블 밑에 방열 기구를 설치해 놓고 이불을 덮어씌운 모양을 하고 있다. 다양한 난방용 가전제품이 개발된 현재에도 대부분의 일본 가정에 한 대 정도는 다 가지고 있을 정도로 인기가 있다. 원래는 숯을 토기에 담아 테이블 밑에 놓고 사용했는데 1955년 경 도쿄시바우라덴키(東京芝浦電気, 지금의 도시바)회사가 숯 대신 전기를 이용한 고다츠를 개발하면서 지금의 형태를 갖추게 되었다. 방 한 가운데 놓여 있는 고다츠 이불 밑으로 가족 모두가 발을 넣고 모여 앉아 미캉(蜜柑, 귤)을 까먹으며 TV를 보면서 겨울 한때를 보낸다. 그런 의미에서 보면 고다츠는 가족생활의 구심점 역할을 하고 있다고도 볼 수 있다.

4 공간 활용의 미학

일반적인 주택형태로 자리잡아가고 있는 일본의 맨션(우리나라의 아파트)은 우리와는 달리 그 형태가 매우 다채롭다. 우리나라와 같은 대단지 단지는 찾아보기 어렵지만 5층에서 20층이 넘는 것까지 다양한 유형의 아기자기한 주택 구조를 가지고 있는 것이 특징이다.

이러한 아파트 중에서 특히 관심이 대상이 되는 것은 남향으로 배치된 곳이다. 습기가 많고 비가 자주 내리는 일본에서 햇볕을 집안 깊숙이 받을 수 있고 여름에는 시원하고 겨울에는 따뜻한 정남향 집은 주택 선택의 최우선 조건이 된다. 햇볕이 좋은 날에는 대부

단독주택 베란다에 널려 있는 이불

분의 아파트 베란다에 이불이 하나 둘씩 널리고 해가 지면 테니스 라켓처럼 생긴 후동다다키(布団叩き, 이불 털이개)로 털어 들여놓는다. 대부분의 가정에서 매 주 한 두 차례는 반드시 이불을 볕에 말린다. 저녁시간 일기예보에서 내일은 이불을 널어 습기를 제거하기에 더 없이 좋은 날씨라고 알려주기도 한다.

일본에서 침대를 사용하는 사람이 점차 늘어나고 있으나 여전히 바닥에 이불을 깔고 잠자리를 마련하는 사람이 많다. 클라레(KURARAY)라는 일본의 대표적인 섬유업체가 2005년에 조사한 결과에 의하면 422명의 응답자 중 약 70%가 방바닥에 이불을 깔고 잠을 잔다고 대답했다. 그러나 젊은 세대일수록 침대사용이 많은 것으로 나타났다. 일본에서 침대가 처음 사용된 곳은 병원과 군대였으며 호텔이 점차 늘어나면서 사용이 확산되었다.

일반적으로 아파트의 내부가 어떻게 배치되어 있는가를 마도리(間取り)라고 하는데 방이 몇 개 있는가와 L(Living Room), D(Dining Room), K(Kitchen)가 있는가의 여부에 따라 달리 불린다. 방이 3개있고 거실과 식탁을 놓을 수 있는 공간과 부엌이 있는 아파트는 3LDK라고 하고, 2DK라고 하면 방 2개와 부엌과 식탁 공간이 있다는 뜻이다. 물론 방의 크기와 거실의 크기에 따라 아파트 평수는 달라진다. 자녀가 한 두 명인 가정이라면 도심 주변의 3LDK가 보편적인 형태의 아파트가 된다. 보다 넓고 쾌적한 주택을 원하는 경향은 일본도 우리와 크게 다르지 않다. 최근에는 이런 주택에 대한 수요

를 반영하여 고급스러운 자재와 보다 넓은 아파트가 주로 만들어지고 있는 추세이다.

전형적인 맨션의 전경

그리고 아파트 안으로 들어가 보면 효과적인 공간 활용이 무엇보다 눈에 띈다. 넓지 않은 공간을 효율적으로 활용하기 위해 다양한 고안을 한 흔적을 여기저기서 찾아 볼 수 있다. 특히 이런 공간 활용은 화장실과 욕실 등에서 두드러지게 나타난다. 우리나라는 보통 세면대와 욕실, 그리고 화장실이 같은 공간에 배치되지만, 일본의 아파트는 분리되어 있는 것이 일반적이다. 그래서 아침 시간에 세면하는 사람과 용변을 보는 사람이 한 공간을 놓고 서로 다투지 않아도 된다.

이런 화장실과 세면대에 들어가는 제품을 보면 대부분 우리에게도 익숙한 토토(TOTO, 東陶機器株式会社)라는 상표가 붙어 있다. 지금 TOTO라는 브랜드는 동종 업계에서 타의 추종을 불허하는 확고한 자리를 지키고 있지만, 시작은 식기 회사의 소규모 연구 분야에서부터였다. 식기제조 회사였던 日本陶器合名会社의 위생도기 제조 연구 분야에서 1912년부터 준비를 하여 1917년에 東洋陶器株式会社(1970년에 회사 이름을 지금의 東陶機器株式会社로 바꾸었음)를 설립했다. 이때부터 변기제조를 시작하여 1958년에 플라스틱 욕조를 만들고 1963년에는 유니트바스(Unit Bath, 세면기, 욕조, 환기설비, 전기설비 등을 모두 일체형으로 만든 것)라는 새로운 욕실개념을 도입하면서 비약적인 발전을 했다. 최소한의 공간 활용으로 모든 필요한 요소를 겸비한 욕실로 출품 당시부터 현재에 이르기까지 대부분의 일본의 아파트와 호텔에 활용되고 있다.

5 월세만 있는 주택임대

이미 설명한대로 일본에서의 주택 임대 계약은 모두 월세형태로 이루어진다. 기호에 맞는 집을 찾는 것은 관련 잡지를 보거나 살고 싶은 곳 주변, 특히 역 앞에 모여 있는 부동산을 찾으면 된다. 우리나라의 부동산과 비슷하게 입구 유리문에 임대 가능한 물건들을 정렬해서 붙여놓고 있기 때문에 그 주변 시세를 쉽게 알 수 있다.

월세 가격은 고급주택에서부터 화장실을 공유해야 하고 욕실이 없는 공동주택에 이르기까지 다양하다. 또한 임대주택의 가격을 결정하는 중요한 요소는 가까운 역에서부터의 거리이다. 역까지의 소요시간이 어느 정도인가에 따라 월세 수준이 크게 차이가 난다. 임대주택을 소개하는 책자에 나와 있는 물건들을 보더라도 가장 가까운 역이 어디며 그 역까지 몇 분이 걸린다는 정보는 반드시 기재되어 있다.

매물을 소개하는 부동산 중개업소

입주하기 전에 일반적으로 월세의 5,6개월치를 미리 준비해야 한다. 시끼킹(敷金)이라고 하는 보증금이 월세의 2개월 분, 레이킹

(礼金)으로 불리는 계약금과 비슷한 것을 1,2개월 분, 그리고 부동산 업체에게 1개월 분 정도의 중개수수료를 지불한다.

시끼킹은 기간이 만료되어 이사할 때 돌려받을 수 있지만, 살던 집에 흠집을 냈거나 파손이 된 경우에는 수리비를 제한 나머지만 받을 수 있다. 그렇지 않더라도 일반적으로 청소비용 등을 부담해야 하기 때문에 보증금을 원금 그대로 돌려받는 경우는 드물다.

레이킹은 말 그대로 주인에게 예의로 주는 돈이므로 한 푼도 돌려받을 수 없다. 비슷한 조건을 갖춘 임대주택이라도 레이킹이 몇 개월치인가 따라 초기비용이 크게 차이가 난다. 집 주인이 결정하는 부분이지만 입주를 원하는 사람이 많은 인기 지역의 아파트라면 대체로 2개월치를 받는다. 오랫동안 집이 비어있게 되면 1개월치를 줄여 임차인을 찾는 경우도 있다.

중계수수료는 일반적으로 월세의 1개월치를 낸다. 결국 월세가 비싼 임대주택일수록 입주 초기에 부담해야 하는 금액이 커진다. 매달 집 주인에게 지불하는 월세를 야칭(家賃)이라고 하는 데 정해진 날에 주인에게 은행을 통해 송금하게 된다.

그런데 최근 임대주택 시장이 활기를 잃어가고 있다. 오랜 불황을 경험한 끝에 경기회복세가 짙어지면서 적지 않은 사람들이 주택구입에 나서고 있기 때문이다. 물론 주택가격이 과거에 비해 안정적이라고는 하지만 여전히 자기 집을 마련하는 것은 쉬운 일이 아니다. 그래도 주택소유에 대한 욕구는 우리나라 못지않게 높다. 구입을 희망하는 주택은 아파트보다는 단독주택이 훨씬 인기가 높다. 그래서 최근 일본의 건설회사들이 앞 다투어 단독주택 사업에 박차를 가하고 있다. 경기 회복세와 맞물려 저금리로 갈 곳을 잃은 자금이 단독주택 건설에 몰리고 있는 것이다.

건설이 늘고 있는 것은 단독주택뿐 아니라 아파트 건설도 급격히 늘고 있다. 도심 곳곳의 공터에 높은 아파트가 들어서고 있다. 수도권 아파트 공급물량이 2004년에 9만 가구를 기록하면서 사상 최고치를 갱신했다. 버블기였던 지난 1990년에도 4만 가구에 불과했고, 1990년대 후반 역시 8만여 가구에 머물렀었다. 주택 물량이 늘어나면서 가격이 하락하는 현상까지 나타나고 있다.

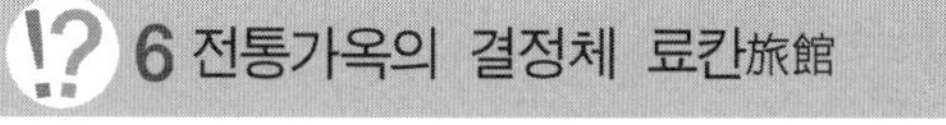

6 전통가옥의 결정체 료칸旅館

일본 전통 가옥의 풍미를 즐기면서 고유한 일본 문화를 그대로 체험할 수 있는 곳이 료칸(旅館)이다. 료칸은 우리식으로 여관이라고 읽을 수 있지만 서서히 자취를 감추고 있는 길 옆 허름한 여관과는 차원이 다르다. 앞서 설명한 다다미는 물론 후스마와 쇼우지 그리고 다다미 위에 깔리는 이불 등 료칸은 일본 전통 가옥의 결정체라고 해도 과언이 아니다. 이 뿐만이 아니라 몇 십 년은 가꾸고

전통 료칸(旅館)

다듬은 것 같아 보이는 정원의 조경과 실내장식을 통해서도 일본 전통가옥의 느낌을 느낄 수 있다.

더욱이 노천온천이 곁들여지고 극진한 시중을 받으면 특급 호텔이 부럽지 않게 된다. 그래서 숙박요금도 결코 저렴하지 않다. 숙박비는 방을 기준으로 해서 책정되는 것이 아니라 머무는 사람이 몇 명인가가 기준이 된다. 즉 1인당 가격이 정해지는데 잠을 자는 비용보다 방에 직접 차려주는 저녁 밥상 값이 비싸다. 그렇지만 일본고유의 다양한 음식을 맛볼 수 있고 식사하는 동안 수시로 드나들며 지극정성으로 서비스를 하는 모습을 보면 그만한 대가가 필요했구나 생각하게 된다.

이렇듯 전통적인 모습을 그대로 유지하고 있는 료칸이기 때문인지 상당히 보수적인 측면을 엿볼 수 있다. 무엇보다도 몇 십 명씩 묵게 되는 단체예약은 거의 받지 않는다. 편안하게 손님을 모시는 것을 가장 우선시 하는 료칸 고유의 이미지와 맞지 않기 때문이다. 물론 료칸을 찾는 손님 역시 품격 높은 서비스를 받으며 조용하게 쉬었다 가고 싶어 한다. 그리고 신용카드의 사용도 안 되고 예약 역시 직접 전화를 걸어서 해야 한다. 또한 전통적인 서비스를 고수하는 료칸 특유의 관행을 이해하지 못하는 외국인 손님을 받지 않는 경우가 많다. 호텔과는 달리 외국어가 통하지 않는 것은 물론 익숙하지 않는 외국인의 행동에 눈살을 찌푸리는 일본 손님들을 의식하기 때문이다.

그런데 최근 이런 료칸들의 오랜 관행이 무너지고 있다. 일본정부가 최근 관광산업 육성을 국가의 최우선 과제로 선정하고 적극적인 해외 홍보를 펼치고 있어 료칸들도 이에 보조를 맞추어 개방적으로 변하고 있기 때문이다. 2004년부터 고이즈미 총리가 직접 홍보영화에 출연해 '요우코소(ようこそ, 어서 오세요) 재팬'을 외치며 비지트 재팬 캠페인(VJC)을 펼치기 시작했다. 일본이 그간 소홀히 했다고 자성하며 새롭게 국가정책의 중요사안으로 관광산업의 중요성을 인식하기 시작했다. 전국 각지의 온천과 료칸의 고유문화를 앞세워

외국인 관광객을 유치하기 위해 총력을 기울이고 있다.

특히 지방자치단체의 선거마다 지역발전을 위해 외국인 관광객을 유치하겠다는 공약이 단골메뉴로 등장하고 있고 일본정부 역시 천만 명의 외국인 관광객을 유치하겠다는 비전을 제시했다. 특히 지리적으로 가까운 한국의 관광객이 최우선 유치 대상으로 꼽히고 있다. 한국에 지자체의 출장소를 마련하는가 하면 매스컴에 직접광고까지 하고 있다. 한류에 힘입어 한국을 찾는 일본 여행객이 늘고 있는 가운데 반대로 한국 관광객을 일본으로 끌어들이겠다는 의도가 담겨 있다고 볼 수 있다.

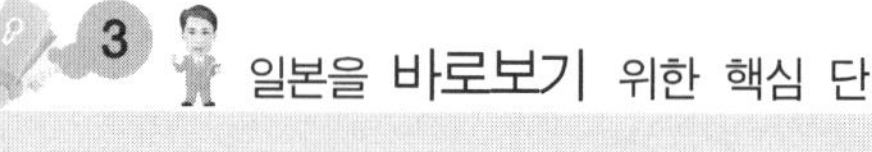

나와바리縄張り

우리 사회 곳곳에 아직도 살아 숨 쉬고 있는 일본어 잔재 중에 '나와바리'라는 단어가 있다. 좁게는 특정집단과 건설현장에서 넓게는 우리의 일반적인 회화에 거침없이 자주 등장하는 단골손님이다. 우리가 일본어임을 알고 쓰든 모르고 쓰든 간에 나와바리는 일본의 집단의존적 문화의 특징을 보여주는 상징적인 단어임에 틀림없다. 적당한 우리말을 못 찾아서일까? 아니면 나와바리라는 의미가 주는 우리사회의 일반적 인식이 너무 깊게 뿌리를 내린 것일까? 사전적 의미를 먼저 살펴보면 (1) 새끼줄을 쳐서 경계를 정함 (2) 세력 범위라고 되어있다.

원래 나와바리는 카마쿠라(鎌倉)시대 이후부터 전해지는 말로 당시 군대가 설정해 놓은 영역이나 성곽을 둘러싼 대지를 뜻했다. 이것이 에도(江戸)시대에 들어오면서 야쿠자나 도박사들이 자기들만의 세력범위를 나타내는 데 사용되었다. 그리고 현대일본 사회에서 나와바리는 오랜 기간 동안 명맥을 이어오고 있는 일본의 야쿠자 세계뿐 아니라 기업과 관공서 등의 관료집단에서도 매우 중요한 개념으로 활용되고 있다. 일본 사회의 여러 집단에서 보이는 나와바리는 그 영역 안에 있는 것과 밖에 있는 것이 어떤 차이가 있는지를 여실히 보여준다.

특히 관료사회에서 나타나는 나와바리 성향은 일본에서도 대표적인 것으로 손꼽힌다. 그래서 국민들은 이러한 관료들의 근성을 종종 비꼬기도 하고 비난의 대상으로 삼기도 한다. 공적인 역량이 미치는 곳에 대한 어떠한 외부의 침범도 용서하지 않는다. 야쿠닌(役人, 일반적으로 공무원을 칭함)의 직무가 미치는 범위는 절대 범할 수 없는 성역이며, 이 성역을 지키고 확장하려는 근성을 야쿠닌곤조(役人根性)라고 한다.

한편 나와바리 아라소이(縄張り争い, 세력다툼)는 자신들만의 영역을 고수하려는 나머지 원래대로라면 경계를 넘어 협력해야 함에도 불구하고 그렇게 하지 않아 비효율을 야기한다. 이런 사례는 일본 기업들이 앞 다투어 도입한 사업부제의 운영에서 쉽게 엿볼 수 있다. 사업부제는 기업의 내부를 제품 · 고객 · 지역 등에 따라 몇 개의 단위로 나누어(이 단위를 사업부라고 한다) 그 단위에 자재의 구입에서부터 생산 · 판매에 이르기까지 일관된 사업수행을 맡겨 독립회사처럼 운영시키는 분권적 관리조직을 말한다.

그러나 자신들만의 사업에만 모든 역량을 쏟아 붓고 다른 사업부와의 연계를 등한시하는 경향이 강해지면서 문제가 발생 했다. 사업부간의 영역다툼이 일어나면서 서로간의 왕래는 물론 의사소통이 단절되는 사태가 빚어진 것이다. 즉, 사업부별로 가지고 있던 자신들만의 탄탄한 결속력이 전체 조화를 불가능하게 했던 것이다.

결국 일본에서 가장 먼저 사업부제를 도입했던 마쓰시다(松下)는 2002년에 대대적인 사업구조개혁을 하면서 가장 먼저 오랜 기간 동안 유지해왔던 사업부제를 전면 해체했다. 그 결과 사내에서 기술자 교류가 원활해지면서 상품개발력이 강화되어 시장에서 연이어 히트상품을 출시하게 되었다. 또한 이로 인해 경쟁사들 보다 먼저 힘들었던 장기불황에서 헤어나는 계기를 마련할 수 있었다.

나와바리 그 자체가 가지는 의미는 동물적 감각에서 야기되는 어느 사회에서나 볼 수 있는 보편타당한 행동양식일 수도 있다. 좁게는 개인이 가지려는 자기만의 공간 역시 일종의 나와바리일 수 있기 때문이다. 그러나 집단적 이기주의를 정당화시키는 방패가 나와바리라면 그것은 막아야 할 것이다. 일본 역시 세력범위를 확대하려는 근성 즉 나와바리 근성(縄張り根性)이 확산되는 사회를 원하고 있는 것은 결코 아닐 것이다. 그러나 분명한 것은 집단의존적인 일본사회의 단면을 나와바리를 통해 엿 볼 수 있다는 것이다.

한편 나와바리와 더불어 일본인의 집단의존적 의식구조의 특징을 엿볼 수 있는 단어로 한패 혹은 동료를 뜻하는 나카마(仲間)가 있다. 남이 아닌 우리가 되기 위해서 즉 나카마이리(仲間入り)를 하기 위해서는 꼭 조직폭력배가 아니더라도 일종의 관문을 통과해야만 한다. 그 관문은 많은 경우 나카마가 될 사람들과의 유대감과 연대감을 느낄 수 있는 공통점으로 대신한다. 한번 나카마라는 집단 속에 몸을 맡기게 되면 다시는 동료들로부터 따돌림을 받는 나카마하즈레(仲間はずれ)가 되지 않도록 자신을 억제하며 집단의 이익을 최우선으로 내 세운다.

또한 동료내지는 자신이 속해있는 집단을 칭할 때 우치(内)라는 표현을 같이 쓴다. 우치에 들어와 있지 않고 밖에 위치하는 것은 모두 소토(外)로 취급한다. 분명하게 안과 밖을 명시화하며 내부의 결속력을 다진다.

4장 연중행사 속에 나타난 일본적 가치관

!? 1 복을 부르는 두 개의 봉투

우리의 설을 뜻하는 일본의 쇼우가츠(正月)는 원래 풍년을 기원하는 토시가미사마(歳神様)를 맞이하는 행사로 1월을 달리 부르는 말이었다. 그러나 지금은 1월 1일부터 1월 3일까지를 산가니치(三が日), 1월 7일까지를 마츠노우치(松の内)라고 부르며 이 기간을 일반적으로 쇼우가츠라고 한다. 고유의 지방풍습에 따라 하츠카 쇼유가츠(二十日正月)라고 하여 1월 20일까지를 쇼유가츠로 여기는 지역도 있다.

새해를 맞이하기 위한 준비는 연말연시 연휴가 시작되는 12월

29일부터 오오미소카(大晦日)라고 하는 한 해의 마지막 날인 12월 31일까지의 기간 동안에 행해지는 오오소오지(大掃除, 대청소)부터 시작된다. 한 해를 정리하고 새해를 새롭게 시작한다는 의미에서 가정집뿐 아니라 가게에서도 대청소를 한다. 대부분의 집에서는 쓸고 닦는 단순한 일뿐 아니라 벽지나 후스마(襖, 맹장지)를 새로 바르는 번거로운 일까지 마다하지 않고 가족 모두가 합심해서 신년을 맞이한다. 그래서 매년 12월이 되면 대청소에 쓰이는 세제나 청소도구를 선전하는 TV광고가 늘어나기도 한다.

한 해의 마지막 날은 일반적으로 널리 쓰이지는 않지만 오오츠고모리(大晦)라는 말도 있다. 미소카(晦日)란 매월 말일을 뜻한다. 또한 츠고모리(晦)란 달이 숨는 날 즉 그믐을 뜻하는 것으로 이것 역시 월말을 의미한다. 일 년을 마감하는 특별한 말일을 표현하기 위해 각각의 단어에 오오(大)를 붙여서 섣달 그믐날임을 가리킨다.

섣달 그믐날에는 1년 동안 지은 죄로 불결해진 몸을 씻어내는 오오하라이(大祓い)라는 행사가 각 지역의 신사에서 이루어진다. 또한 하루는 전통적으로 밤에 시작되어 아침까지 이어진다고 생각하고 있었기 때문에 오오미소카는 이미 새해의 시작과도 같은 의미를 지닌다. 그래서 제야에는 찾아오는 토시가미사마를 맞이하기 위해 밤새 잠을 자서는 안 된다는 풍습이 전해 내려오고 있다. 이날 밤 빨리자면 머리가 희고 주름이 생긴다는 미신적 신앙도 있다. 이러한 다양한 오오미소카의 풍습은 헤이안(平安)시대 때부터 전해지고 있는 것으로 알려져 있다.

또한 오오미소카에는 해를 넘기는 메밀국수인 도시코시 소바(年越しそば)를 먹는다. 이는 에도(江戸)시대부터 전해 내려오는 풍습으로 금박(金箔)을 이용하여 예술적 작품을 만드는 장인(匠人)이 흩날린 금박을 모으기 위해 메밀가루를 사용했다고 해서 도시코시 소바를 먹다 남기면 다음해에 금전 운이 따르지 않는다고 한다. 또한 에도(江戸)시대에 도시에 사는 상인들은 오오미소카가 되면 빌린 돈을 갚기 위해 동분서주 바쁘게 움직였다고 한다. 이는 연내에 빌린 돈을 갚고 새로운 마음으로 신년을 맞이하기 위해서였다. 그래서인지 모르지만 원래 일본의 대부분의 기업들이 3월에 결산을 하는 데 12월에 반드시 결산을 하는 기업들도 적지 않다.

하츠모우데

이렇게 섣달그믐을 지내고 나면 정월 초하루인 1월 1일에는 하츠모우데(初詣)라고 해서 신사나 절로 참배를 간다. 초하루라기보다는 그 전날인 오오미소카의 밤부터 하츠모우데의 행렬은 이어진다. 제야의 종소리가 울리는 시간에 참배를 하기 위한 인파가 일시에 몰리기 때문에 주요 사찰과 신사로 이어지는 전철은 특별히 운행시간을 연장한다. 1월7일까지 이어지는 참배객은 도쿄의 메이지진구(明治神宮), 가마쿠라(鎌倉)의 츠루가오카 하치만구(鶴ヶ岡八幡宮), 나고야(名古屋)의 아츠타진구(熱田神宮) 등의 유명한 곳은 수백만에 이를 정도로 연일 장사진을 이룬다.

일본만의 독특한 설날 풍습은 여기저기서 찾아 볼 수 있다. 무엇보다도 먼저 주택가와 거리 곳곳에서 보게 되는 것이 바로 카도마츠(門松)라는 소나무 장식이다. 이 역시 새해의 신인 토시가미사마를 맞이하는 뜻을 갖고 있으며 장수를 뜻하는 송(松, 소나무)에 헤이안(平安)시대부터 곁들여졌다고 알려진 죽(竹, 대나무)을 섞어 만든다. 카도마츠는 신이 다녀간 후인 1월 7일에 거두어서 불에 태워버린다. 그래서 쇼우가츠(正月)를 다른 말로 마츠노우치(松の内)라고도 부르는 것이다. 또한 시메카자리(しめ飾り)라는 금줄을 엮은 화려한 장식을 볼 수 있다. 자동차 앞에 교통안전을 표시한 시메카자리가 있는가 하면 건강, 자손번영 등을 기원하는 장식을 해서 현관이나 대문 앞에 걸어 놓기도 한다.

카도마츠

그리고 세상을 떠난 가족을 위해 위패 또는 영정을 모신 부츠단(仏壇, 불단) 또는 카미다나(神棚, 신단)에 둥글게 찹쌀로 만든 흰색의 카가미모치(鏡餅)를 놓아둔다. 원래부터 모치(餅, 떡)는 토시가미사

마의 몸으로 여겨왔으며, 떡을 둥글게 만드는 이유는 원만한 가정을 상징한다. 이렇게 놓아두어 딱딱해진 카가미모치는 카가미비라키(鏡開き)라는 날인 1월 11일에 망치 등으로 깨서 먹는다. 굳이 여기에 열다(開)라는 표현을 쓰는 것은 카가미모치에 토시가미사마가 머물고 있어 신과의 인연을 끊는 표현이 될 수 있는 자르다, 쪼개다 등을 사용하지 않기 위해서이다. 또한 카가미모치를 먹는 것을 하가타메(歯固め)라고 하는데 이것은 딱딱한 것을 먹어 치아를 건강하게 하면서 장수를 기원한다는 뜻이 담겨있다.

한편 두 종류의 봉투가 있어 일본사람들은 설날을 손꼽아 기다리는지도 모른다. 하나는 오토시다마(お年玉)라고 불리는 세뱃돈을 담는 봉투이고 다른 하나는 새해에 백화점 등의 매장에서 파는 후쿠부쿠로(福袋)이다. 새해 인사를 하는 어린이에게 돈을 정성껏 담아 건네주기 위한 종이봉투가 오토시다마부쿠로(お年玉袋)이다. 엽서 크기로 각양각색의 무늬가 새겨져 있다. 한편 백화점 등의 상점에서는 새해 첫 상품을 판다는 의미로 하츠우리(初売り)를 실시하는 데 이때 봉투 안에 들어 있는 물건을 알 수 없게 봉해서 판매하는 것이 후쿠부쿠로이다. 유명 백화점에서는 보통 1만 엔(10만원)정도 하는 데 들어있는 물건은 그 이상의 가격이 나가는 것으로 봉투가 채워진다. 한정 판매하는 이 후쿠부쿠로를 사기 위해 새해 아침 일찍부터 백화점에는 주부들의 행렬이 이어진다.

2 선조와의 만남

한 여름 일본열도를 더 뜨겁게 달구는 일본 최대의 명절이 바로 오봉(お盆)이다. 거의 모든 기업들은 휴무에 들어가고 고향을 떠나 도시로 갔던 사람들은 귀성길에 오른다. 보통 10여 일간 주어지는 오봉야스미(お盆休み, 오봉휴가)를 이용해 고향으로 가는 사람들 때문에 고속도로의 극심한 정체는 물론 신칸센(新幹線)은 임시열차를 만들어 사토가에리(里帰り, 고향방문)하는 귀성인파를 분산시킨다.

오봉은 음력 7월 15일을 중심으로 선조의 영혼을 현세로 모셔왔다가 다시 저승으로 모셔다 드리는 의식을 행하는 날이다. 대부분의 지방에서 8월 13일에서 16일까지의 4일간을 오봉으로 여기고 있으나 지방특색에 따라서는 7월 한 달 내내 또는 약력 7월 15일 전후로 행사를 치르기도 한다. 오봉은 우라봉에(盂蘭盆会, 백중맞이)를 줄인 말이다. 또한 오봉은 선조 혹은 세상을 떠난 사람의 영혼이 빛을 쫓아 돌아온다고 전해 내려오고 있으며, 선조의 혼을 맞는 것을 가장 큰 목적으로 하고 있다. 선조의 혼을 맞이하고 다시 돌려보내기까지의 의식을 순서대로 소개하면 이렇다.

13일(お盆の入り) 저녁 무렵 부츠단(仏壇, 불단) 혹은 오봉 때만 임시로 만드는 정령(精霊, 죽은 자의 영혼)을 모시기 위한 쇼우료우다나(精霊だな) 혹은 봉다나(盆だな)라 불리는 선반 앞에 초롱을 놓고 정원이나 문 앞에 껍질을 벗긴 삼대를 태운다. 초롱과 이 불빛은 무카에비(迎え火)라 하며 조상의 혼백에게 돌아올 집의 위치를 알려준다. 선조의 묘가 집 근처에 있는 경우에는 묘 앞에서 초롱을 들고 집까지 안내한다. 이렇게 오봉은 정령을 집으로 모셔오는 것에서 시작된다. 최근에는 화재의 위험이 있어 집에까지 들고 오는 경우는 많이 사라졌다.

14일과 15일은 정령이 집에 머무는 기간이다. 불단이나 봉다나에 음식을 공양한다. 우리나라의 명절에 차례상을 차리는 것과 비슷하지만 정성스럽게 손수 만드는 대단한 음식을 준비하는 것은 아니다. 특히나 놓아두어도 상하지 않는 음식이 대부분이다. 오봉이 시작되는 13일 전에 백화점과 주택가 슈퍼마켓에는 봉다나에 올릴 물건을 파는 특별 매장이 설치된다. 대부분 이런 매장에 들러 오봉을 준비한다.

그리고 16일(お盆の明け)저녁에 정령은 다시 저승으로 돌아간다. 이때 무카에비와 같은 위치에서 이번에는 오쿠리비(送り火)를 피우고, 돌아가는 길을 밝혀 영혼을 되돌려 보낸다. 요즘은 모든 가정에서 불을 밝히지는 않는다. 주위의 큰 사찰과 신사에 커다란 불을 밝혀 모든 정령의 돌아가는 길을 안내한다. 이러한 광경을 보기위해 많은 관광객이 모이기도 하고 주요 장면은 TV로 방영되기도 한다.

고인의 49제를 지내고 처음으로 맞는 오봉은 더욱 특별한 의미를 갖는다. 이를 니이봉(新盆) 또는 하츠봉(初盆)이라고 한다. 이날은 일가친척과 주위 사람을 부르고 친분이 있는 절에 부탁하여 스님이 집으로 직접 와서 선조들을 위해 염불을 한다. 이를 도쿄우(読経, 독경)라 한다. 봉다나에는 아침, 점심, 저녁 하루 3번 가족과 똑같은 식사를 공양하며 이를 료우구젠(霊供膳)이라 한다.

이러한 오봉 행사가 집 안에서 혹은 가족단위로 이루어지는 것과 달리 주로 마을단위로 행사가 준비되고 행해지는 것이 봉오도리(盆踊り)라는 춤이다. 주로 사찰과 신사 앞 뜰 혹은 마을 공터에서 춤을 춘다. 봉오도리의 유래는 식자에 따라 다소 차이가 있다. 오봉을 통한 공양으로 성불했을 망자들이 환희에 즐거워하는 모습을 표현한 것이라는 설과 오봉에 돌아온 정령을 위로하기 것이라는 설이 있다.

어떤 유래를 적용하든지 선조들의 정령을 위해 춤을 추는 것임에는 틀림없다. 그런데 지금은 망자를 위한 춤이라는 원래의 의미와 더불어 살아있는 자들의 즐거움의 하나가 되어 같이 즐기는 마을 축제가 되어 있다고 볼 수 있다. 봉오도리는 다른 어떤 행사와는 달리 종교적 의식이 점차 희박해져가고 있으며 오히려 주민들이 함께 어우러져 흥겨운 한마당을 연출하는 오락성향이 강해지고 있다. 지역에 따라서는 남녀 간의 만남의 계기를 마련하는 자리가 되기도 하고 구혼의 장소로도 활용되기도 한다.

오봉은 선조의 정령을 편안하게 모셔와 맘껏 드시게 하시고 춤을 추며 가족과 함께 즐겁게 지내다가 다시 편안하게 가는 길에 불을 밝혀드리는 것으로 마무리한다. 일본에서는 이렇듯 지금의 자신들을 있게 한 조상에 대한 경외심을 다시 한 번 마음에 새기고 후손들에게 그 전통과 각종 행사의 정성어린 마음을 보여줌으로써 오봉이 이어져가고 있다.

3 지역주민 간의 연대의식

지금도 일본 어디선가 틀림없이 마츠리(祭り, 축제)가 열리고 있을 것이고, 또 다른 곳에서는 내일 있을 마츠리를 준비하느라 또한 여념이 없을 것이다. 일본 신사(神社)를 총괄하는 단체인 신사본청(神社本庁)의 조사에 따르면 일본에서 열리는 마츠리는 연간 총 30만 건에 달한다고 한다.

그렇다면 도대체 마츠리란 무엇이며 일본사람들에게 어떤 의미가 있는 것일까? 마츠리를 우리말로 번역한 사전적 의미를 먼저 살펴보면 크게 2가지로 나눠진다. 먼저 신사(神社)에서 신을 위로하는 의식이 이루어지는 제사의 의미가 있다. 반면 마을이나 사회집단의 구성원들이 참여하여 일본 특유의 공동체 의식을 배양하고 키워낸다는 축제의 의미가 있다. 신을 모시는 과거의 제사 양식이 점차 변하여 지금은 축제로 변했다고 보면 될 듯싶다.

마츠리의 어원으로 알려진 마츠(待つ)에는 보이지 않는 것이 보이

는 곳까지 오는 것을 환대한다는 의미가 있다. 즉 평상시 눈에 보이지 않던 신이 와 주는 것으로 그 신을 환대하는 것이 마츠리인 것이다. 일찍이 농경사회에서 출발한 일본이 천재지변에서 자유로울 수 없었으며 이로부터 보호되고 곡식의 풍성함을 기원하기 위해서는 신에게 의지하는 의례 행위가 필요했다. 바로 여기서부터 마츠리가 시작된다. 따라서 일본 각지에서 전해 내려오는 마츠리는 기본적으로 신과 인간의 교류라는 형태로 이루어지고 있다. 그 교류는 음주가무라는 행위를 통해 모두가 함께하는 대대적인 축제로 발전된다. 모셔야 할 무수히 많은 각종 신에는 질병과 자연재해를 가져오는 신도 있어 이러한 재앙의 신을 추방하는 것 역시 마츠리로 본다.

현재 일본에서 행해지는 마츠리의 유형은 매년 열리는 그 숫자만큼이나 다양하다. 개인의 성장과 연관되어 태어나 성인이 되어 이승을 등지기까지의 마디마디에 각양각색의 통과의례와 더불어 마츠리가 이루어진다. 이렇듯 극히 개인적인 가정의 대소사와 관련된 마츠리가 있는가 하면 천황이 나서서 범국가적으로 행했던 마츠리도 있다. 특히 농촌에서는 봄가을에 많이 열린다. 풍작을 기원하는 의미에서 봄에 열리고 수확의 기쁨을 신께 감사하고 함께 나누는 의미에서 가을에 열린다. 한편 도시에서는 재앙과 병마의 퇴치를 기원하는 마츠리가 한 여름에 집중되어 펼쳐진다. 이는 도시의 근로자들이 긴 연휴를 즐기는 시기로 많은 지역주민의 참여가 가능하다는 것이 가장 큰 이유이다. 한편 추운 날씨와 하얀 눈이 어우러져 지역적 특색을 활용할 수 있는 토우호쿠(東北)지방과 홋카이도(北海道)에서

기온마츠리

는 겨울에 펼쳐지는 마츠리가 유명하다.

무수히 많은 마츠리 중에서 도쿄(東京)의 산자마츠리(三社祭り), 교토(京都)의 기온마츠리(祇園祭り), 오사카(大阪)의 덴진마츠리(天神祭り)를 대표적인 일본 3대 마츠리로 꼽기도 하고, 도쿄(東京)의 산노우마츠리(山王祭り) 교토(京都)의 아오이마츠리(葵祭り) 오사카(大阪)의 덴진마츠리(天神祭り)가 그렇다고 하기도 한다. 또한 각 지역마다 토우호쿠(東北)지방의 3대 마츠리(青森ねぶた祭り, 秋田竿灯祭り, 仙台七夕祭り)라든지 교토(京都)의 3대 마츠리(葵祭り, 祇園祭り,

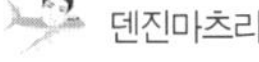 덴진마츠리

時代祭り) 등도 있다.

현대의 마츠리에는 종교적 혹은 역사적 의미에서 벗어나 상업적인 축제로 이루어지는 것이 점차 많아지고 있다. 가령 주로 역을 끼고 형성되어 있는 쇼우텐가이(商店街, 상점가)의 번영회와 같은 집단의 이익추구와 연결된 판촉활동 등에 마츠리가 활용되기도 한다. 이런 마츠리는 고객유치를 위해 이루어지는 회원 간의 단합과 단결의 의미를 부여하기도 하고 그 상점가의 바겐세일을 뜻한다.

일본 사회의 변화와 복잡해지고 다양해지는 집단의 유형에 따라 마츠리는 그 모습을 달리해 가고 있다고 볼 수 있다. 그러나 신앙적 색채가 강했던 전통적인 마츠리와 근대적 산업화 과정에서 생성된 상업적 마츠리는 지역주민의 연대감과 집단의식 고취라는 공통점을 모두 가지고 있다. 시간이 지나도 변하지 않는 것은 지역사회의 통합과 지역공동체 의식을 마츠리를 통해 확인한다는 것이다. 자신이 속한 집단과 마을주민과의 유대관계 유지를 위해 마츠리는 그 매개체 역할을 충실히 해내고 있다. 또한 마츠리는 일본 어느 곳에 가더라도 만나게 되는 신사와 그 맥을 같이 하고 있다. 각 지역의 신사의 유래와 거기 모셔진 신의 존재와 그 지역주민은 종교적 정신적 가교를 통해 밀접한 관계를 유지하고 그 관계는 마츠리라는 행위를 통해 표현된다.

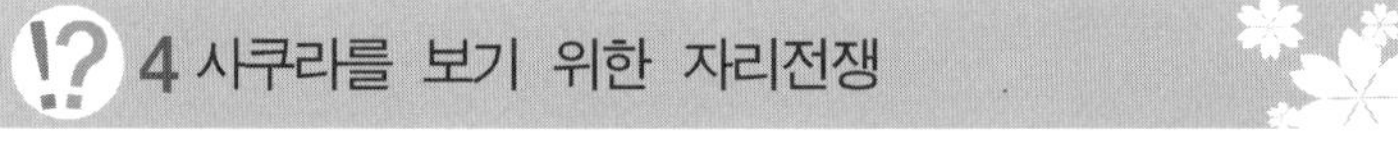

!? 4 사쿠라를 보기 위한 자리전쟁

매년 일본 기상청에서는 지역별로 사쿠라(桜, 벚꽃)가 언제 피는지를 발표한다. 최남단 오키나와(沖縄)에서부터 최북단 홋카이도(北海道)까지 순차적으로 발표되는 벚꽃 개화 시기를 일컬어 사쿠라전선(桜前線) 혹은 하나미전선(花見前線)이라고 한다. 벚꽃이 피면서 점차 북상하게 되는 사쿠라전선이 일본 열도를 모두 거치고 지나가는 데 걸리는 시간은 약 2개월로 3월 말부터 5월 중순까지이다.

사쿠라

이러한 벚꽃 개화시기에 맞추어 각 지역에서 펼쳐지는 행사가 바로 하나미(花見, 꽃구경)이다. 그래서 일본사람들이 말하는 하나미의 하나(花, 꽃)는 벚꽃으로 생각해도 큰 무리가 없다.

그렇다면 일본사람들은 왜 사쿠라를 다른 꽃과는 달리 생각하는 것일까? 나라가 정한 국화(国花)도 아니고 각양각색의 화려한 색으로 치장해 사람의 눈길을 끄는 그런 꽃도 아니다. 그 이유는 분명하지 않지만 몇 가지 역사적 배경과 일본사람들의 특성을 통해 유추해 볼 수는 있을 것 같다.

모두가 즐기는 국민적 행사로 하나미가 시작된 것은 에도(江戸)시대부터라고 알려져 있다. 그 이전인 헤이안(平安)시대에는 궁정의 벚나무 밑에서 지금의 하나미와 같은 놀이를 즐겼고, 가마쿠라(鎌倉)시대 이후에는 무사집안 사이에서도 유행했다. 이렇듯 일부 귀족들 사이에서 행해지던 것이 근세 초기에 들어오면서 쇼우군(将軍)들이 벚꽃의 명소에서 현란한 의상을 입고 가무 등을 즐기기 시작했고 이것이 서민들에게까지 확산되어 지금의 화려한 하나미의 기원을 이루게 되었다. 이렇게 몇 백 년의 세월이 흘러가면서 사쿠라는 일본 전역 어디서나 볼 수 있는 국민적 꽃으로 자리매김했다.

이것이 하나미의 역사적 유래라고 한다면 사후적인 검증은 또 다른 곳에서 가능하다. 사쿠라는 종종 일본 사람들의 특성과 사무라이(侍)의 삶에 비유되면서 일본을 상징하는 꽃임을 증명해 보인다. 사쿠라가 일본 사람과 잘 어울리는 꽃이라는 설명이 어느 정도는 설득력을 가진다. 가끔 한일 간의 비즈니스를 하는 한국 사람들의 입을 통해 일본사람은 둘 이상이 모이면 의외의 힘을 발휘하는 것 같다는 말을 듣는다. 하나에 하나가 더해져 둘이 되는 것이 아니라 그 이상의 힘을 내는 것 같다고.

이러한 속성은 사쿠라에서도 찾아 볼 수 있다. 벚나무가 한 두 그루 서 있고 벚꽃이 아무리 화려하게 피어도 왠지 초라하게 느껴진다. 무리를 지어 피어있는 사쿠라만이 진정한 사쿠라의 모습이며 그렇게 집단적으로 발산하는 힘이 일본 사람과 닮았다. 그리고 '꽃이라면 벚꽃, 사람에서는 무사가 으뜸(花は桜木, 人は武士)'이라는 일본 속담이 있다. 1주일 내외의 짧은 기간 동안 피었다가 한 순간에 꽃잎이 떨어지는 사쿠라는 일본 무사도에 살았던 사무라이의 삶과 닮았다.

서민들의 보편적인 행사로 자리 잡기 시작한 에도(江戸)시대 당시의 하나미는 심한 속박 속에서 생활하는 서민들이 힘들고 고단한 일상에서 벗어나 맘껏 즐길 수 있는 많지 않은 국민적 행사의 하나로 커다란 의미가 있었다. 하나미를 즐기는 에도(江戸)시대 당시의 모습과 지금 일본 사람들의 모습은 크게 다르지 않다. 훈련된 규범 속에서 살아가는 듯해 보이는 일상의 일본사람들의 모습을 하나미를 즐기는 모습에서는 찾아보기 어렵다. 술에 취해 흐트러진 모습이 그렇고 하나미가 있는 장소에 질서란 찾기 어려울 정도이다. 그러나 이러한 한때 풀어지는 모습은 집단과 조직의 탄탄한 결속을 다지는 또 다른 장치로 이용되고 있는 느낌도 든다.

 하나미를 즐기는 모습

회사에서 단합을 위한 자리로 하나미는 널리 활용되는 것을 보면 더욱 그렇다. 사쿠라의 개화가 절정에 이르는 시기에 좋은 자리를

확보하기 위해 치열한 경쟁이 펼쳐진다. 특히 신입사원들은 능력을 인정받기 위한 첫 업무로 자리확보를 마다하지 않는다. 그렇게 경쟁을 뚫고 확보된 자리에서 퇴근 후에 환하게 피어있는 요자쿠라(夜桜, 밤 벚꽃)를 보러 오는 직장상사와 동료를 맞아 하나미를 즐긴다. 에도(江戸)시대 서민들의 안식처이자 즐거움의 원천이었던 하나미가 지금도 그 맥을 이어가고 있다고 할 수 있다.

한편 사쿠라가 피는 시기에 일본은 시작과 끝을 알리는 각종 행사가 이어진다. 그래서 사쿠라는 더욱 의미가 있다. 3월 중순에 대부분의 학교에서는 졸업식이 열리고, 사쿠라가 전국적으로 절정을 이루게 되는 4월초 일본의 모든 학교는 개학을 맞는다. 그리고 회사는 3월 결산을 마무리하고 새로운 회계연도를 4월에 시작한다. 이렇듯 인생에 있어 중요한 마디마디가 될 수 있는 주요 행사에 사쿠라가 같이한다.

그리고 하나미를 하러 가기 전날 날씨가 좋도록 소원을 비는 테루테루보우즈(照る照る坊主) 인형을 문에 매달고 잠을 자기도 한다. 그리고 하나미를 즐길 때 하나미벤토(花見弁当)를 먹기도 하고 단고(団子)라는 떡 꼬치를 즐겨먹는다.

이렇듯 일본 사람에게는 특별한 사쿠라는 오랜 기간 동안 우리에게는 그다지 느낌이 좋은 단어가 아니었다. 6,70년대에는 벚나무를 베어내며 반일 시위를 했고, 수시로 변절하는 철새 정치인을 우리는 사쿠라라 부르며 경시했다. 일본 사람들에게는 상징적인 사쿠라지만 우리에게는 자연반사적으로 거부하는 것이 사쿠라였다.

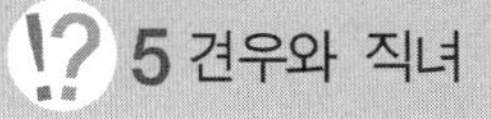

5 견우와 직녀

6월말 경 일본을 찾게 되면 거리 곳곳에서 무언가가 적힌 기다란 종이가 매달린 대나무 장식을 만날 수 있다. 지하철 입구, 가정집 대문 앞, 상가 입구, 점포 앞 등 특별히 정해진 장소가 아니라 어디서든지 쉽게 볼 수 있다.

이것은 타나바타 카자리(七夕飾り) 혹은 타케카자리(竹飾り)라고 하는데 1년에 한번 은하수를 사이에 둔 견우성과 직녀성이 만난다는 타나바타(七夕, 칠석)에 이루어지는 행사이다.

여기에 쓰이는 대나무는 보통 대나무보다 얇은 것이 특징으로, 사사(笹), 혹은 사사다케(笹竹)라고 한다. 왜 대나무를 장식했는지 유래는 확실하지 않으나, 문헌에 처음 등장한 것은 무로마치(室町) 시대로, 아마도 일종의 성스러운 의미로 사용된 것이 아닐까 추측된다. 일본에서 대나무는 이계(異界)와 명계(冥界)에 관련되어 있는 성스러운 나무로 알려져 있기 때문이다.

또한 이 대나무에 걸린 종이는 단자쿠(短冊)라고 하는데 개인적인 소원을 적는 데 사용된다. 원래는 직녀에서 유래되어 재봉 실력이 향상되기를 기원했다고 하지만 지금은 평화, 건강, 합격, 행복 등 그 범위가 매우 다양하다. 가령 '요리를 잘 할 수 있게 해 주세요' '이 세상 사람 모두 행복했으면 좋겠어요' '이번 입시에 꼭 합격할 수 있게 해 주세요' '애인이 생기도록 도와주세요' 등 소망의 뜻은 개인적인 범주를 넘어 세계평화에 이르기까지 광범위하다. 이렇게 만들어진 타나바타 카자리는 바다 혹은 강에 흘러 보내는 관습이 있었으나 현재는 환경을 오염한다는 이유로 가까운 신사에 들고 가서 태워버린다.

일본의 타나바타는 중국 전래의 풍습과 일본 고유의 민간 신앙이 어우러지면서 시작되었다. 칠석(七夕)을 일본어로 읽으면 시치세키(しちせき)가 되는데 굳이 타나바타로 읽는 데는 그만한 이유가 있다. 칠석이 중국에서 일본으로 전해지기 전에 그와 비슷한 풍습이 이미 일본에 존재하고 있었다고 전해지는 것과 관련이 있다.

타나바타는 七夕으로뿐 아니라 棚機로 표기하기도 한다. 이는 베틀로 베를 짜는 여자라는 뜻을 지닌 타나바타즈메(棚機つ女)라 불리던 여자가 베로 짠 천을 신에게 받쳤고, 그 신은 그 마을의 안위와 풍작을 가져 다 주었다는 전설이 전해지기 때문이다. 이렇게 전해지는 풍습이 칠석날의 베를 짜는 직녀로 이어지면서 이날을 타나바타라고 부르게 되었다고 한다.

그리고 타나바타에는 7월 15일 밤 즉 오봉(お盆)이 되기 전에 이승으로 찾아오는 선조의 영혼에게 입힐 옷을 베틀(機)로 짜서 선

반(棚)에 올려놓은 습관도 있었다. 또한 타나바타에는 오봉을 맞는 준비(七夕盆)의 의미를 함께 담고 있으며 농작물 수확의 기쁨을 함께 나누는 마츠리도 열린다.

6 해외여행 가는 기간

일본 여행객이 한국을 가장 많이 찾는 시기는 4월말에서 5월초이다. 매년 이 시기에 약 7만 명에서 8만 명의 일본 사람들이 동해 바다를 건너 우리나라로 온다. 그 방문객 수는 한류바람이 일본에 불면서 더욱 늘어났다. 또한 같은 시기에 해외 각지로 떠나는 일본 관광객은 50만에 육박한다. 해외로 떠나는 관광객을 끌어 모으기 위해 여행사들은 각종 매스컴을 통해 경쟁적으로 광고를 하고, 직장인들은 한 푼 두 푼 모으며 해외여행 가기를 기다리는 시기가 바로 이때다.

이것이 바로 일본 최대의 연휴기간 골든위크(ゴールデンウィーク)이다. 현대를 살아가는 모든 사람들에게 휴일은 황금에 견줄 만큼 가치가 있기에 이런 용어가 만들어졌으리라 생각한다. 우리나라 역시 연이어지는 휴일을 황금연휴라 하고 영어로도 골든 위크엔드(Golden weekend)는 전혀 어색한 표현이 아니다.

길게는 약 10여 일 동안이나 이어질 수 있는 골든위크는 1948년 시행된 일본 축일법(祝日法)이 1985년 개정과 함께 국민의 휴일이 새롭게 제정되면서 만들어진 산물이라 할 수 있다. 그 전까지는 그저 징검다리 연휴 정도로 생각했었다. 참고로 일본에서 징검다리 연휴는 징검돌이라는 단어를 섞어서 토비이시렌큐(飛び石連休)라고 한다. 따라서 현재 골든위크에는 모두 4일의 국경일이 포함된다. 4월 29일(緑の日, 쇼와천황의 생일), 5월 3일(憲法記念日, 건국기념일), 5월 4일 (国民の休日, 국경일 사이의 휴일), 5월 5일(こどもの日, 어린이날)이다. 여기에 주5일 근무를 하기 때문에 토요일과 일요일이 절묘하게 어우러지면 연휴가 황금이상의 가치를 발휘하게 된다.

일본에서 골든위크라는 용어가 쓰이기 된 유래는 두 가지로 나뉜다. 첫째는 일본 영화업계가 만들어낸 말이라는 설이 있고 둘째는 라디오의 '골든타임(Golden time)'에서 나왔다는 설이 있다.

일본영화업계가 만들었다는 것은 1951년 현재의 골든위크에 해당하는 기간에 상영된 '자유학교'라는 영화가 대성공을 한 것과 관련이 있다. 이 영화가 당시 영화 관람객이 가장 많았던 정월과 오봉 연휴보다 오히려 많은 관객을 유치했다. 이것을 계기로 보다 많은 사람들이 영화에 관심을 갖게 하기 위한 주(週)를 만든 것이 지금의 골든위크라는 것이다. 한편 또 다른 '골든타임' 설은 대형연휴 기간이 라디오 청취율이 가장 높은 시간대였기 때문에 '황금주간'이라는 용어로 불린 것에 근거를 두고 있다. 이것이 외래어 표기로 쓰이면서 골든위크가 정착되었다고 한다.

그런데 일반적으로 쓰이는 이 골든위크라는 용어를 일본국영방송국인 NHK는 인정하지 않고 있다. 그 대신 대형연휴(大型連休)라는 표현을 아직도 고수하고 있다. 이유야 알 수 없지만 황금이 되었든 대형이 되었든 일본 사람들에게 이 시기는 1년의 피로를 풀 수 있는 최대의 안식처임에는 틀림없다.

이미 오래 전에 선진국 대열에 가세한 일본이지만 아직도 유럽 등의 나라에 비해 휴일에 있어서는 많이 다른 것 같다. 물론 유럽 여러 나라의 휴일 역시 연간 약 10여일 밖에 되지 않지만, 유급휴가는 일본보다 많게는 3배에 이른다. 이러한 유급휴가는 개인 사정에 따라 그 시기가 분산되기 때문에 휴가기간이라고 해서 일본과 같이 교통체증에 시달리는 일은 없다. 그래서 연휴가 되면 해외로 여행을 떠나는 것일지도 모른다.

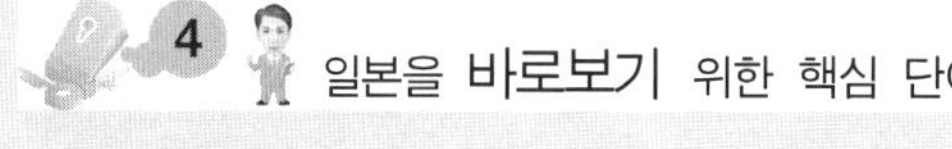

감바루頑張る

'감바레 닛폰(頑張れ日本)'은 지난 2002년 한일월드컵에서 일본 팀을 응원하는 관중석에 항상 걸려 있었던 플래카드의 문구이다. 그리고 그 자리에서 들려오는 응원단의 함성소리는 대부분 '감바레 닛뽄'이었다. 우리가 대~~한민국을 외치며 응원했던 것과 같다고 볼 수 있다. 현장에서 들리는 '감바레'라는 함성을 일본어를 모르는 외국인이 듣더라도, 힘내라 내지는 우리가 흔히 쓰는 파이팅 정도의 의미일 것으로 대략 생각해 볼 수 있을 것이다. 그러나 일본사람들에게 '감바레'는 그 이상의 의미를 담고 있다.

감바레의 원형인 감바루(頑張る)는 일본 사회에서 대인관계를 원만하게 이끌어가기 위해 매우 중요시되고 있기 때문이다. 감바루는 원래 '가오하루(我を張る, 고집을 부리다)'라는 말에서 나온 것으로, 집단의 결정 혹은 규범에 반대한다는 부정적 의미를 내포하고 있었다. 그러나 1930년 대 경부터 감바루는 긍정적인 단어로 바뀌면서 주로 집단의 목적을 달성하기 위한 마음가짐 내지는 노력을 설명하는 의미로 쓰이고 있다. 따라서 사전적 의미도 과거의 의미와 현재의 의미를 같이 담고 있어 (1) 강경히 버티다, 우기다 (2) 참고 계속 노력하다로 되어 있으나, 많은 경우 (2)의 의미로 쓰인다.

가령 농촌 청년이 도심에서의 새로운 생활을 위해 고향을 떠날 때 친구나 친지 혹은 은사에게 감바리마스(頑張ります)라고 약속한다. 이 말에는 그들을 실망시키지 않겠다는 굳은 의지가 담겨있다. 이렇듯 나와 내가 속한 집단과의 관계설정에서 감바루는 서로의 믿음을 확인하는 단어로 인식된다. 그렇기 때문에 더욱 더 경기장에서 울려 퍼지는 '감바레 닛폰'은 우리나라 응원단이 외치는 대~~한민국에 버금갈 정도로 선수들에게는 격려가 되고 힘이 된다. 운동장에서 뛰고 있는 선수들끼리 역시 서로를 격려하는 말로 '감바레'를 연발한다.

집단의식을 서로 의식하고 강화하려는 의지가 담긴 말이 바로 '감바레'이다. 같은 한자문화권에 속해있는 중국어에는 감바루에 상응하는 말로 지아요우(加油)가 있다. 일상생활은 물론 특히 올림픽과 같은 국제경기를 할 때 중국 응원단이 주로 선수를 격려하고 더욱 분발하라는 의미로 쓴다. 불이 난 곳에 기름을 더 부어 불기를 더 거세게 한다는 의미에서 온 것일 것이다. 일본어의 감바루 역시 타오르는 불기를 더욱 강하게 만드는 심리적 작용을 한다는 의미에서는 같다고 볼 수 있을 것 같다.

참고 계속 노력하는 것은 운동 경기만이 아니라 일본이 만들어내는 제품에도 그대로 반영된다. '일제'라고만 하면 소비자들에게 통하던 시절이 있었다. 끝마무리가 잘 되어있고 세련된 이미지로 품질이 좋은 상품의 대명사가 바로 '일제'였다. 물론 이러한 '일제'가 가능했던 것은 무엇보다도 먼저 일본 근로자의 장인정신을 꼽을 수 있겠지만, 참고 견디며 한계에 도전하는 근로자의 '감바루 정신' 역시 주요했다고 볼 수 있다.

일본의 제조업 현장에서 '모우스코시 감밧데 미마스(もう少し頑張ってみます, 좀 더 노력해 보겠습니다)'는 상시적으로 쓰이는 말이다. 마무리되어 끝났다고 생각했을 때 다시 노력해 한계를 극복하는 것, 불가능하다고 생각하는 것에 도전하는 '감바루 정신'이 제조업 강국 일본을 만들어 내는 데 주요했다고 본다. BMW와 벤츠를 뛰어넘지 못할 것 같아 보였던 도요타자동차가 렉서스라는 고급 서브 브랜드로 세계 각지에서 최고급 승용차 시장을 잠식해 나가고 있다. 렉서스의 성공도 자동차 제조의 한계에 도전하는 정신이 만들어낸 일본적 제조 시스템의 산물이라 할 수 있다.

그러나 '일제'는 최근 우리나라에서 뿐만 아니라 국제적으로 보더라도 그 명성이 예전보다 못한 게 사실이다. 그래서인지 일본 정부와 재계가 힘을 합쳐 그간 국가 브랜드로 통용돼 온 '메이드 인 재팬'을 '네오 재패네스크(Neo Japanesque, 신(新) 일본양식)'로 바꾸겠다고 나섰다. 기술력에서 외국산을 압도했던 '메이드 인 재팬' 제품 이미지가 한국 중국 등의 추격으로 빛이 바랬다는 판단에 따른 것으로 보인다. 새로운 브랜드는 메이드 인 재팬이 갖는 우수한 품질에 전통공예를 비롯하여 치밀하고 정교한 일본의 전통문화를 접목해서 탄생시킬 계획이라고 한다.

새로운 일본의 국가브랜드가 무난히 탄생되어 과거의 '일제'의 명성을 뛰어넘는 성공을 거두게 될지는 미지수다. 그러기 위해서는 일본 곳곳의 제조업 현장에서 다시 한 번 '감바레 닛폰'이 크게 울려 퍼져야 하지 않을까.

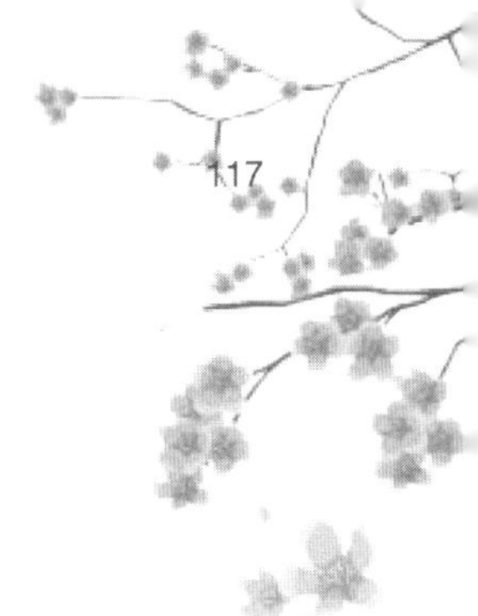

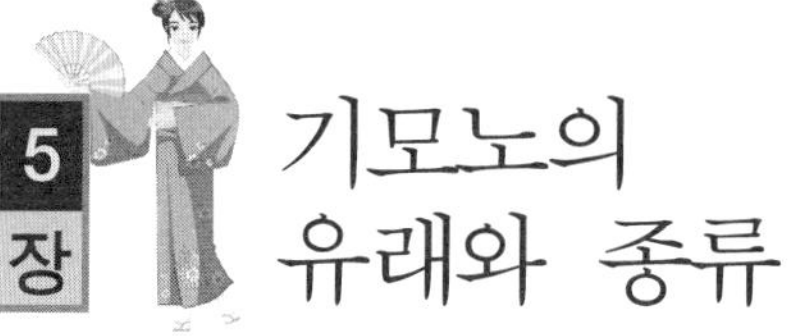

5장 기모노의 유래와 종류

1 백화점 화재와 기모노

도쿄 중심가의 대형 금융회사 건물이 줄지어 늘어선 니혼바시(日本橋)에 위치했던 도우큐우(東急)백화점은 일본 전통의상 기모노와 인연이 깊은 곳이다. 1999년 1월 31일 336년간의 긴 역사에 마침표를 찍으며 영업을 마무리한 이 백화점에 1932년 12월 16일 크리스마스 장식에 불이 붙으며 화재가 발생했다. 일본 최초로 백화점에 엘리베이터를 설치하는 등 일본 백화점 역사의 산 증인이었던 이 백화점의 화재 사고는 대형건물에서 일어난 첫 번째 화재라는 이유에서 보다 더 유명한 실화를 남기며 아직까지도 일본사람들의 입에 오르내리고 있다.

당시 백화점에 근무하는 여자종업원은 모두 전통적인 방법 그대로의 기모노를 입고 있었기 때문에 속옷을 전혀 입지 않은 상태였다. 화재가 발생한 직후 로프를 통해 구출을 하려고 했으나 밑에서 지켜보고 있는 인파를 의식해 내려오지 않았다. 결국 14명의 목숨을 앗아간 참사로 기록되었고, 이 사건이 일본에서 여성들의 속옷 착용을 정착시키는 계기가 되었다.

기모노는 일본 전통 민속의상을 가리키는 말이다. 현대 일본에서의 기모노는 우리의 한복과 거의 같은 개념으로 보면 큰 무리가 없을 듯하다. 주요 행사 혹은 명절에 입는 습관 역시 우리와 비슷하다. 양복이 일반화되면서 실제 기모노를 착용하는 기회가 급격히 줄었으나, 최근 전통적인 문양을 한 앤틱기모노에 대한 젊은 세대들의 관심이 높아지면서 다시 기모노가 각광받고 있다. 우리의 전통한복이 입기 편하게 개량되어 새롭게 인식을 달리하고 있는 것과 비슷하다.

게타

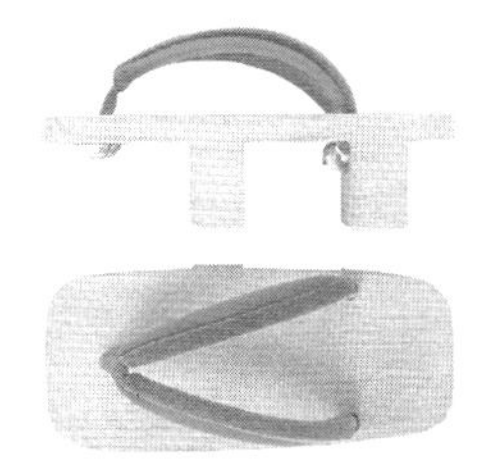

질 좋은 비단으로 만들어진 기모노 가격은 천만 원을 호가하는 것도 있다. 그래서 고소득층의 소비성향을 파악하는 지수로 보석 등과 같이 기모노의 판매동향을 살펴보기도 한다. 잘 만들어진 기모노는 대를 이어 물려주는 것이 일반적이다. 그리고 기모노를 입고 총총걸음으로 거리를 오가는 일본 사람을 보면 양말은 물론 신발도 평상시와는 전혀 다른 것을 신고 있다. 나무로 만들어진 굽이 높은 게타(下駄) 또는 목면이나 가죽으로 제작된 굽이 낮은 조우리(草履)를 신는다. 게타와 조우리는 양말대신 엄지와 둘째 발가락 사이가 갈라진 타비(足袋)라는 면으로 만든 버선을 신는다. 이 모양이 돼지발과 비슷하게 생겨서 우리가 흔히 이야기하는 '쪽발이'라는 말이 여기서 생겼다.

서양식 양복이 일본에 들어오지 전까지 일본사람들이 입었던 기모노의 역사를 살펴보면, 전형적인 귀족중심의 고대일본을 대표하는 헤이안(平安)시대는 섬나라 일본의 고유한 풍토에 맞게 기모노가 만들어진 시기였다. 특히 여성의 머리 모양에 많은 시간을 할애했다. 앞머리를 좌우로 부풀려 세우고 정수리에 묶고 나머지 머리는 길게 늘어트리는 모양이었다. 그래서 머리를 손질하는 것은 많아야 1주일에 한두 번 정도였다.

기모노 문양

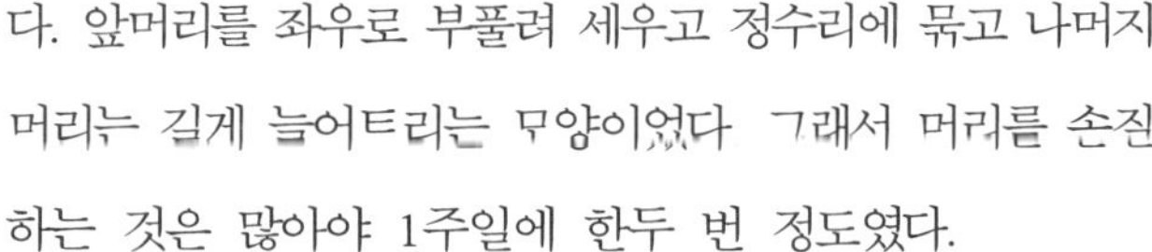

그리고 일본 사람들이 감춤의 미학으로 자찬하는 기모노의 아름다움 중 하나로 꼽히는 상의를 뒤로 살짝 제치고 목과 등을 조금 드러내는 관능미가 이 시기부터 시작되었다. 화려함으로 치장되던 귀족들의 기모노는 가마쿠라(鎌倉)시대를 거쳐 무로마치(室町)시대로 들어오면서 간소해졌고 현대 기모노의 모습을 갖추기 시작했다. 특히 이 무렵에 자신들의 집안을 상징하는 문양을 기모노에 새기는 습관이 생기기 시작했다. 독특한 집안의 상징적 의미가 있었던 기모노의 문양은 현대에 이르러 개인의 소망과 혹은 입고 가는 장소에 따라 달리 사용되고 있다. 특히 많이 사용되는 것으로 학과 나비모양이 있고, 사군자 그림과 부채 모양도 많이 쓰인다. 나비는 여자 어린이가 입는 것에 주로 쓰이는 데 아름답게 자라기를 기원하는 의미가 담긴다. 학을 그려 넣는 것은 장수를 뜻하고, 사군자 그림은 축하해야 하는 결혼식 등에 주로 입고 간다. 그리고 부채 모양은 출세를 의미해 남자들의 기모노에 주로 새겨진다.

기모노를 만드는 방법에는 오리(織り, 짜 맞추다)와 소메(染め, 물들이다) 2가지가 있다. 방직하는 형태로 만들어지는 기모노는 먼저 실에 물을 들이고 나중에 실을 짜서 만들고, 천에 물을 들이는 기모노는 먼저 하얀 천을 짜고 난 후에 모양을 그려 넣는다. 짜서 만드는 기모노는 겉과 안이 같은 섬유질이기 때문에 겉감이 오래되어 색이 변하면 뒤집어서 입기도 한다. 물을 들인 천으로 만든 기모노 역시 색이 변하면 다시 물을 들여 새로운 기모노로 변신한다. 심하게 유행을 타는 것이 아니기 때문에 오래되더라도 그 가치가 쉽게 바뀌지 않는 장점을 가진 것이 기모노이기도 하다.

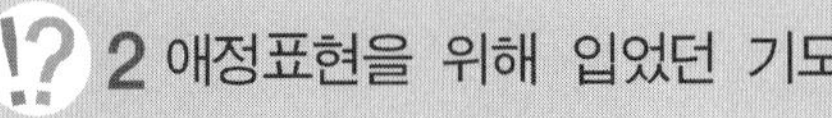

!? 2 애정표현을 위해 입었던 기모노

기모노의 종류는 때와 장소에 따라 입는 것이 전혀 다르다. 특히 여성들이 입는 기모노는 일본사람들조차 외우기 어려울 정도로 격식과 품격을 지켜야 하는 경우가 많다. 더욱이 입는 방법이 어려워 혼자서는 입을 엄두가 나지 않는 것이 여성들의 기모노이다. 그 중에서 대표적인 몇 가지만 살펴보기로 하자.

후리소데

가장 화려한 기모노는 후리소데(振袖)가 아닐까 싶다. 소매 긴 기모노를 말하는 것으로 미혼여성이 입는 가장 격식 높은 기모노라고 할 수 있다. 소매가 긴 것은 3척(114cm)으로 복사뼈까지 소매가 있는 경우도 있다. 화려한 문양이 새겨진 것이 많으며 성인식에 참석하는 여성과 결혼식 때 신부가 주로 입는다.

후리소데가 지금과 같이 미혼여성의 기모노로 정착된 것은 에도(江戸)시대의 오도리코(踊り子, 무희)풍습과 관련이 있다. 당시 무희들이 소매를 흔들면 애정을 표시하는 것이었다. 이것을 젊은 미혼 여성들이 흉내를 내며 유행해서 후리소데는 미혼여성이 입는 기모노로 자리를 잡았다고 한다. 또한 소매를 흔드는 몸짓이 심신을 가다듬는 액막이를 하는 의식과 통한다고 전해지고 있다. 따라서 결혼식과 성인식 등에서 후리소데를 입는 것은 새로운 인생의 출발점에서 다시 한 번 마음을 가다듬고 새롭게 출발하는 의미를 담고 있다고 할 수 있다. 후리소데의 특징인 겨드랑이 부분이 크게 벌어지는 소매는 원래 어른에 비해 체온이 높고 움직임이 많아 열을 많이

내는 사람들의 체온을 일정하게 유지시키기 위해 만들어졌다. 이렇듯 화려한 장식보다는 실용적인 측면이 보다 강조되었던 후리소데가 에도(江戸)시대 들어오면서 여성이 애정을 표현하기 위해 사용되는 등 그 용도가 바뀌면서 어린이와 미혼 여성이 입는 기모노로 정착되었다.

미혼여성이 입는 후리소데와 반대로 도메소데(留袖)는 기혼여성이 입는 기모노를 말한다. 도메소데의 특징은 아랫단 좌우 끝 부분에만 문양을 그리고 소매가 늘어짐이 없이 작다는 것이다. 이 두 가지 특징이 후리소데와 다른 점이다. 미혼여성의 경우 좋아하는 상대가 있으면 후리소데를 입고 애정표현을 했으나 결혼하면 그 필요가 없어지기 때문에 소맷자락을 잘라버렸다. 결혼한 후 소맷자락을 없앨 때 자르다는 의미의 기루(切る)를 쓰지 않고 잠그고 채우다는 의미의 도메루(留める)라는 말을 쓰는 것에서 유래되어 이 기모노를 도메소데라고 한다. 기루(切る)라는 표현이 엔오기루(縁を切る, 인연을 끊다)라는 좋지 않은 의미를 연상시키기 때문이다.

도메소데

도메소데는 크게 쿠로도메소데(黒留袖)와 이로도메소데(色留袖)로 나뉜다. 쿠로도메소데는 격식을 갖추어야 하는 결혼식에 참석하는 가족들이 주로 입는 반면 이로도메소데는 결혼 여부와 관계없이 특별한 형식을 안 갖추어도 입을 수 있는 기모노이다. 특히 쿠로도메소데에는 등 한가운데, 앞부분의 좌우, 소맷자락 좌우

총 5개의 가몬(家紋, 한 집안을 상징하는 문장)이 새겨져 있는 것이 특징이다. 그리고 도메소데를 할 때 잘려나가는 소맷자락의 천은 보관했다가 첫 애가 태어나면 배내옷으로 사용하는 풍습도 있었다고 한다.

도메소데 다음으로 격식을 차린 기노모가 호우몽기(訪問着)이다.

호우몽기

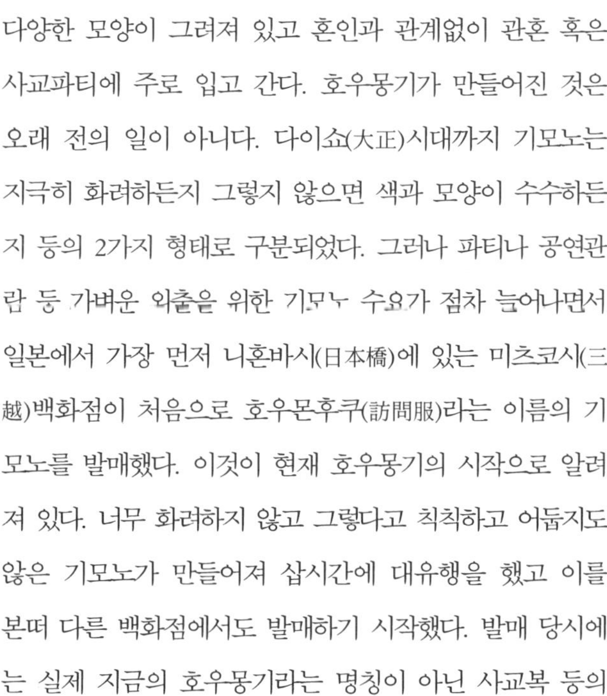

다양한 모양이 그려져 있고 혼인과 관계없이 관혼 혹은 사교파티에 주로 입고 간다. 호우몽기가 만들어진 것은 오래 전의 일이 아니다. 다이쇼(大正)시대까지 기모노는 지극히 화려하든지 그렇지 않으면 색과 모양이 수수하든지 등의 2가지 형태로 구분되었다. 그러나 파티나 공연관람 등 가벼운 외출을 위한 기모노 수요가 점차 늘어나면서 일본에서 가장 먼저 니혼바시(日本橋)에 있는 미츠코시(三越)백화점이 처음으로 호우몬후쿠(訪問服)라는 이름의 기모노를 발매했다. 이것이 현재 호우몽기의 시작으로 알려져 있다. 너무 화려하지 않고 그렇다고 칙칙하고 어둡지도 않은 기모노가 만들어져 삽시간에 대유행을 했고 이를 본떠 다른 백화점에서도 발매하기 시작했다. 발매 당시에는 실제 지금의 호우몽기라는 명칭이 아닌 사교복 등의 이름을 붙여 팔았다.

호우몽기의 대체적 의미를 가지고 만들어진 기노모가 츠게사게(付け下げ)라는 옷이다. 츠게사게는 호우몽기보다 화려함이 덜하다.

츠게사게

그 이유는 츠게사게가 전쟁 중에 만들어졌기 때문이다. 2차 세계대전이 한창일 때, 그 이전에 파티 등에 입고 갔었던 화려했던 호우몽기는 입어서는 안 되는 금지된 기노모였다. 그래서 그 대용품으로 고안된 것이 화려함을 억제하며 무늬를 최소화한 츠게사게였다. 지금은 호우몽기와 츠게사게가 일반인들은 구분이 되지 않을 정도로 서로 간의 벽이 허물어졌다. 구분하는 방법은 기모노를 파는 곳에 옷이 만들어진 것처럼 진열을 해 놓은 것은 호우몽기이고, 옷감만을 접어놓고 판매하는 것은 츠게사게이다. 특히 잔잔한 무늬와 차분한 느낌을 주는 츠게사게는 다도를 하는 사람들에게 널리 애용된다.

이 밖에도 여성들이 입는 기모노에는 장례식에 입고 가는 모후쿠(喪服), 에도시대 자신들만의 번(藩)을 상징하는 현대의 유니폼 같은 역할을 했던 코몬(小紋), 검정 이외의 한 가지 색으로 염색된 이로무지(色無地) 등이 있다.

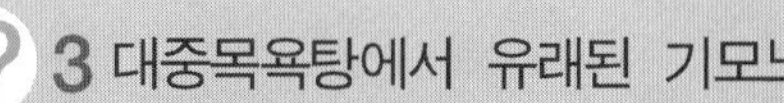

!? 3 대중목욕탕에서 유래된 기모노

현대 일본 남성이 기모노를 입는 기회는 여성에 비하면 절대적으로 적다. 대부분의 경우가 양복으로 대체가 되기 때문이다. 결혼식에 참석할 때도 여성이 기모노를 곱게 차려 입는 것과는 대조적으로 남성은 대부분 흰 넥타이에 짙은 색 양복차림이다. 전문 기모노 상점이나 백화점에 가보면 몇 종류 되지 않는 남성용 기모노를 오토고모노(男物)라고 해서 모아둔 것을 볼 수 있다.

남성들이 주로 입는 대표적인 기모노는 하카마(袴)이다. 고대 일본 남성들은 두 갈래로 갈라지는 바지와 비슷한 옷을 입었다. 이것이 조금씩 변화하면서 무사들이 등장하게 되는 가마쿠라(鎌倉)시대경부터 현대 일본 남성들이 대부분 가지고 있고 일반적으로 착용하는 하카마의 형태를 갖추기 시작했다. 초기 하카마는 남성들의 행동양식에 따라 그 모양과 용도가 달랐다. 승마를 할 때 혹은 검도를 할 때 입는 하카마가 있었고, 일반적으로 몸을 움직이기 편한 평상복으로 활용되던 하카마도 따로 있었다. 그러나 지금은 거의 대부분의 하카마가 같은 형태로 만들어지고 있고, 그 용도 역시 성인식, 관혼상제 등 다양한 자리에 무리 없이 남성이 입을 수 있는 기모노로 자리 잡고 있다.

그런데 가끔 대학의 입학식이나 졸업식에 가보면 여학생이 하카마를 입고 있는 모습을 볼 수 있다. 이것은 메이지(明治)시대 여성이 학교에서 하카마를 입고 수업을 들었던 것에서 유래되었다. 메이지(明治) 시대에 들어와 비로소 여성에서도 학문을 연마할 수 있는 제도가 마련되었고 당시 여성들은 화려하지는 않지만 입는 데 불편

했던 여성용 기모노를 입고 학교를 다녔다. 그러나 당시 학교는 바닥에 앉아 수업을 들을 수 있는 다타미(畳)방이 아니라 책상과 의자가 준비된 교실이었다. 그래서 여자 교사는 물론 여학생도 상징적인 의미가 있는 소매가 의자와 책상에 걸려 흐트러지는 모습에 신경을 써 학업에 대한 집중력이 떨어졌다.

그 후 일본 문무성은 여학교를 새롭게 설립하는 경우에 한하여 그때까지 남성만이 입었던 하카마를 여교사와 여학생들도 자유롭게 입을 수 있도록 제도를 바꾸었고 머지않아 모든 학교에 이 제도가 적용되었다. 물론 요즘 일본의 보통학교에서 하카마를 입고 등교하는 여학생은 없지만 학교행사 등의 공식적인 자리에 하카마를 입는 습관은 여전히 남아있다.

한편 겨울에 입는 남성용 기모노로 단젠(丹前)이라는 옷이 있다. 추운 겨울에 입는 방한용 기모노로 천 사이에 솜을 넣어 두툼하게 만들어져 있다. 지금은 여성들도 겨울 온천을 즐기고 난 후 입기도 하지만 원래는 남성들만의 기모노였다. 단젠은 에도(江戸)시대 가장 손님이 많았던 대중목욕탕에서 유래되었다. 일본에서 대중목욕탕이 전성기를 구가하던 시기가 바로 에도(江戸)시대이다.

이 시기에 가장 인기가 있었던 대중목욕탕이 단젠이라는 유나부로(湯女風呂)였다. 유나부로는 접객을 담당하는 유나(湯女)가 일을 하는 대중목욕탕을 말한다. 이 단젠에는 勝山이라는 유나가 인기가 많았다. 그녀는 보편적이지 않은 남성들의 기모노를 좋아했다고 한다. 그래서 남자들은 그녀에게 잘 보이기 위해 조금 변형된 기모노를 입고 그 대중목욕탕을 찾기 시작했고 이러한 남자들의 복장을 '단젠후우(丹前風, 단젠풍)라고 불렀다.

반면 남성들의 여름용 기모노에는 진베이(甚平) 혹은 진베에(甚兵衛)라는 옷이 있다. 진베이는 위아래로 옷이 나누어져 있다는 것과 윗옷을 띠로 허리를 한 바퀴 감싸며 묶는 것이 아니라 앞쪽에서 쉽게 끈으로 묶을 수 있도록 되어 있는 것이 특징이다. 더운 여름 목욕한 다음 걸치는 옷으로 실내에서 입는다. 윗옷이 반팔로 되어 있어 여름용임을 쉽게 알 수 있다. 센고쿠(戦国)시대에 전장에서 전투에 임하는 병사들이 편하게 움직일 수 있도록 만든 것에서 유래되었다고 일려져 있다. 한 여름에 열리는 마츠리 등에서 진베이를 입은 일본남성들을 쉽게 만나볼 수 있다.

그리고 진베이와 비슷하게 편하게 작업을 할 때 입을 수 있도록 만들어진 사무에(作務衣)라는 남성용 기모노가 있다. 언뜻 보기에는 진베이와 차이가 없어 보이지만 우선 사무에는 여름에만 입는 진베이와는 달리 사철 언제든지 입을 수 있고 가까운 곳에 외출하는 데도 전혀 지장이 없다. 원래는 사찰과 신사 등에서 일상적인 업무를 보는 스님들이 주로 입었던 옷이었다. 최근에는 편리성을 강조한 여성용 사무에가 나와 남녀구별을 하는 기모노의 일종과는 거리가 멀어진 듯하다.

4 무더운 여름을 나기 위한 기모노

색상은 화려하지만 활동하기에는 다소 지장이 있어 보이는 후리소데(振袖)와 같은 예복용 기모노와 달리 간편하게 몸에 걸칠 수 있는 기모노가 바로 유카타(浴衣)이다. 맨 살에 그냥 입는 것이 보통이며, 타비(足袋, 버선)를 신지 않고 맨발에 게타(下駄)를 신는 것이 보통이다. 한자를 보면 알 수 있듯이 원래는 목욕 후에 실내에서만 입을 수 있었으나, 요즘은 무늬와 소재가 변화하면서 여름에 열리는 각종 마츠리와 불꽃놀이에 갈 때도 입고 가는 실내외 어디서나 입을

백화점 외벽에 유카타를 장식해 놓은 모습

수 있는 기모노가 되었다.

특히 보통 기모노와는 달리 가격이 저렴하고 알록달록한 꽃무늬가 새겨져 있어 젊은 여성들에게 인기가 있다. 보통 원피스 한 장을 구입하는 감각으로 유카타를 사 입기 때문에 매년 다른 유카타를 입고 여름에 열리는 각종 행사에 참여하는 경우도 많다. 그리고 여름에 열리는 마츠리에 신위(神位)를 모시는 가마 즉 미코시(神輿)를 메는 사람이 거의 똑 같은 모양의 유카타를 입는 것도 특징이다. 보통 일본의 전통여관 혹은 호텔에는 유카타가 방에 놓여 있는 것이 일반적이다. 잠을 잘 때 입는 잠옷인 네마키(寝巻き) 대신에 유카타를 입기도 한다.

유카타는 헤이안(平安)시대 귀족이 무시부로(蒸風呂, 증기사우나)에 들어갈 때 뜨거운 수증기로 인한 화상을 방지하기 위해 입었던 유카타비라(湯帷子)에서 유래되었다고 알려져 있다. 여기서 말하는 카타비라(帷子)는 삼베 옷감으로 만들어진 기모노를 말한다. 당시 면은 고급 옷감이었기 때문에 겉옷 안에 입는 속옷은 대부분 삼베로 만들어진 것들이었다. 그 후 에도(江戸)시대 후기가 되어 면의 생산량이 늘어나 서민들에게 보급되면서 유카타비라의 소재가 삼베에서 면으로 바뀌었다. 그리고 대중목욕탕이 점차 서민들에게 확산되고 입을 기회가 늘어나면서 명칭이 '유카타'로 바뀌었고 현재는 목욕 후뿐 아니라 여름에 누구나 즐겨 입는 기모노로 정착되었다.

유카타에는 더운 일본의 여름을 쾌적하게 보내기 위해 여러 궁리

유카타

를 한 흔적을 찾아 볼 수 있다. 목욕을 한 다음 걸치는 유카타는 겨드랑이 부분을 꿰매지 않는다. 그리고 고전적인 유카타의 색상은 대부분 흰색과 감색이다. 흰색 유카타는 낮에 주로 입고 집 안에서 한 여름을 시원하게 보내기 위해 만들어졌다. 감색 유카타는 옷감을 감색으로 염색하기 위해 사용되는 쪽잎에서 나는 향기를 벌레들이 싫어해 벌레들이 많은 저녁 시간에 외출할 때 입으면 좋다고 알려져 있다. 무더운 여름을 나기 위한 생활의 지혜를 엿볼 수 있다.

그러나 요즘은 여성들이 핑크 색상의 유카타를 즐겨 입는 등

색상에 관계없이 취향에 맞게 입는 것이 일반화되어 있다. 또한 화려하지는 않지만 유카타에 들어가는 문양도 다양하다. 꽃, 나비, 동물 등의 모양이 들어간 것은 여성들이 입고 굵은 선이 많은 것은 남성이 주로 입는다.

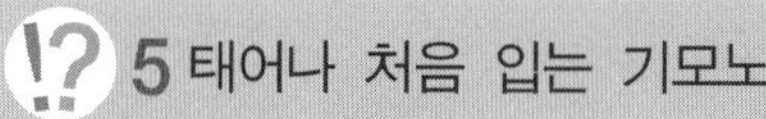

5 태어나 처음 입는 기모노

태어나서 처음으로 입는 옷을 우리는 배내옷 또는 배내저고리라고 한다. 이 배내옷에 해당하는 일본 기모노가 우부기(産着)이다. 우부기는 크게 두 가지로 나뉜다. 태어나 며칠이 지나 바로 입는 우부기와 1개월이 지나 신사를 찾아 참배하는 미야마이리(宮参り) 때 입는 우부기가 있다. 갓난아기가 태어난 직후에 처음으로 입는 우부기는 부드러운 면으로 만든다. 그로부터 2,3일 지나면 모시로 만든 우부기로 갈아입힌다. 일본에서 모시는 예부터 재난을 막아주고 마귀를 쫓는 데 효력이 있다고 전해지며, 모시에는 곧게 자라나는 모습이 아이의 성장과 같았으면 하는 바람이 담겨있다. 그리고 이 모시로 만든 우부기에 쓰이는 옷감에는 삼 잎 모양을 본뜬 정육각형 모형이 그려져 있다.

태어나 약 1개월이 지나 신에게 아이의 탄생을 알리기 위해 행해지는 의식인 미야마이리에는 화려한 색상의 우부기를 입혀서 데리고 간다. 여아의 경우에는 빨간색 기모노를, 남아는 파란색 혹은 노란색 기모노를 입히는 것이 일반적이다. 이때 여아가 입는 우부기에는 작은 북 모양의 귀여운 모양이 들어간 것이 많고, 남아용에는 가부토(兜, 투구)와 독수리 등의 용맹함을 상징하는 모양이 많이 새겨져 있다.

이러한 우부기의 관습이 널리 보급된 것은 에도(江戸)시대부터라고 알려져 있다. 우부기에 새겨진 삼 잎 모양을 옛날에는 엄마가 태어날 아이를 생각하며 한 올 한 올 자수로 만들었다고 한다. 지금 자수로 우부기의 모양을 만드는 일은 거의 없어졌고 대부분 프린트된 모형을 그대로 쓰는 경우가 많다. 자수에서 프린트로 바뀌기는 했으나 아이를 생각하는 엄마의 마음은 바뀌지 않았을 것이고 이러한 일본 특유의 전통은 그대로 전해지고 있다고 할 수 있다.

미야마이리를 할 때 입는 알록달록하고 화려한 우부기에는 일반적으로 좋은 날 입는 옷이라는 의미가 담긴 하레기(晴れ着)라는 뜻도 포함하고 있다. 그런데 이 때 입는 우부기에는 생후 1개월 된 어린아이에게 보통 기모노에 착용하는 허리띠인 오비(帯)를 매는 것이 어렵기 때문에 면으로 된 속옷을 입힌 상태로 엄마가 보듬어 앉고 그 위에 우부기를 덮어씌우는 정도로 대신한다. 그리고 미야마이리에는 보통 친할머니가 아이를 앉고 참배를 하는 것이 원래 전해 내려오는 전통이다. 그러나 지금은 엄마와 아기의 관계를 중시하는

성향이 강해지면서 대부분 엄마가 아이를 앉고 신사를 찾는다.

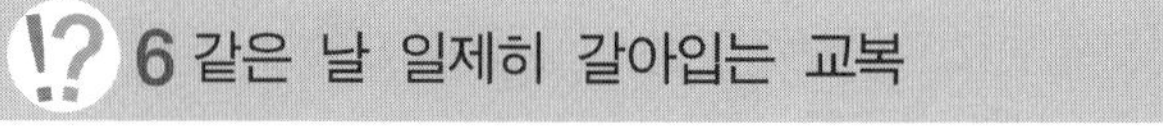

!? 6 같은 날 일제히 갈아입는 교복

일본에서 일어난 한류열풍의 효시라고도 할 수 있는 겨울연가라는 드라마를 보면 주인공들의 학창시절이 나오고 이미 우리나라에서는 1980년 초 제도적으로 자유화된 교복을 입고 그들이 등장한다. 이 장면을 보고 4,50대 일본의 중년 여성이 자신들의 학창시절을 어렴풋이 떠올리며 향수에 젖어 순수했던 그 때 그 시절을 회상했다고 한다. 한국에서 제작된 한국 시청자를 위한 드라마임에도 불구하고 일본 사람들이 자신들의 과거를 회상할 수 있는 자료가 거기에 담겨 있었던 것이다. 이런 것이 우리에게는 아직도 많이 있다. 그것이 어쩌면 일제 강점기의 잔재가 아닐까도 생각한다.

교복 문화는 제국주의를 표방했던 일본의 획일적인 단체행동의 의식에 그 뿌리를 두고 있다고 볼 수 있다. 통일된 행동양식을 어릴 때부터 키워나가기 위해 마련된 것으로 지금도 유치원에서 고등학교까지 대부분의 학교에서 교복을 입고 있다. 일반적으로 교복은 가쿠세이후쿠(学生服, 학생복) 혹은 세이후쿠(制服, 제복)라고 하며 여학생들의 옷은 세라후쿠(セーラー服, 세라복)라고 부른다. 세라복은

일본 제국해군의 세일러(sailor)복에서 따온 것이다.

한편 서양식 복장이 일본에 실제 생활에 유입된 것은 메이지(明治)시대에 들어와서부터이다. 메이지(明治)정부는 가장 먼저 유럽의 군복 문화를 들여왔고, 이어서 공무원, 우편배달원, 철도직원에게 점차 확대시켰다. 이는 근대국가 체제를 서둘러 구축할 필요가 있다고 판단했기 때문이었다. 이러한 메이지(明治)정부의 시책에 힘입어 일반 대중에게도 급속도로 확산되었다. 그러나 양장을 여성이 착용하기 시작한 것은 일부 상류사회의 부인들이 1883년 문을 연 로쿠메이칸(鹿鳴館)이라는 사교장에 입고 나타나면서부터이다. 당시 양장은 서민들이 넘볼 수 없을 정도의 비싼 가격이었다. 더욱이 국수주의의 풍토가 만연했던 시절이었기 때문에 병원의 간호사정도가 이러한 복장을 할 수 있었다. 그 후 여성의 양장 모습을 볼 수 있게 되는 것은 버스안내를 하는 차장과 타이피스트(typist) 등의 직업에 여성이 진출하기 시작한 타이쇼(大正)시대에 들어와서부터이다.

이러한 양장은 지금 우리가 흔히 말하는 제복 혹은 유니폼으로 불리며 경찰, 백화점 매장의 직원, 철도 직원, 회사의 사무여직원 등 일본 어디서나 쉽게 찾아 볼 수 있게 되었다. 그런데 같은 옷을 똑 같이 맞춰 입는 것뿐 아니라 추동복에서 하복으로 갈아입는 시기도 거의 같다. 6월 1일이 되면 일제히 대부분의 제복을 입는 기관에서 하복으로 갈아입는다. 학교 역시 이날 모든 학생이 하복으로 갈아입고 등교한다. 그리고 10월 1일이 되면 다시 추동복으로 갈아입는다. 법률적 혹은 제도적으로 규정한 것이 아님에도 불구하고 일사불란하게 옷을 갈아입는다. 이렇게 동일한 시기에 갈아입는 습관은 과거에는 같은 제복이라 할지라도 각각의 신분에 따라 제복의 형태가 달랐기 때문이다. 같은 날 옷을 갈아입지 않으면 제복의 기능을 발휘할 수 없었던 것이다.

우리나라와 비슷하게 계절의 변화가 분명한 일본에서는 철이 바뀌면 옷을 갈아입는 습관이 자연스럽게 이루어지고 이런 것을 고로모가에(衣替え)라고 한다. 특히 철 따라 옷을 달리 입기 위해 옷장을 정리해야 하는 것은 중요한 가사일 중 하나로 계절이 바뀌는 주말 한때를 고로모가에를 하기 위한 집안일로 소비하는 경우가 많다.

한편 에도(江戸)시대에는 지금의 6월 1일이 아니라 2개월이 빠른 4월 1일 일제히 여름 기모노로 갈아입었다. 겨울옷으로 갈아입는 시기는 지금과 같은 10월 1일이었다. 온몸을 감싸는 기모노와 비교해 서양식 제복은 다양하게 형태를 바꾸며 입을 수 있었고, 겨울과 여름옷으로 나뉘었던 기모노와는 달리 소재를 달리해가며 만들 수 있는 추동복이 있었기 때문에 여름옷으로 갈아입는 시기가 점차 늦어졌다.

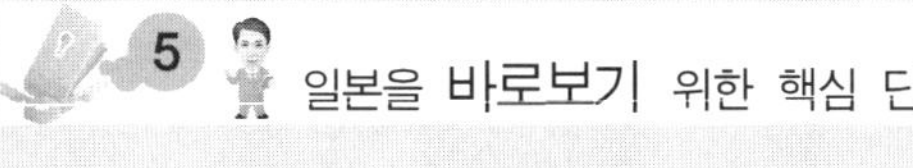

고다와루拘る

무엇인가에 집착해서 결국에 끝을 봐야 손을 놓는 모습을 일본사람들에게서 어렵지 않게 발견할 수 있다. 얽매이는 것 같지만 성급하지 않고 대충 끝내지 않는 까다로움이 그 안에 들어 있다. 이러한 일본사람들의 성향을 적절하게 표현할 수 있는 단어가 바로 고다와루(拘る)이다.

동사(動詞) 고다와루의 사전적 의미는 구애되다, 마음 쓰이다, 얽매이다 등이지만 명사인 고다와리(拘り)로 쓰이면 ~에 까다롭다는 뜻이 된다. 다른 사람에게는 사소해 보이는 작은 일을 그냥 넘기지 않고 완벽을 추구하는 것과 어떤 사물에 집착해서 나름대로의 철학을 가지고 행동하는 것이 바로 일본사람들이 보여주는 고다와루 성향이다. 가령 커피는 반듯이 인스턴트가 아닌 원두커피를 직접 끓여 먹는 것도 커피에 대한 일종의 고다와리로 볼 수 있지만, 제대로 된 원두커피의 맛을 내기 위한 커피 재배지의 적정 기온을 알고 있고 끓일 때의 물의 온도까지 정확하게 측정하는 것 역시 커피에 대한 고다와리가 된다.

이러한 일본사람의 고다와루 성향은 일본이 세계에 자랑하는 장인정신의 근간을 이루고 있다고 할 수 있다. 가업으로 물려받으면서까지 한 가지 일에 파고드는 일본의 장인정신이 오늘날 일본 기술력의 밑거름이 되었음을 부정하는 사람은 없다. 특히 이러한 일본의 장인정신은 일본의 대표적인 상인(기업인)을 많이 배출한 오사카(大阪)지역에서 어렵지 않게 찾아 볼 수 있다.

오사카 상인들의 투철한 신조가 바로 '하늘이 두 쪽이 나도 노렌(暖簾)은 지킨다'이다. 노렌은 상점 입구의 처마 끝이나 점포입구에 치는 무명천으로 만든 막을 말한다. 초밥집, 우동집, 소바(메일국수)집 등 일본 전통 음식점들은 노렌을 걸어놓고 자신들만의 철학이 담긴 음식을 판다고 굳게 믿는다. 노렌 속에 깊이 새겨진 뜻은 무엇 하나를 만들어도 우리 손으로 만드는 것이 이 세상에서 최고라는 장인정신의 표현이다. 이것저것 옮겨가며 깊이를 잃어가는 것이 아니라 오로지 하나에 매달려 몇 대에 이르기까지 한 우물을 파는 집착이 최고의 경지에 이르게 하는

전통 음식점의 노렌

유일한 길임을 그들은 잘 알고 있는 것이다. 그래서 일본의 소비자들은 점포 앞에 걸린 노렌을 보면 그 가게의 신용을 읽을 수 있다고 한다. 그리고 그러한 믿음은 또 다시 그 점포를 찾게 하는 힘이 된다.

몇 해 전 우리나라의 모그룹 회장이 직원들에게 추천하며 화제를 모았던 일본 만화가 있었다. '미스터 초밥왕'이라는 만화로 신참 요리사인 '쇼타'라는 주인공이 가업인 초밥집을 이어받아 당대 최고의 요리사가 되는 과정을 그리고 있다. 일본 음식의 대표 격인 초밥을 만드는 데 쏟아 붓는 애정과 최고의 자리에 오르기 위해 노력하는 장인정신이 현대 기업 경영에 교훈이 되는 내용이 많다는 것이 추천 이유였다. 대를 이어가며 오로지 한 분야에 몰두하는 장인정신이 국제적으로 인정받는 일본의 제품들을 만들어내고 있는 것이다.

일본의 불교사찰 전문 건설업체인 콩고구미는 백제에서 건너간 콩고 시게미츠가 586년에 설립한 회사로 1400년이 넘는 전통을 자랑하고 있다. 718년에 설립된 일본 숙박업체 '호시료칸(旅館)'은 46대손 '호시 젠고로'가 '불조심'이라는 가훈을 지키며 1300년 동안 가업을 이어가고 있다. 1630년에 설립된 간장제조회사 기코망(キッコーマン)은 간장공장에서 출발해 조미료 사업으로 사업을 넓혔고 지금은 바이오테크 사업을 의욕적으로 전개하고 있다. 기코망의 성공에는 집안 대대로 발전시켜온 효모 발효기술이 밑바탕이 됐다. 이들 기업이 모진 풍파를 견디며 1,000년 넘게 사업을 대물림할 수 있었던 비결은 무엇일까? 시대변화에 대응하며 장수를 누릴 수 있었던 것은 기본에 충실한 장인정신이 있었기 때문이다.

이렇듯 대를 잇는 가게를 보통 일본에서 시니세(老舗)라고 부른다.

기술, 장인, 경영 노하우를 대물림하면서 전통을 이어가고 발전시키는 시니세의 동력이 경제대국 일본을 일구어 냈다고 해도 과언이 아니다. 시니세는 장인정신이 깊숙이 뿌리내린 곳이며 새 것의 홍수 속에 전통을 고집하며 한 분야에 집착해 온 결과 얻어지는 명예일지도 모른다. 시니세로 불리는 곳은 오랜 전통을 이어가는 문화가 정착되어 있는 일본이라 할지라도 그리 많지 않기 때문이다.

지난 1990년대 '잃어버린 10년'으로 불리는 장기불황을 일본은 견디어냈다. 여러 각도에서 불황극복의 요인을 찾는 연구가 진행되었지만, 대부분의 연구는 그 이유가 일본의 탄탄한 기술력에 있었다는 결론을 냈다. 일본 제조업이 21세기에 들어와 다시 부활하고 있고 그 배경에는 제품에 혼을 불어넣는 등 예술에 가까운 높은 기술력과 이를 지탱하는 뜨거운 현장의 장인정신이 있었다는 것이다.

일본 기업들은 특유의 장인정신을 바탕으로 지난 장기불황 속에서도 원천기술과 응용기술 확보 노력을 게을리 하지 않았고 그 결과 디지털 전자, 미래형 자동차, 정밀화학, 부품・소재 등 핵심기술 분야에서 세계시장을 석권하고 있는 것이다. 그렇기 때문에 1990년대 있었던 일본의 장기불황은 '잃어버린 10년'이라기보다는 오히려 보다 나은 기술축적을 위해 '준비한 10년'이라고 하는 것이 맞을지 모른다.

한 분야에 까다롭게 얽매여 일말의 타협도 용납하지 않으며 몰두하는 기술자 또는 쇼쿠닌(職人, 장인)이 있기에 일본은 제조업 왕국의 자리를 지키고 있는 것이다.

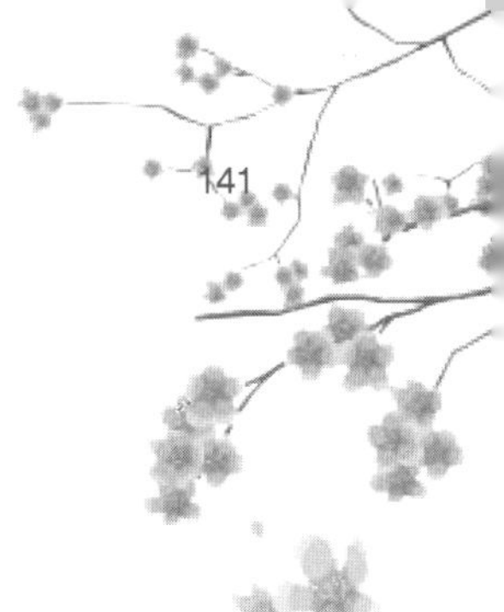

6장 일본을 대표하는 상징적 존재

!? 1 신神과 인간 사이를 오가는 텐노우天皇

천황은 일본사람에게 어떤 존재인가? 원래 천황이라는 말은 중국에서 생겨난 것으로 모든 만물을 지배하는 황제라는 뜻을 가지고 있다. 그런데 그런 중국에서도 당나라 시절 고종(高宗)황제가 자신을 스스로 천황이라고 칭한 것 이외에는 사용된 예가 없다. 제2차 세계 대전 이전에 일본 천황은 한 나라의 원수(元首)로서 절대적인 통치권과 군 통수권을 행사했지만, 지금의 일본 헌법은 '일본국 및 일본국민 통합의 상징'으로 규정하고 있을 뿐이다.

먼저 천황의 기원을 살펴보면 고사기(古事記, 712)와 일본서기(日

本書記, 720)에 초대 천황 진무(神武)가 기원전 660년에 즉위한 것으로 되어있다. 그런데 와세다대학 총장을 역임하고 문화훈장까지 받은 쓰다 소우키치(津田左右吉) 교수는 일본 초대 천황으로 알려진 진무천황은 물론 제 9대까지의 천황은 실제 존재하지 않았던 인물이라는 연구를 발표했다. 이로 인해 1940년 출판법 제26조 위반 '황실의 존엄을 모독했다'는 이유로 유죄판결을 받았다. 재판소는 1심 판결에서 쓰다 교수에게 금고 3개월, 관련 연구결과를 출판한 이와나미(岩波)씨에게 금고 2개월(2년 집행유예)의 실형을 선고했다.

이렇듯 역사적 근거가 미약해 보이는 천황제는 시대의 흐름에 따라 그 위상이 변해왔다. 4세기부터 7세기에 걸쳐 고대 천황제가 확립되었고, 중세 및 근세에는 귀족과 무인(武人)정치 체제에서 천황의 지위가 하락했던 시대도 있었다. 그 이후 1868년 메이지이신(明治維新, 명치유신)으로 천황의 권위가 강화되는 한편 신(神)으로써의 천황의 위상을 얻게 된다. 그러나 1946년 1월 1일 일제가 패망한 직후 그 당시 쇼와(昭和)천황은 신적인 위치에서 평범한 인간으로 스스로의 자리매김을 새롭게 했다.

천황은 과거 '대일본제국헌법'에서는 신성불가침(神聖不可侵)인 '원수천황(元首天皇)'의 존재였다. 그러나 1947년 5월 3일 시행된 현행 헌법에 따르면 천황은 일본국 및 국민통합의 상징(제1조)이며 헌법에서 정한 일정한 국사 행위 이외에는 국정에 관한 어떠한 권리의 주장도 행사도 할 수 없도록 되어 있다(제4조). 따라서 정치적으로 엄정하게 중립을 지켜야 하며 어떠한 정치문제에도 관여해서는 안 된다. 또한 천황 및 황족은 선거권과 피선거권이 없다. 즉 일본 헌법은 천황에 대하여 정치권력은 행사할 수 없으나 국가와 국민화합의 상징임을 지적하고 있다. 이에 따라 천황의 역할은 상징적으로 헌법이 규정화한 '국가문제에 관한 직무'만을 수행하는 정도로 제한되어있다. 영국과 스칸디나비아 국가들처럼 일본 군주도 정치적 권한은 가지고 있지 않다. 천황의 모든 행정업무는 국회의 조언과 승인을 받아야 한다.

한편 일본에서는 황위계승직후에 새롭게 연호를 정하는 제도를 택하고 있다. 지금의 헤이세이(平成)는 1989년 1월 7일 쇼와(昭和) 천황이 사망한 후 1월 8일부터 사용하고 있는 연호이다. 36대 고우토쿠(孝德) 천황시대의 다이카(大化)라는 연호가 최초였으며 현재까지 248개의 연호를 사용해 오고 있다. 과거에는 동일한 천황이 여러 차례 기원(紀元)하기도 하였으나 메이지(明治)이후 일세일호(一世一元) 제도를 유지하고 있다. 또한 현재까지 가장 오랜 기간 동안 사용한 연호는 쇼와(昭和)로서 무려 63년간이나 사용했다.

천황의 존재 의미는 일본의 국경일을 통해서도 쉽게 엿볼 수 있다. 천황과 관련된 휴일이 4일이나 되기 때문이다. 2월 11일 건국기념일은 초대 천황인 진무(神武)천황이 기원전 660년에 즉위한 것으로 추정하는 날이고, 12월 23일은 현 천황의 생일이며, 11월 3일 문화의 날은 메이지(明治) 천황의 생일이다. 그리고 2005년에 일본에 천황 관련 공휴일이 하루 더 생겼다. 2005년 5월 1일 중의원은 '미도리의 날(식목일)'이었던 4월 29일을 '쇼와(昭和)의 날'로 변경하는 축일법(祝日法) 개정안을 승인했다. 원래 4월 29일은 히로히토 쇼와(昭和) 천황의 생일인데 1989년 1월 그가 세상을 뜨자 '미도리의 날'로 바뀌었다. 쇼와 천황은 패전 후인 1946년 1월 1일 '신격(神格)'을 부인하고 '인간선언'을 했던 천황이다.

!? 2 후지산이 사유지(?)

앞서 설명한 천황이 아닌 일본의 또 다른 상징을 꼽으라면 아마도 많은 일본사람들은 주저하지 않고 바로 후지산(富士山)을 지목할 것이다. 그렇듯 일본사람에게 후지산은 그 어느 아름다운 산천에 비할 수 없는 의미로 자리 잡고 있다. 새해 첫날 꿈에서 보면 좋은 것 중 으뜸인 것이 후지산이라는 민속미신이 전해질 정도로 일본사람들에게 후지산은 의미가 남다르다.

옛 부터 후지산은 신앙적 존재의 의미를 부여한 영산(靈山)으로 여겨지면서 특히 에도(江戸)시대(1603~ 1867년)에는 등산이 지금보다도 훨씬 더 활발했었다고 한다. 후지산은 시즈오카(静岡)현과 야마나시(山梨)현 두 곳에 걸쳐 있으며 지금까지 10여 차례 분화활동

을 했던 화산이지만 지금은 300년 동안이나 쉬고 있는 화산이다. 지난 1707년에 마지막으로 화산활동을 했다. 그리고 후지산은 여러 가지 이름을 가지고 있었다고 한다. 일반적으로 널리 이용되었던 것은 불이산(不二山)이었다. 이는 그 어떤 다른 것과 비교하더라도 유일무이한 산이라는 의미를 담고 있었다. 후지산 등산은 매년 7월 1일부터 8월 26일까지 정상부근이 눈으로 덮여있지 않은 한 여름에만 가능하다. 등산이 시작되는 날은 산을 연다는 표현을 써 야마비라키(山開き)라고 한다.

 후지산

후지산과 관련된 일본의 특징은 여러 곳에서 발견된다. 먼저 일

본을 대표하는 많은 기업들이 후지라는 이름을 부분적으로 활용하고 있다. 컴퓨터의 하드웨어와 소프트웨어 분야에서 일본을 대표하는 회사로 성장한 후지쯔(富士通)가 있고, 우리에게도 매우 익숙한 후지필름, 그리고 일본 민영방송국 후지TV 등 명칭의 활용 측면에서 보더라도 일본에서의 후지산의 위상을 쉽게 엿볼 수 있다.

그리고 일본각지에서 후지라는 이름이 들어간 지명을 쉽게 찾아볼 수 있는데 특히 후지미(富士見)라는 지명이 붙은 곳에서는 날씨가 좋은 날에는 멀리 후지산을 볼 수 있다고 한다. 또한 이런 후지산에 대한 특별한 의미는 일본의 초등교육에서도 나타난다. 고학년이 되면 전국각지의 지명에서 후지라는 말이 들어간 곳을 찾아오는 과제가 주어진다고 한다. 서로 경쟁하며 찾아온 지명을 늘어놓고 후지산을 중심으로 한 일본의 상징에 대해 어린 시절에 학습하는 것이다.

그런데 우리나라 사람에게는 일본의 상징 중 하나인 후지산보다는 부사(富士)라는 스티커가 붙은 사과가 더 익숙할는지 모른다. 일본에서 특히 아오모리(青森)산 후지사과가 정평이 나있다. 우리나라에서는 1960년대 후반 후지사과를 재배하는 데 성공한 이후 그 이름 그대로 쓰이고 있다.

한편 일본사람들에게 조차 잘 알려져 있지 않은 사실이지만 일본 최고봉 후지산 정상 부근은 사유지로 되어있다. 지난 2004년 12월 일본 재무성은 후지산 신앙을 받드는 신사(神社)인 '센겐(浅間)신사'

본사에 정상 부근의 땅 문서를 전달했다. 16세기 말엽 초대 쇼군(将軍) 도쿠가와 이에야스(徳川家康)는 후지산 정상 부근을 신사에 기증했다. 그러나 천황 중심의 근대국가 건설 운동인 명치유신 과정에서 이 땅은 반강제적으로 국유재산으로 흡수됐다. 1952년 정부는 신사 시설이 들어선 일부 땅은 신사 측에 양도했으나 나머지는 넘겨주지 않았다. 신사 측은 도쿠가와 이에야스의 기증 문서를 근거로 소유권 양도 소송을 제기, 1974년 일본 최고재판소(대법원 격)로부터 후지산 8부 능선 위쪽의 토지 가운데 등산로와 기상관측소 부지를 제외한 총 385만m²의 소유권이 신사에 있다는 판결을 얻어냈다.

그 동안 일본 정부는 정상 부근이 시즈오카(静岡)현과 야마나시(山梨)현 등 여러 지역과 경계를 이루고 있어 토지 등기가 불가능하다는 핑계를 대며 양도를 거부해 왔다. 일본에는 후지산을 신성시하는 '센겐신앙'이 전국 1,300여개 센겐신사를 중심으로 뿌리내리고 있다. 센겐신사 측은 후지산 일부가 사유지가 된 이후에도 후지산 정상을 오르는 등산객을 상대로 별도의 입장료를 징수하지는 않고 있다.

!? 3 일장기가 일본국기가 된 날

우리가 보통 일장기라고 하는 일본의 국기 히노마루(日の丸)와 일본의 국가인 기미가요(君が代)가 법적으로 일본 국회에서 정식으로 제정된 것은 오래 전의 일이 아니다. 지난 1999년 8월에 비로소 국회 법안을 통과한 극히 최근의 일이다. 즉 그 이전까지는 일본 국법에 의한 국기와 국가가 아니었다. 물론 일본에서는 그 동안 국법의 규정이 없이 히노마루와 기미가요를 국기와 국가로 사용해 왔다.

기미가요에는 일본 천황의 통치가 천년, 만년 계속되리라는 가사가 들어있으며, 히노마루는 일본 국민은 물론 상당수의 아시아인들이 그 깃발 아래에서 고통 받으며 죽어간 전쟁의 상징물이다. 일본 정부는 그간 나라 안팎의 거센 반발 때문에 기미가요와 히노마루를 법제화 하지 못했다. 하지만 일본 정부는 물밑으로 끊임없이 합법화 작업을 밀어 붙여왔다.

일장기

우선 초등학교 음악 교과서에 기미가요를 슬그머니 넣더니, 히노마루가 일본의 국기임을 가르치게 했다. 이런 교육을 받은 세대가 성인이 되어 거부감이 누그러지자, 어느 날 갑자기 문부성 교육위원회는 기미가요・히노마루를 강요하기 시작했다. 이런 와중에서 1999년 2월에는 교육위원회의 강압과 학생들의 반발 사이에서 이러지도 저러지도 못하고 고민하던 히로시마(広島)의 한 고등학교 교장이 스스로 목숨을 끊는 사태까지 벌어졌다. 이를 계기로 정부·여당은 내친김에 '국기·국가법'을 국회에서 통과시키기에 이르렀다. 당시 정부는 학생들에게 강요하지 않고 양심의 자유를 보장하겠다는 단서조항을 달았지만 이는 실제로 지켜지지 않았다.

매년 졸업식에서도 교육위원회는 각 학교 당국에 공문을 보낸다. 졸업식장에 히노마루를 게양하고, 식순에 기미가요 제창을 넣도록 했다. 이에 따르지 않는 학교에는 불이익을 주겠다는 위협도 넌지시 전달한다. 이 위협은 결코 빈말이 아니었다. 졸업식 예행연습에서 기미가요 제창을 저지한 교사가 주의조처를 받거나, 초등학교에서 기미가요를 가르치기를 거부한 음악교사가 하루아침에 해직되기도 했다.

히노마루·기미가요 반대운동을 벌이는 입장은 세대마다 약간씩 차이가 있다. 일찍이 전쟁을 겪은 세대들은 기본적으로 국기·국가에 대한 거부감은 없다. 하지만 침략과 군국주의의 상징물인 히노마루·기미가요를 결코 받아들일 수는 없다는 견해다. 따라서 이들은 새로운 국기 그리기 대회, 새로운 국가 공모 등의 행사를 벌이면서 전 국민이 합의할 수 있는 국기·국가를 채택하자고 주장한다.

반면 왜곡된 역사 교과서로 배워왔던 신세대들은 히노마루·기미가요의 부끄러운 역사에 그다지 관심이 없다. 다만 국가권력이 개인들을 획일적으로 하나의 깃발 아래 모으고, 하나의 노래를 부르게 하는 데 저항감을 느낄 뿐이다. 그래서 그들은 '히노마루 · 기미가요 반대'가 아니라, '히노마루 · 기미가요 강요 반대'라고 말한다. 국가권력이 국민 각 개인에게 애국심을 강요하는 것 자체가 억압이며 폭력이라는 것이다.

한편 일본의 국기 히노마루는 일본 사람들의 식생활에도 많은 영향을 주었다. 특히 다양한 도시락 문화가 정착되어 있는 일본에서 충분한 식사가 어려웠던 시절 네모난 도시락에 하얀 밥을 놓고 한가운데 우메보시(梅干し, 매실장아찌)하나를 찔러 넣어 만든 도시락이 널리 이용되었다. 지금 이런 도시락으로 식사를 하는 현대 일본인은 거의 없겠지만 과거 공장의 근로자는 물론 전장에서도 많은 일본 사람들이 이 히노마루 도시락으로 한 끼 식사를 하기도 했다.

네마와시根回し

일본의 사회구조가 커다란 충돌 없이 원활하게 돌아가는 데는 적어도 네마와시가 정상적으로 작동하고 있어야 한다. 개인과 그 개인이 속해있는 집단과의 조화를 만들어내기 위한 또 하나의 일본적 사회 시스템을 네마와시를 통해 조명해 볼 수 있다.

먼저 네마와시의 사전적 의미를 살펴보자. 네마와시는 나무를 옮겨 심을 때 일을 수월하게 하기 위해서 미리 굵은 뿌리만 남겨두고 잔뿌리를 쳐내는 것을 의미한다. 나무를 이식하는 데 불필요한 뿌리는 사전에 제거하여 일이 순조롭게 마무리되도록 하는 것이다. 그런데 이 용어가 바로 현재 일본의 기업 또는 일본 정치의 핵심을 이해하는 데 필요한 단어로 자리매김하고 있는 것이다.

먼저 비즈니스를 하는 과정에서 나타나는 네마와시는 어떤 일을 처리하기 위해서 미리 손을 쓰는 사전교섭의 의미를 가지고 있다. 일을 무난하게 성사시키기 위해 사전에 의견을 조율하고 반대 의견과는 협상 등을 통해 실제 의사결정을 해야 하는 회의에서는 모두 한 목소리를 낼 수 있도록 하는 것이다. 자신의 의견을 강하게 표현하지 않고 전체적인 조화를 우선시하는 일본적인 의식구조를 다시 한 번 엿볼 수 있는 대목이다.

이해관계 때문에 촘촘히 얽혀있는 실타래를 푸는 방법으로 네마와시가 일본 사회 전반에서 작동되고 있고 그로 인해 서로간의 갈등을 최소화시킬 수 있는 것이다. 그러나 네마와시는 종종 국제비즈니스 세계에서 환영받지 못하는 사례를 연출시킨다. 특히 일본 회사의 의사결정 과정에 대해 답답함을 호소하는 외국인이 많은데, 많은 경우 의사결정이 늦어지는 이유가 바로 네마와시를 하는 과정이 필요하기 때문이다. 회사의 명확한 방침이 서기까지는 구성원의 합의가 있어야 하고 그러기 위해서는 사전에 서로간의 의견 격차를 최소화시키는 작업이 필요한 것이다.

많은 우리나라 기업은 오너의 강력한 리더십에 의한 「탑다운(Topdown)」방식으로 의사결정이 이뤄진다. 결정이 신속해 강력한 추진력을 발휘할 수 있지만 독단에 의한 시행착오 가능성도 높다. 반면 일본은 합의를 통한 「바텀업(Bottomup)」방식이다. 결정이 늦어 시기를 놓치는 경우도 있지만 합의가 도출된 이후 추진속도는 빠르다.

또한 한국기업은 오너의 승인만 있으면 바로 실행이 가능하기 때문에 독창적이고 창의적인 아이디어가 잘 수용된다. 반면 일본은 네마와시를 중시하여 창의적인 아이디어라도 조직 일부가 반대하면 추진이 어렵다.

한편 일본에서는 텔레비전이 지도층 인사들에게 미치는 영향력이 적다는 이야기를 종종 접한다. 정계와 재계를 막론하고 적지 않은 주요 인사가 저녁 시간에는 음식점이나 요정에 모이는 경우가 많기 때문이란다. 이는 달리 해석하면 일본 사회를 구성하고 리드해 가는 주요 지도층 인사들이 그들 나름의 독특한 합의시스템을 유지하기 위해 늦은 시간까지 머리를 맞대고 정보를 교환하고 이견을 조율하고 있다는 사실을 반증한다고 볼 수 있다. 바로 네마와시가 늦은 밤까지 이어지는 사회가 바로 일본인 것이다. 국제문제에 대한 일본 정부와 정계가 사전협의 과정을 통해 한 목소리를 낼 수 있는 것도 생각해 보면 바로 네마와시의 끈질긴 노력이 뒷받침되기 때문인 것이다.

물론 일본의 정치 세계 역시 네마와시 시스템이 가동되고 있는 대표적인 영역이다. 막후에서의 의견 조율은 일본정치의 전통이자 공공연한 사실이다. 파벌이 좌지우지하는 일본 정치의 한 가운데에 물밑 접촉을 통한 막후정치가 존재하고 있는 것이다. 그러나 이러한 의사결정 과정은 국민이 확인할 수 없는 곳에서 주요 정책이 결정된다는 치명적인 문제점을 안고 있다. 민주주의와 거리감을 느낀다는 비난을 일본정치가 면하지 못하고 있는 이유가 바로 여기에 있는지도 모르겠다.

7장 대중스포츠의 역사적 의의

1 야구장 모래를 가져가는 선수들

일본 남자 아이들에게 커서 너는 뭐가 되고 싶니? 라고 물으면 야구선수 혹은 축구선수라고 대답한다. 실제 장래희망을 묻는 설문조사 결과에서도 전체 응답자의 약 15% 가량이 야구선수가 되겠다고 답했다(2004년 일본 제일생명보험이 1천 명의 보육원생, 유치원생, 초등학생에게 실시한 설문조사 결과 야구선수 15.5%, 축구선수 10.7%, 학자/박사 5.4% 순으로 나타남). 일본에서 과거 몇 십 년 동안 야구선수가 되겠다는 어린이들의 꿈은 변함없이 유지되었다. 그 이유는 당대를 풍미하며 대중의 마음을 사로잡았던 프로야구 스타들의 탄생과 무관하지 않다. 우리에게는 왕정치로 널리 알려진 중국계 일본인 홈런왕 오사다하루(王貞治)는 '미스터 자이언츠'라는 별칭을 갖고 있으며, 오사다하루와 함께 일본시리즈 9연패라는 위업을 달성한 요미우리 자이언트 팀의 나가시마 시게오(長島茂雄), 세계 도루 신기록을 달성한 후쿠모토 유타카(福本豊), 2130 시합 연속출장 기록을 깨뜨린 철인 기누사와 사치오(衣笠祥雄) 등이 일본 프로야구를 대표하는 스타들이다.

우리나라에서 프로야구가 출범한 것은 1981년 봄이다. 스포츠 공화국으로까지 불렸던 당시 군사독재정권은 국민의 관심을 정치에서 멀어지게 하기 위해 프로야구를 대중 앞에 선보였다. 민주화 실현에 낙담한 대다수 국민들은 그 새로운 뜻밖의 돌파구 제공에 적극적인 호응을 보냈고 선풍적인 인기몰이를 하며 프로야구가 급성장하는 계기를 마련했다.

한편 일본에서 전일본직업야구연맹이 발족되어 7개 구단을 시작으로 프로리그를 출범시킨 것은 1936년이다. 프로야구의 역사가 우리보다 무려 45년이나 앞서있다. 긴 역사만큼이나 운영과 실적이 우리보다 낫다는 평가를 받는다. 그러나 일본 역시 프로리그 운영 경험이 전혀 없던 창설 당시 미국으로부터 기술과 운영 관련 지식을 배웠다.

고교야구팀

1931년 일본을 방문한 미국 야구 선발팀은

도쿄의 6대 대학선발팀과 경기를 벌였고, 그 과정에서 일본에서도 프로야구의 필요성이 대두되었다. 그 이듬해 학생들이 즐기는 스포츠였던 아마추어 팀과는 판이하게 다른 대일본동경클럽(大日本東京俱樂部, 현재의 요미우리 자이언트 팀)이라는 프로팀이 처음으로 탄생하게 된다. 그 후 미국의 프로리그를 배우는 과정을 거치면서 1936년 비로소 프로리그가 만들어진다.

센트럴리그와 퍼시픽리그의 양대 리그로 나뉘어져 각 리그의 6개 팀이 경쟁하는 현재 일본의 프로야구의 모습을 갖추게 된 것은 1949년부터이다. 실제 이 당시부터가 명실 공히 일본프로야구가 대중스포츠의 꽃으로 부각하는 시기로 볼 수 있다. 일본의 5, 60년내 고도경제성장을 이끌며 밤낮없이 일에 몰두했던 국민들이 한때나마 마음을 놓고 여가를 즐길 수 있는 안식처가 바로 프로야구 관전이었다. 특히 연고지의 팬들이 보내는 성원과 응원이 성공의 밑거름이 되었다고 볼 수 있다.

그 중에서도 도쿄를 연고지로 하고 있는 요미우리 자이언트 팀은 그 성장과정과 국민적 대우가 특별하다. 일본에서 통칭 교진군(巨人軍)으로 불리며 전폭적인 지지를 받고 있다. 수 없이 많은 스타선수를 배출하면서 5, 60년대에는 일본시리즈 우승을 독식하다시피 했다. 특히 1953년 구단주였던 요미우리 신문사가 일본 최초의 민간 상업 방송인 '일본TV'를 개국하면서 연고지를 벗어나 생생한 선수들의 활약상을 일본전역에 그대로 전달할 수 있게 되었다. TV보급

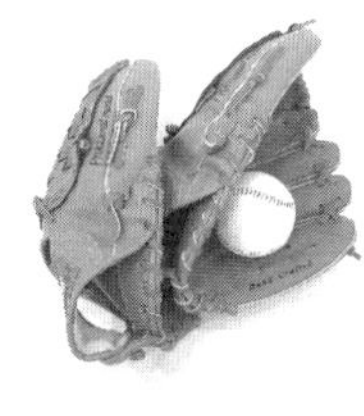

이 전국적으로 확산되면서 일본열도를 움직이는 교진군의 활약상은 대중의 시선을 TV 앞으로 끌어 모으기에 충분했다.

일본의 야구는 프로뿐 아니라 고교야구에 대한 국민적 성원이 뜨겁기로 유명하다. 봄과 여름에 두 차례 열리는 전국고교야구대회는 90년에 가까운 역사를 가지고 있으며, 평균 90여개의 고교 팀이 참가하는 치열한 지역 예선에서 우승을 해야 본선 시합에 참여할 수 있다. TV 중계를 통해 현장의 뜨거운 열기는 해당고교의 절도 있는 응원과 함께 그대로 전국에 전해진다. 정교하게 가다듬은 선수들의 멋진 플레이로 감동을 받을 수 있는 프로와는 달리 조금은 어설프지만 승패를 뛰어넘어 최선을 다하는 젊은 패기에 일본 국민은 아낌없는 박수를 보낸다.

프로야구로 가는 디딤돌이 되기도 하고 미래 야구스타를 미리 만나볼 수 있는 이 감동의 무대는 매년 효고(兵庫)현 니시노미야시(西宮市)에 있는 코우시엔(甲子園)이라는 야구장에서 펼쳐진다. 늘어나는 관중을 수용하기 위해 건설한 코우시엔 야구장이 완공된 것이 다이쇼우(大正) 13년(1924년)이었으며, 그 해가 십간(十干)과 십이지(十二支)의 각각 처음에 해당하는 갑(甲)과 자(子)가 60년 만에 만나는 운수 좋은 해였다. 그래서 야구장 일대를 코우시엔이라고 하고 야구장도 코우시엔 구장이라는 이름을 붙였다고 한다.

코우시엔에서 펼쳐지는 고교야구를 보고 있으면 경기가 끝나고 또 하나 진풍경이 연출된다. 경기에 승리하지 못하고 마지막 코우시엔 무대가 되는 진 팀은 양 팀 간의 인사가 끝나고 벤치로 돌아오는 길에 그라운드의 모래를 한줌 손으로 모아 주머니에 담는다. 1949년 준준결승전에서 3회 연속 우승을 목표로 하고 출전한 후쿠오카(福岡)현의 코쿠라키타(小倉北) 고교가 패하자 팀의 에이스였던 후쿠시마 카즈오(福島一雄) 선수가 홈베이스의 모래를 뒷주머니에 담았다. 이것이 '코우시엔 모래'의 유래이다. 치열한 지역예선에서 우승하여 코우시엔의 흙을 밟아본 것은 졸업 후 자랑스럽고 명예로운 훈장으로 남아 성인이 되어 가령 야구선수가 아닌 인생을 살더라도 어디에서나 훌륭한 자랑거리가 된다.

2 뒤 늦게 불붙은 일본 축구

야구에 비하면 일본에서 축구는 그 시작이 무척이나 느렸다. 프로축구가 생기기 전 일본 축구는 세계무대에서는 물론 아시아에서조차 두려운 상대가 아니었다. 우리나라 축구가 1986년 멕시코, 1990년 이탈리아 월드컵에 연이어 출전하는 동안 일본은 아시아 예선의 벽을 넘지 못했다. 멕시코 월드컵 아시아 최종 예선에서 맞붙은 한일 축구에서는 한국이 2승 모두를 챙겼고, 이탈리아 월드컵 아시아 예선에서는 한국이 2시합이나 남겨둔 상태에서 본선진출

티켓을 따낸 반면 일본은 1차 아시아 예선에서 탈락하는 수모를 겪었다. 이렇듯 일본과 축구는 전혀 인연이 없는 듯 했다. 그러나 1992년과 1993년을 기점으로 일본 축구에 대변혁이 일어난다.

그 첫 번째 변화는 1993년에 출범한 프로축구 J리그(Japan Professional Football League)의 탄생이다. 개막 당시 총 10개 팀으로 구성되었던 것이 1999년에 1부 리그(J1, 총 16팀)와 2부 리그(J2, 총 12팀)로 나뉘어졌다. 매 시즌 최종성적을 기준으로 1부 리그 하위 2개 팀과 2부 리그 상위 2개 팀이 1부 리그 쟁탈과 고수를 놓고 한 판 승부를 펼친다. 이 시합을 이레가에센(入れ替え戦)이라고 하는데 시즌 우승을 가리는 경기보다 더 뜨겁게 경기장을 달구는 경우가 많다.

두 번째 변화는 1992년에 일본 축구 역사상 처음으로 네덜란드 국적을 가진 외국인 감독 한스 오프트가 부임한 것이다. 그의 지도력은 우리나라 축구를 세계 4강으로 이끌었던 히딩크 감독을 연상하게 한다. 탁월한 리더십을 발휘하면서 일본 축구를 국제 대회에서 몇 단계 격상시키는 데 성공했다는 평가를 받고 있다.

울트라스 닛폰

세 번째 변화는 우리나라의 붉은 악마와 같은 '울트라스 닛폰'이라는 응원단이 1992년에 만들어진 것을 꼽을 수 있다. 이러한 일련의 변화가 일본 축구

의 역사를 다시 쓰게 했다. FIFA랭킹에서 항상 우리나라보다 위에 모습을 드러내고 있는 일본 축구는 이렇듯 불과 십 수 년 사이에 만들어진 쾌거라 할 수 있다. 일본 국민들의 성원과 매스컴 등 관련 시장으로부터의 적극적인 지원이 기적에 가까운 축구 역사를 달성하는 데 크게 한 몫을 했다고 볼 수 있다.

미국을 따라잡기 위해 서둘러 프로야구를 출범시켰던 것과 같이 일본 축구는 유럽과 남미 축구를 겨냥하며 성장했고 지금도 그 목표는 변함이 없어 보인다. 1990년대 중반부터 두각을 나타내기 시작한 일본축구는 사실 그 이전인 1970년대와 1980년대 이미 준비가 진행된 당연한 결과라고 할 수 있다.

1970년대 전차부대 독일 축구를 적극 모방하며 도입했고, 1980년대에는 남미축구를 받아들이기 위해 어린 축구재목들이 브라질로 축구유학을 떠났다. 유학에서 돌아온 선수들은 새롭게 출범한 일본 프로리그에서 프로의 기질을 가다듬으며 국민적 스타로 등장하게 된다. 그 대표 격이 미우라 가즈요시(三浦知良)선수다. 일본 프로축구 원년부터 축구계의 스타로 대중적인 인기를 한 몸에 받으며 일본 축구를 세계에 알리는 데 크게 공헌한 선수로 평가된다. 당시 최고의 몸값을 받으며 일본 프로축구를 이끌었던 미우라 가즈요시 선수는 인기 절정의 연예인과 결혼을 발표하며 대중적 스타에서 일본 젊은이들의 우상으로 떠오른다. 그 동안 프로야구에서만 볼 수 있었던 국민적 스타선수가 처음으로 프로축구에서도 만들어지는 순간이었다.

한편 1996년에 우여곡절 끝에 결정된 월드컵 한일 공동 개최 역시 축구가 일본에서 야구와 필적할 만한 대중적인 사랑을 받게 되는 데 중요한 역할을 했다고 볼 수 있다. 또한 월드컵 공동 개최는 일본 국내에서 축구 붐을 조성하는 데 일익을 담당했을 뿐 아니라 한일 양국 간의 스포츠 외교에도 지대한 공헌을 했다. 복잡한 한일 간의 현안문제들을 잠시 뒤로 미루고 축구에 몰두하는 시간을 양국이 가졌음은 물론이고 양국 국민들이 보여준 상대를 배려하는 마음에서 나온 세련된 응원모습은 한일 간에는 우호적 관계만 있을 뿐 문제는 전혀 없는 것과 같은 착각에 빠지게까지 했었다.

한국 대표 팀 응원단 '붉은 악마'는 '울트라스 닛폰'보다 5년 늦은 1997년에 창단되었지만, 그 해 응원은 일본 국민을 감동시키기에 충분했다. 월드컵 공동 개최가 결정된 이듬해였던 1997년 프랑스 월드컵 아시아 최종 예선 경기장에서 'Lets Go to France Together'라는 플래카드를 들어 보였다. 일본에서 프랑스로 같이 가자고 손을 내밀었다. 이러한 붉은 악마의 응원모습은 양국 국민 모두에게 공동으로 개최하는 월드컵이 성공리에 끝날 것임을 확신시켜 주었다. 이에 대한 화답은 5년 뒤 한국 축구가 월드컵 준결승에 진출했을 때 일본이 보여준 열화와 같은 응원으로 나타났고 한국은 물론 세계를 놀라게 했었다. 준준결승에서 일본이 탈락하지 않고 한국과 경기를 했다면 다른 양상이 연출되었겠지만.

!? 3 골프월드컵과 인연이 깊은 일본

대중적 스포츠라고 하기는 아직 거리감이 있지만 일본에서 골프는 누구나 쉽게 접할 수 있는 환경이 마련되어 있다. 주택가 주변에 저렴한 골프연습장이 많고 전국에 천 여 개에 이르는 골프장이 있다. 그런데 대부분 골프를 즐기는 것은 성인남자라는 특징이 있는데 이는 직장에서 접대를 위한 골프가 성행하고 있기 때문이다. 주택가 주변 골프 연습장에 가봐도 거의 모든 골퍼가 남자이다.

물론 우리나라보다는 못하지만 세계를 무대로 활약하는 일본의 여자 프로골퍼도 있다. 일본의 관광객들에게 바다를 배경으로 펼쳐지는 골프장과 저렴한 가격 때문에 제주도 골프장이 성행한 적이 있으나 최근에는 예전만 못하다고 한다. 오히려 요즘에는 우리나라 골퍼들이 가격측면에서 동남아와 크게 차이가 나지 않는 일본의 골프장을 많이 찾는다.

일본에 처음으로 골프장이 만들어진 것은 1903년 5월 4일이다. 일본최초의 골프장인 고우베(神戸)골프클럽은 롯코우(六甲)산 정상 부근에 영국인 아더하스키그룬(Arthur Hasketh Groom)에 의해 만들어졌다. 1979년 일본골프협회가 창립 55주년을 기념하여 만든 골프박물관에 가면 2,000점이 넘는 물품과 함께 일본 골프 역사를 한눈에 볼 수 있다. 특히 당시 아더하스키그룬이 애용하던 물품에는 부인이 일본인이었던 관계로 영국과 일본의 우호적인 관계를 엿볼 수 있는 백 년 넘은 귀중한 것들이 많다. 또 최초의 골프장과 관련 있는 눈에 띄는 것으로는 골프장까지 이동하기 위해 만들어진 가마 형태의 타는 기구이다. 고우베골프클럽은 롯코우 산의 산기슭을 타고 2시간 동안 걸어야 갈 수 있는 곳에 위치하고 있었다. 그래서 골프장까지 가기 위한 이동식 가마를 만들어 놓고 골프를 치러오는 외국인을 맞았다. 이러한 진풍경은 당시 신문을 통해 여러 차례 보도되기도 할 정도였다.

이렇듯 일본사람들에게는 익숙하지 않았던 골프가 국민들의 관심을 끌기 시작한 것은 1957년부터이다. 이해 사이타마(埼玉)현에 위치한 가스미가세키 컨트리클럽에서 개최되었던 제5회 캐나다컵(지금의 월드컵)에서 일본 선수가 개인전과 단체전을 모두 우승하는 이변을 연출했다. 국가대항전으로 펼쳐지는 당시 캐나다컵은 골프의 올림픽 대회라고 할 수 있었으며 이 대회를 계기로 세계 골프계가 일본을 주목하기 시작했고 일본에서는 골프에 대한 국민적 관심이 고조되기 시작했다.

그 이후 일본에서는 고도경제성장과 더불어 전국에 걸쳐 골프장이 연이어 만들어지고 기업들은 사업상 골프를 활용하는 건수가 늘어나게 되었다. 그래서 지금도 일본의 골프는 기업 간에 이루어지는 접대를 위한 비즈니스와 절대적인 관계에 있다고 볼 수 있다. 과거에 비해 가격이 저렴해지기는 했으나 아직도 일반서민들이 자비를 들여가며 즐기기에는 거리가 멀다.

메이저급 골프대회에서 선전하는 우리나라 여자선수들을 부러운 눈으로 바라보던 일본이 2005년 초 새로운 스타를 만나 일본 열도가 들썩였다. 조그만 체구의 여자 골퍼 미야자토 아이(宮里藍)가 제1회 여자월드컵 골프대회에서 우승을 이끌어 냈기 때문이었다. 더욱이 같이 출전했던 동료선수가 9오버파로 고전하는 사이 애칭 '아이짱'은 데일리베스트인 6언더파를 몰아쳐서 더욱 그녀의 활약이 빛났다. 155cm에 54kg의 가냘픈 체구에서 나오는 괴력에 가까운 드라이버샷에 일본국민은 열광했고 그녀가 나오는 경기의 TV시청률은 10%를 넘어섰다. 일본에서 골프의 붐을 알렸던 대회 역시 월드컵대회(당시는 캐나다컵)였는데 일본은 골프에 있어서는 월드컵대회와 인연이 깊은 모양이다.

다테마에建て前와 혼네本音

우리나라 사람들이 일본사람들의 행동양식을 설명할 때 가장 대표적으로 인용하는 것이 다테마에(建て前)와 혼네(本音)라는 서로 상반되는 의미를 가진 표현이다. 다테마에는 겉으로 들어나는 극히 형식적이고 원칙적인 말과 행동을 뜻한다. 반대로 혼네는 진정한 마음을 담은 본심으로 생각하고 느낀 그대로의 마음으로 풀어볼 수 있다. 이러한 일본인의 의식구조를 일본인 자신들은 흔히 공적(公的)인 행동이 사적(私的)인 관계와 대립하는 것을 표현하는 오모테(表)와 우라(裏)와 유사하다고 설명한다. 이런 이야기를 들으면 표리부동이라는 사자성어가 생각나면서 일본인의 다테마에와 혼네는 결코 좋은 의미로 쓰일 수 없다는 것을 인식하게 된다. 그래서 일본사람들은 겉과 속이 달라 대하기 어렵다고들 한다.

사실 다테마에와 혼네는 외국인에 의한 일본연구의 지침서가 되어있는 미국의 인류학자 루스 베네딕트가 쓴 '국화와 칼'에서도 찾아 볼 수 있다. 베네딕트는 한편으로는 국화 재배의 비술(秘術)을 키우면서 다른 한편으로는 칼을 숭배하는 일본인의 양면성을 국화와 칼에 빗대어 설명했다. 이러한 일본사람의 양면성을 서구인들이 쉽게 이해할 수 없었던 것이다. 매우 절제되고 겸손한 행동양식을 지니고 있는 국민이 동시에 칼을 숭배하며 무사에게 최고의 영예를 돌리는 호전성을 나타낸다는 사실은 결코 이해하기 쉽지 않다. 하지만 베네딕트는 그러한 양면성이 모순된 것이 아니라는 것을 밝히고 이를 근거로 일본 문화의 패턴을 이해하려고 했다.

일본의 전통적인 사회규범은 원만한 인간관계와 집단의 단결을 강조해 왔다. 자기주장은 최대한 억제하면서 개인은 집단내의 대립을 피하기 위해 자신의 욕구와 감정을 희생해야 한다는 것이다. 사회규범은 절대적으로 필요한 것으로 인식되면서 일본인은 어릴 때부터 다테마에를 정면으로 거역해서는 안 된다고 교육을 받는다. 그 결과 많은 경우 상대의 진정한 마음과 의도를 파악하기 어려워진다. 그러나 일본인들 사이에서 이러한 의식구조는 원만한 인간관계를 형성하는 데 중요한 역할을 하고 있다. 진심을 털어 놓아 상대의 마음에 상처를 주기 보다는 표면적인 원칙만을 강조하는 쪽을 택한다. 오랜 기간 동안 자신의 의견을 강하게 주장하지 않는 것을 미덕으로 여겨왔기 때문이다.

그래서 일본사람들은 싫어도 싫다고 분명히 이야기하지 않는다는 비난을 종종 받는다. 특히 이질적인 문화의 융화가 절실히 요구되는 국제무대에서 더욱 그렇다. 노(NO)라고 확실하게 말하지 않는 것이다. 상대의 부탁에 대해 사실은 거절할 생각을 가지고 있더라도 그 자리에서는 단호히 거절하지 못하고 '마에무키니강가에마스(前向きに考えます、적극적으로 검토하겠습니다)'라고 한다. 그러나 이러한 답변은 거절을 뜻하는 경우가 대부분이다. 이러한 사례는 같은 일본사람들끼리라면 상대의 표정과 말투 등으로 어느 정도 예측이 가능하지만, 외국인은 반대의

해석을 하는 것이 일반적일 것이다.

이렇듯 기대를 했다가 나중에 거절당하면 배신감마저 느끼는 경우도 종종 발생한다. 이는 항시적으로 상대의 입장을 고려하여 관계를 유지하려고 하는 일본사람의 대인관계의 습관에 그 이유가 있을 수 있으나, 국제적으로 통용되기는 어려워 보인다. 다행스럽게도 국제적인 활동을 하는 데 어려움을 초래하는 경우가 많은 이런 일본인의 행동양식은 점차 일본이 국제화되면서 변하고 있다. 그 상징적인 사례를 80년 대 후반에 나온 한 권의 책에서 찾아 볼 수 있다.

1989년 초에 현재 도쿄도(東京都) 도지사인 이시하라 신타로(石原慎太郎)와 소니 회장이었던 모리타 아키오(盛田昭夫)가 같이 쓴 '노(NO)라고 할 수 있는 일본'이라는 책이 300만부 이상 팔렸었다. 그 동안의 미일관계에서 약한 모습만을 보였던 일본이 이제는 큰 목소리로 '아니다'라고 강하게 이야기할 때가 되었다는 내용을 담고 있다. 물론 당시는 일본경제가 세계적으로 주목을 받으며 전 세계의 자본이 일본으로 집중되고 일본이 가진 자본력에 세계의 이목이 쏠렸던 때이다.

이러한 상황이 일본의 자신감을 한층 더 부추겼다고 볼 수 있다. 특히 모리타 회장은 본인은 비즈니스를 하면서 줄곧 필요하다고 생각하면 분명하게 노(NO)라고 말했다고 하면서, 일본 정부는 특히 미국과의 관계에서 분명한 태도를 보이지 않고 있고, 일본 국민 역시 그러한 성향이 강해 여기서 하루 빨리 벗어나야 한다고 강하게 경고하고 있다. 이렇듯 혼네를 감추는 것이 국제사회에서는 통용되기 어렵고 이해받기 어려운 것이라는 것을 느끼며 일본은 변하고 있는 것이다.

8장 예절과 무례의 차이

1 배은망덕한 사람

인사는 세계 공통의 행동양식이지만 그 방법은 나라마다 차이를 보인다. 일본에서 가장 보편적인 인사법은 오지기(お辞儀, 허리를 굽히며 하는 인사)로, 상대가 누군가와 자신의 마음에 따라 허리를 구부리는 각도가 달라진다. 태국에서는 합장을 하고 폴리네시아와 같이 코를 인사하는데 사용하는 지역도 있다.

촌락을 형성하고 있었던 오래 전부터 일본 사람들은 동네 어귀에서 마주치는 사람이 전혀 모르는 사람일지라도 말을 걸었다고 한다. 인사를 못하는 것은 수치로 여겼다. 지금도 비즈니스 세계에서는 물론 친척과 지역주민과의 관계에 있어서도 이러한 경향에 큰 변화는 없는 듯하다. 대인관계의 윤활유 역할을 하는 것이 바로 인사라고 할 수 있다.

일본에서 아침 인사로 쓰이는 오하요우(おはよう)는 오하야쿠카라 고쿠로사마데 고자이마스(お早くからご苦労様でございます, 이른 시간부터 수고가 많습니다)라는 말을 줄인 것으로 아침부터 일을 하는 사람에 대한 위로이자 배려의 말이다. 곤니치와(こんにちは)는 쿄우와 고키겡 이카가데스카(今日はご機嫌いかがですか, 오늘은 기분이 어떠세요)를 줄인 말로 낮에 처음으로 만난 사람의 상태와 심경을 염려하는 말이다. 그리고 저녁 인사말인 곤방와(こんばんは)는 곤방와 요이방데스네(今晩は良い晩ですね, 오늘 저녁은 좋은 저녁이네요)에서 나온 말로 알려져 있다. 때에 따라 바뀌는 이러한 인사말이 일본에서 언제부터 쓰였는지는 정확하지 않지만, 에도(江戸)시대 서적에서 이러한 표기들이 보이기 시작한다.

한편 아는 사람 집을 방문하는 일본사람은 대부분 선물을 사 간다. 집에 도착해서 그 선물을 건네면서 하는 인사말이 참 독특하다. 고레와 마코도니 쯔마라나이 모노데스가(これはまことにつまらないものですが)라고 하는데 여기서 '쯔마라나이'라는 말은 하찮다, 시시하다는 뜻이다. 즉 "이거 정말 시시한 건데요"라고 하며 말끝을 흐리는 것이다. 사양과 겸양에 익숙한 동양적 문화권에서는 익숙한 표현일지 모르지만, 서양적 사고방식으로 다른 생각을 할 수도 있을

것 같다. 시시한 것 말고 더 좋은 것을 가져오면 될 것을.

그렇다면 왜 일본사람들은 이런 경우 '쯔마라나이'라는 표현을 쓰는 것일까? 일본사람 대부분은 다른 사람에게 무엇인가 호의를 받으면 언젠가 반드시 보답해야 한다고 생각한다. 그래서 일본사람들은 언젠가 호의를 받은 적이 있다면 그 다음에 만났을 때 그때 일을 반드시 화제로 삼는다. 그러면서 센지츠와 아리가토 고자이마시타(先日はありがとうございます, 일전에 감사했습니다)라고 예의를 표한다. 만약 이 예의표시를 잊는다면 온시라즈(恩知らず, 배은망덕한 사람)라고 생각한다. 그리고 예의 바른 인사말만 하는 것이 아니라 그 호의에 상당하는 답례를 하려고 한다.

이런 습관이 있으면 일본 사람은 다른 사람 집에 선물을 가져가기 어려워진다. 즉 상대에게 '이번에는 당신이 가지고 오셔야 합니다'라고 말하는 것과 다를 것이 없기 때문이다. 그래서 선물을 가져갈 때는 "이건 하찮고 시시한 것이므로 당신은 나에게 답례를 하려고 생각하지 않아도 됩니다"라는 말을 하고 싶어지는 것이다. 따라서 "이건 시시한 건데요"라고 하는 것은 "이것에 대한 답례 걱정은 하지 않아도 됩니다"라는 말을 대신하는 것이다.

그리고 다른 사람에게 음식을 대접할 때도 "난니모 고자이마셍가 메시아갓데 구다사이(何にもございませんが召し上がってください, 아무것도 없습니다만, 드십시오)"라고 한다. 만약 정말 아무것도 없다면 먹을 수 없을 것이다. 이렇게 표현하는 것은 "이것을 드시더라도

안 드신 것으로 생각해 주세요"라는 의미로 말하는 것이다. 따라서 선물을 건네 줄 때 "이것은 시시하고 하찮은 것이다"라고 말하는 것과 똑 같다고 할 수 있다.

또한 일본 사람들은 오랜만에 만난 사람에게 센지츠와 시츠레이 이타시마시다(先日は失礼いたしました, 일전에 실례했습니다)라고 하는 사람이 적지 않다. 이런 말을 들으면 분명히 지난번에 이 사람을 만났지만 그때 나에게 나쁜 행동을 한 기억이 전혀 없는데 왜 실례했다고 하는지 궁금해진다. 혹시 내가 모르는 사이에 나에게 해가 되는 일을 한 것은 아닌지 걱정이 되기도 한다.

그러나 실제는 그런 걱정을 전혀 할 필요가 없다. 왜냐하면 대부분의 일본 사람들은 다음과 같이 생각하기 때문이다. 일전에 내가 저 사람을 만났을 때 나쁜 짓을 한 기억이 전혀 없다. 그렇지만 나도 모르는 부주의로 저 사람에게 폐를 끼쳤을지도 모른다. 그렇다면 지금 사과하지 않으면 안 된다.

!? 2 무릎을 꿇고 앉아야 바른 자세

바르게(正) 앉는다(座)라는 한자표기를 써 일본어로 세이자(正座, せいざ)라고 읽는다. 세이자란 무릎을 꿇고 앉는 것을 말한다. 즉

일본에서는 무릎을 꿇고 앉아야 바르게 앉는 것이 된다. 현대 일본인의 일반적인 생활 속에서 세이자는 예의범절을 바르게 하기 위해 사용되지만, 기예를 익히거나 무도를 배울 때는 심신을 단련하는 훈련의 출발점이 되기도 한다. 무릎을 꿇고 앉는 자세를 유지함으로써 복근과 허리를 튼튼하게 하고, 어깨의 힘을 빼고 천천히 호흡하면 정신통일이 되어 마음의 안정을 취할 수 있게 된다고 일본사람들은 말한다.

세이자는 오래 전부터 일본 국민들의 바르게 앉는 자세로 보급된 것은 아니었다. 과거 일본 사람은 시대와 신분, 입는 옷, 앉는 장소에 따라 여러 다양한 앉는 방법이 있었고 그러한 각각의 앉는 자세가 모두 바른 것으로 전해져 왔다. 지금의 세이자는 원래 가시코마루(畏まる, 삼가 명령을 받들다)라고 불리며, 사찰과 신사에서 신을 앞에 두고 앉을 때 혹은 다도에서 쓰였고 특히 주군 앞에서 가신들이 앉는 모습이었다. 이렇듯 일부의 경우에만 사용되었던 세이자가 언제부터 일반적으로 보편화되기 시작했는지 정확한 근거를 찾기는 어렵지만, 여러 관련 논문들에 의하면 에도(江戸)중기 정도로 추정해 볼 수 있다고 한다.

그 후 메이지(明治) 시대에 들어와 학교의 교과서에 바르게 앉는 자세로 세이자가 등장하면서 정부에서도 권장하기 시작했다. 쇼와(昭和)시대 중기까지 대부분의 일반가정에 타다미(畳, 속에 짚을 넣은 돗자리)가 깔려있었고 차부타이(ちゃぶ台, 다리가 낮은 밥상)가 있었기

때문에 자주 바닥에 앉아야 하는 환경에서 생활하고 있었다고 할 수 있다. 그러나 지금은 의자에 앉는 습관이 늘면서 세이자는 상대적으로 줄어들고 있다.

세이자는 장시간 계속하면 다리의 혈액 순환이 어려워져 일어날 때 힘든 것이 사실이지만, 엄지발가락을 조금 겹치게 하고 발뒤꿈치에 엉덩이를 올리지 않은 상태에서 발바닥을 자연스럽게 눕히면 발이 저리는 것을 조금은 완화시킬 수 있다고 한다.

한편 일본에서는 누가 어디에 앉아야 하는가에 대해서도 명확한 명칭과 이유가 있다. 방안에서 윗사람과 손님이 앉는 자리를 가미자(上座)라고 하고 아랫사람과 접대하는 측이 앉는 자리를 시모자(下座)라고 한다. 일반적으로 이러한 좌석은 도코노마(床の間, 일본식 방에 바닥을 한층 높게 만든 곳)와 출입구를 기준으로 정해지는데 출입구에 가까운 곳이 시모자가 되고 먼 곳이 가미자가 된다. 출입구 가까이에 시모자를 두는 것은 왕래가 잦은 곳에 손님을 앉히지 않겠다는 상대에 대한 배려에서 오는 것이다.

그리고 도코노마 가까운 곳이 가미자가 되는데, 여기에는 특별한 이유가 있다. 방 안쪽에 높이를 달리해서 만드는 도코노마는 원래 서원(書院)을 만들 때 주로 사용했다고 한다. 서원은 무로마치(室町) 시대에 그때까지의 침전(寢殿)이 바뀌면서 보급되었으며, 도코노마를 만드는 건축양식을 무사들이 자기 집에 활용하면서 대중화의 계기를 마련했다. 도코노마에는 미츠구소쿠(三具足, 불전에 공양하는 향노, 화병, 촛대를 말함)를 놓고 벽에는 불화(仏画)를 걸었다. 도코노마는 불화를 거는 신성한 장소였기 때문에 방 가장 안쪽으로 출입구에서 먼 곳에 위치했다. 이 신성한 장소 가까이에 신분이 높고 소중한 사람을 앉히는 것은 극히 자연스럽게 일반 대중에게 퍼졌다.

그러나 사실 이러한 상석에 대한 개념은 상황에 따라 바뀌기도 한다. 요즘은 가미자가 경우에 따라서는 더 좋지 않은 자리에 배치되는 경우가 있기 때문이다. 가령 빛이 강하게 비춘다든지 에어컨 바람이 직접 닿는 경우에는 무리해서 가미자를 고집하지 않는 것이 예의가 된다. 가령 밖의 경치를 잘 볼 수 있는 곳이 출입구 가까이에 있다면 상대에게 그 자리를 권하는 것도 예의에 어긋나는 것이 아니다.

!? 3 읽기 어려운 이름

명함은 전 세계적으로 널리 활용되는 것으로 비즈니스를 할 때 필요한 신분증명서라 할 수 있다. 따라서 그 역사 역시 각 나라별로 차이가 있을 것이다.

가장 오래된 역사로 기록되어 있는 것은 중국의 명함이다. 당나라 때 문헌에 나무와 대나무로 만든 명함이 있었다는 기록이 남아있다. 명함을 일본어로는 메이시(名刺)라고 하는데 이 한자는 중국 고어에서 온 말로, 이름(名)을 쓴 대나무 패를 찌르다(刺)에서 유래되었다. 방문한 곳에 아무도 없을 때 문 틈새에 이름을 쓴 대나무 패를 끼워놓아 방문했음을 알렸기 때문이다.

일본에서 명함이 쓰이기 시작한 것은 에도(江戶)시대부터이다. 일본 전통 종이에 먹으로 이름을 써 중국에서 유래된 것과 같은 용도로 쓰였다. 에도(江戶) 말기에는 목판으로 인쇄된 명함이 사용되기 시작했고 일본을 찾은 외국인과 교류할 때 이용되었다. 그 후 메이지(明治)초기에는 상류계층 간에 교류하는 도구로 활용되었다.

물론 명함은 일본만이 가지고 있는 특색은 아니지만 명함을 주고받는데 있어 몇 가지 일본 사람만의 습관을 관찰해 볼 수 있다. 먼저 반드시 두 손으로 정중하게 상대에게 건네며 받은 명함은 소중하게 다룬다. 다른 일부 국가에서는 받은 명함에 그 자리에서 메모를 하는 사람도 있고 받자마자 바로 지갑에 넣는 사람도 있으나 일본 사람들은 그런 행동은 하지 않는다. 그리고 아랫사람이 윗사람에게 먼저 건네는 것이 예의다. 단, 방문을 했을 경우에는 실례한다는 의미를 담아 방문하는 사람이 먼저 명함을 주어야 한다. 장례식장에서 명함을 줄 때는 오른쪽 위에 조(弔)나 근조(謹弔)라고 쓰고 왼쪽 밑의 모서리를 조금 접는다. 경사의 경우는 오른쪽 위에 어축(御祝) 혹은 어연하(御年賀)라고 쓰고 모서리를 접지는 않는다.

한편 일본 사람들이 명함을 널리 활용하는 데는 몇 가지 이유가

있다. 먼저 한자로 표시하는 일본 사람들의 이름에는 동음이의어가 많아 듣기만 해서는 어떤 한자를 쓰는지 알 수 없다. 물론 이런 현상은 우리나라도 비슷하겠지만, 한자이름을 당연하게 써야 하는 일본에서는 상대 이름의 한자표기를 모르면 여러 가지로 불편한 점이 많다. 그래서 문자로 쓰인 명함이 매우 편리하게 활용된다. 예를 들어 상대의 성씨와 이름이 나가이(ナガイ) 히로시(ヒロシ)라고 하더라도, 나가이로 읽히는 성씨에는 永井, 長井, 長居가 있고, 히로시라는 이름으로 쓰일 수 있는 한자는 博, 浩, 宏, 弘 등이 있다. 따라서 성씨와 이름을 어떻게 조합해야 하는지 듣기만해서는 절대 알 수 없는 것이 일본사람들의 이름이다.

일본의 명함들

그리고 일본 회사에서는 우리와 비슷하게 상대를 직함으로 부르는 습관이 있다. 자신이 속해있는 회사 안에서 뿐 아니라 거래 회사 사람도 직함 그대로 '사장'이라든지 '과장'이라고 부른다. 가령 이름만 있는 명함이라면 상대의 직함을 알 수가 없다. 직접 물어보는 것은 주저하게 되고 묻지도 않았는데 자기가 자기 직함을 말하는 것도 자연스럽지 못하다. 따라서 회사이름과 직함이 쓰인 명함을 서로 교환할 필요성이 생기는 것이다.

직함으로 불리는 문화를 보면 일본 사회 역시 종적인 사회 구조로 되어 있고 분명한 상하관계가 유지되고 있음을 쉽게 짐작할 수

있을 것이다. 미국회사에서처럼 first name으로 비즈니스 상대를 부르는 일은 일본에서는 절대 있을 수 없다. 반드시 직함 혹은 성씨를 앞에 붙여 ~~상(さん, 씨)이라고 호칭해야 한다. 일반 가정에서도 아나타(あなた, 당신)라든지 상대의 이름을 불렀던 부부가 자녀가 생기면 부인은 남편을 오토우상(お父さん, 아버지) 남편은 부인을 오카아상(お母さん, 어머니)이라고 부르며 그간의 호칭을 바꾼다. 즉 각각의 커뮤니티에서 수행하는 역할로 상대를 부르게 되는 것이다.

비언어非言語 커뮤니케이션

일본사회에서는 의식적이든 무의식적이든 몸에 배어있는 예의나 동작이 사회구성원간의 의사소통에 중요한 역할을 한다. 이러한 경향은 다민족 혹은 이민사회로 구성되는 국가에서는 상대적으로 적게 나타나는 특징일 것이다. 서로 주고받는 눈짓 혹은 몸짓과 같은 행위가 서로 주고받는 언어 그 이상으로 의사전달의 중요한 수단으로 활용되는 것이다. 일본인으로써 서로 같이 동질적인 문화를 공유하고 있다는 것이 이를 가능하게 하고 있다는 것에 반론을 제기하기는 어려워 보인다. 가정에서 사회에 이르는 폭 넓은 인간관계를 통해 상대가 전하고자 하는 진정한 뜻을 이해하는데 필요한 정보는 말과 말 사이의 침묵과 생략으로 제공되는 경우가 많다.

공(公)과 사(私)의 경계에서 의견 대립이 있는 경우 대결구도를 회피하기 위해 입을 닫는다든지 본심은 최대한 억제하면서 동의하는 경우가 있다. 어떤 사안에 대해 침묵을 지키는 것은 그것에 대한 관심과 깊은 감정을 전달하는 수단이 되기도 한다.

일본에서 동작만으로 서로의 의사를 전달할 수 있는 대표적인 사례는 인사하는 방법에서 찾아 볼 수 있다. 누군가를 만났을 때 취하게 되는 행동은 상대를 어떻게 생각하는가가 그대로 행동으로 옮겨지는 경우가 대부분일 것이다.

일본에서의 일반적인 인사는 오지기(お辞儀, 허리를 굽히며 하는 인사)가 있다. 악수와 같은 역할을 하지만 인사의 깊이에 따라서 상대와의 사회적 지위의 높낮이를 표현하기도 한다. 오지기에는 서서하는 리쓰레이(立礼)와 앉아서 하는 자레이(座例)가 있으며, 상대에게 무언(無言)으로 표시하는 예의의 깊이에 따라 사이케이레이(最敬礼), 케이레이(敬礼), 에샤쿠(会釈)가 있다.

그리고 레이산소쿠(礼三息)라는 말이 있는데, 숨을 들이마시며 허리를 천천히 굽히고, 멈춘 곳에서 숨을 내쉬고, 다시 숨을 들이마시며 원래의 자세로 돌아오는 것을 뜻한다. 이러한 인사법은 상대에게 매우 정중한 인상을 주며 한편으로는 자기 자신의 정신적 상태를 안정시키는 효과도 있다고 한다. 그리고 오지기라는 인사법은 자신의 목을 앞으로 내밀어 상대에게 적의가 없음을 표현한 것에서 유래되었다고 전해지고 있다.

이렇듯 말이 아닌 인사하는 행동으로 지위의 높낮이를 표현하고 상대와 교감을 한다. 대등한 관계의 이미지 설정이 가능한 악수와는 전혀 다른 인사문화가 여기에 있는 것이다. 대화하는 두 사람의 사회적 지위를 가늠할 수 있는 일본사람들의 무언의 행동특성을 하나 더 꼽는다면 이야기할 때 상대의 눈을 보지 않는다는 것이다.

일본어로 자기보다 연령이나 지위가 높은 사람을 메우에노히토(目上の人)라고 한다. 즉 자신의 눈 위에 있는 사람이라는 뜻이다. 그렇기 때문에 대등하게 눈을 마주보면 실례라고까지 생각하는 사람도 종종

접하게 된다. 상대를 자신보다 우위에 놓고 관계를 원만하게 가져가기 위한 일본사람의 심리가 담겨있다고 할 수 있다.

한편 이러한 일본사람들의 침묵과 무언의 행동이 같은 일본인은 물론 이질적 문화권의 사람에게는 적응하기 어려운 부분도 적지 않다.

도쿄 시부야(渋谷)에 있는 쇼와여자대학(昭和女子大学)을 방문하기 위해 찾아가는 길에 있었던 일이다. 대학 측에서 알려 준대로 시부야에서 산겐차야(三軒茶屋)가는 버스를 타려고 버스터미널 위치를 역무원에게 물어보자 그는 손을 들어 오른쪽을 가리켰다. 고맙다고 인사하고 오른쪽으로 가보니 분명 버스터미널이 있었다. 그런데 몇 십 개는 되어 보이는 행선지별 승차장이 있어 몇 번 승차장으로 가야 하는지 알 수 없었다. 할 수 없이 가까이에 있는 버스 안에 앉아있는 운전수에게 "산겐차야 가는 버스는 몇 번 승차장입니까"라고 물었다. 그러자 그 역시 손을 들어 앞을 가리킬 뿐 말은 없었다.

앞으로 가보니 분명 '산겐차야유키(三軒茶屋行)'라고 써져 있는 버스 정류장이 있었고 거기에 버스가 서 있었다. 안에 있는 운전수에게 "이 버스가 산겐차야에 갑니까"라고 묻자 그도 역시 묵묵히 머리를 위 아래로 저었다. 간다는 뜻이려니 생각하고 버스에 올라탔으나, 동전이 없었다는 생각이 나서 다시 운전수에게 '천 엔짜리 밖에 없는데요'라고 묻자 그는 또다시 왼쪽에 설치되어 있는 자동정산기를 가리켰다. 그곳에 천 엔 지폐를 넣으라는 뜻 같아 보였다. 넣었더니 잔돈이 나왔다.

이날은 혹시 입을 다물어야 하는 특별한 날이었나 싶을 정도로 의아해했던 기억이 생생하다. 동작만으로 충분해 보이는 의사소통이 이 정도 되면 도가 지나치게 느껴진다.

말수가 적다는 뜻은 일본어로 쿠치가즈가 스쿠나이(口数が少ない) 또는 무쿠치(無口)로 표현된다. 한자 뜻 그대로라면 입의 숫자가 적을 뿐만 아니라 심지어 입이 없다는 의미가 된다. 침묵과 무언의 행동으로 통하는 일본사회에 입 없는 사람이 늘어나는 것은 누구도 원하지 않는 일본의 미래일 것이다.

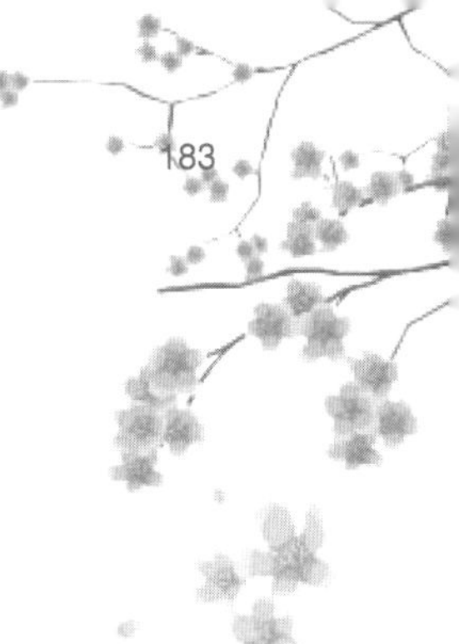

9장 대인관계 유지를 위한 전통관습

!? 1 분수를 지키는 선물문화

추석과 설에 그간 신세를 진 분에게 선물을 보내느라 백화점이 북새통을 이루는 우리의 모습과 거의 흡사한 일본의 문화가 바로 오추우겐(お中元)과 오세이보(お歳暮)다. 평상시 도움을 받은 사람에게 선물을 보내는 행위 또는 그런 물건을 가리키는 말이다. 선물을 보내는 기간은 오추우겐이 7월 초순에서 중순 무렵이고, 오세이보는 12월 중순에서 하순 무렵이다.

매년 오봉(お盆)과 연말에 그간의 감사하는 마음과 건강을 기원하며 선물을 전달한다. 성인의 90% 이상이 이 시기에 선물을 보낸

다고 한다. 그 만큼 뿌리 깊게 정착된 습관이라 볼 수 있다. 매년 이 시기가 되기 1개월 전부터 백화점은 대대적인 광고를 하고 주택가 주변의 대형 슈퍼마켓 역시 각종 선물을 준비해 놓고 손님을

오추우겐(お中元)을 맞아 백화점에 전시된 일본술

기다린다.

선물을 보내는 상대는 부모, 친척, 상사, 거래처, 은사 등 특별한 대상이 정해져 있는 것은 아니다. 단 거래처나 고객에게 일률적으로 보내는 것과 같은 의례적 행위를 금지하고 있는 회사도 있다. 또한 학교 선생님도 받는 것을 거절하는 경우도 적지 않다. 평가에 대한

배려를 부탁하는 목적으로 선물을 보내는 것을 즐거워 할 리가 없기 때문이다. 그래서 이 시기에 백화점이나 대형 슈퍼마켓에 가면 3천 엔에서 5천 엔 정도의 선물들이 대부분으로, 받는 사람이 부담을 느끼지 않을 정도의 가격대로 이루어져 있다. 즉 오카에시(お返し, 답례)가 필요하지 않은 자신의 분수에 맞는 선물을 하는 것이 일반적이다.

그리고 오세이보는 한해를 마무리하는 의미가 있어서인지 오추우겐보다 중시하는 경향이 있는 것 같다. 한해에 두 번 보내기 어려우면 오세이보만 보내기도 하고, 두 번 다 보내게 되면 오추우겐보다 오세이보를 좀더 비싼 것으로 보내는 것이 일반적이다.

원래 중원(中元)은 7월 15일을 말하는 것으로, 오래 전 중국에서는 상원(上元, 1월 15일), 하원(下元, 10월 15일)과 함께 중요한 제삿날이었다. 이는 도교(道教)사상에서 유래되었다고 한다. 이 세 가지 원(元)은 각각 3명의 천신(天神)생일을 뜻하며 사람들은 이날 공물을 바쳤다.

일본의 오봉(お盆)에 행해지던 의식에 봉레이(盆礼)가 있다. 이것은 부모나 친척, 마을 사람들끼리 서로 영전에 올린 공물을 주고받는 습관을 말한다. 일부 지역에서는 봉레이를 이키미타마(生御霊)라고 해서 사자(死者)를 공양하는 것과 함께 살아있는 혼도 공양하는 습관이 있었으며 서로 공물을 교환했다. 이러한 관습이 중국 중원(中元)의 공물과 합쳐지면서 현재와 같이 오봉 때 선물을 하게 되었으며 무로마치(室町)시대 귀족들 사이에서 행해지다 에도(江戸)시대에 서민에게로 확산되었다.

한편 세이보(歲暮)는 원래 신년에 토시카미(年神)에게 받치는 공물을 세밑에 논가나 친정에 가지고 가는 행사였다. 이러한 관습 역시 에도(江戸)시대에 들어와 서민들 사이에서 퍼지기 시작했다. 선물로 보내는 것은 식료품이 많다. 오추우겐에는 맥주가 많고 오세이보에는 해산물, 가공육류, 니혼슈(日本酒, 일본 청주) 등이 많이 사용된다. 식료품은 개인의 기호가 크게 다르지 않아 무난하고 버리는 일이 거의 없다는 점이 선호하는 이유라고 한다. 받는 측에서는 최근에 우리나라와 비슷하게 상품권이 인기가 높은 것 같으나 보내는 측에서는 '정성이 담겨져 있지 않다' '보내는 사람의 개성을 표현하기 어렵다' 등의 이유로 선호하지 않는다. 또한 윗사람에게 상품권을 보낸다든지 나이 든 어르신에게 속옷을 선물하는 것은 예의에 어긋난다.

또한 직접 선물을 전하기 위해 방문을 하지 않을 경우에는 백화점 등에서 직접 보내는 물건에 인사말을 쓴 서신을 동봉한다든지 선물이 도착할 때 즈음해서 별도로 편지를 보낸다. 포장한 물건 겉면에 오추우겐 또는 오세이보라고 쓰고 중앙 아래에 그 글자보다 조금 작게 이름을 적어 넣는다. 상중인 경우에도 선물은 보낼 수 있다. 그러나 불과 며칠 전에 불행한 일이 있었다면 조금 시기를 늦추어 쇼추미마이(暑中見舞, 복중문안) 혹은 간추미마이(寒中見舞, 한

중문안)로 보내는 것이 보내는 사람의 따뜻한 마음이 전달된다. 보통 답례는 사례편지로 대신한다. 단 감사의 표현이 아닌 친분을 돈독하게 하기 위한 의미로 친구 등으로부터 받은 경우에는 거의 같은 가격의 선물을 답례로 보내는 것이 무난하다.

2 안부인사는 엽서로

일본우정공사(日本郵政公社)가 그 해 연말에 사용될 것으로 생각하고 발행하는 연하엽서가 무려 40억 장이 넘는다. 연하장을 보내는 습관이 얼마만큼 일본 사람들 사이에 정착되어 있는지를 알 수 있는 숫자다. 연하카드를 봉투에 담아 보내는 것이 아니라 엽서를 보낸다. 쇼추미마이 혹은 잔쇼미마이(残暑見舞い, 잔서 문안)는 연하장과 비교하면 그 보급률이 그렇게 높지 않지만 무더위가 절정에 달했을 때 상대의 건강을 묻고 서로 근황을 알 수 있는 좋은 기회가 된다.

이러한 습관은 한 해를 두 시기로 구분해서 생각해 온 전통적 개념에 그 근간을 두고 있다. 즉 쇼우가츠(正月)와 오봉(お盆)이 그 마디를 결정한다. 이때가 되면 선물을 들고 집을 방문해 잘 부탁한다는 의미로 인사를 나누었다. 에도(江戸)시대에는 무사의 집에서

시작하여 친척, 지역주민에 이르기까지 관계가 있는 모든 집을 1월 1일부터 말일까지 한 달 동안 방문하는 사람도 있었다고 한다. 신분이 높은 사람은 방문객을 맞기에 바빴고 그렇지 못한 사람은 수없이 많은 집을 방문해야 했다. 그리고 먼 곳에 있는 사람에게는 히캬쿠(飛脚, 파발꾼)를 이용해서 서신과 선물을 보냈다.

메이지(明治) 3년(1870년)에 일본의 우편배달이 시작되면서 엽서로 안부를 묻는 습관이 전국적으로 확산되었다. 멀리 있어 근황이 궁금한 사람들에게도 인사의 서신을 보낼 수 있게 되었기 때문이다. 그리고 지금의 연하우편 제도는 메이지(明治) 39년(1906년)에 시작되었다. 그 후 쇼와(昭和) 24년(1949년)에 복권 형태의 연하엽서가 발행되면서 연하장 보급이 크게 증가했다. 이 엽서는 세뱃돈을 의미하는 오토시타마(お年玉)라는 말을 붙여 오토시타마 츠끼 넨가 하가키(お年玉つき年賀はがき)라고 한다. 한편 쇼추미마이 엽서를 보내는 습관이 일반대중에게 보급된 것은 타이쇼(大正)시대이다.

요즘은 가정에서 PC와 프린터 또는 디지털카메라를 이용해서 시중에서 파는 관제연하엽서를 사용하지 않고 직접 연하장과 쇼추미마이 엽서를 만드는 사람이 많이 늘어나고 있다. 그러나 모든 것을 인쇄로 하면 성의가 없어 보여서인지 반드시 손으로 직접 쓴 글씨를 글 속에 같이 담는 것이 일반적이다.

1월 1일 연하엽서가 도착하게 하려면 반드시 정해진 기간(보통 12월 15일에서 25일 경)에 엽서를 우체통에 넣든지 우체국으로 가져가

잔쇼미마이(残暑見舞い)와
쇼추미마이(暑中見舞い)

야 한다. 그리고 연하장을 관제엽서가 아니라 일반 엽서에 우표를 붙여서 보내는 경우에는 빨간색으로 연하(年賀)라는 글씨를 써넣어야 한다. 연하장을 보내지 않았는데 상대로부터 연하장을 받았다면 바로 답장을 보내는 것이 예의다.

일본에서 연하(年賀)는 1월 7일까지를 의미하므로 그 이후에 보내는 경우에는 간추미마이, 입춘이 지나서 보내게 되면 요칸미마이(余寒見舞い, 여한 문한)를 보내는 것이 맞다. 그리고 일반적으로 연하장에는 '새로운 해가 밝아 축하드립니다'라는 의미의 신넨 아케마시테 오메데토우 고자이마스(新年, 明けましておめでとうございます)라고 제일 먼저 쓴 후 그 밑에 개인적인 내용을 담는다. 상대가 상중에 있다든지 이혼, 폐업 등의 상황이라면 연하장을 보내지 않는 것이 좋다.

한편 쇼추미마이는 일반적으로 소서(小暑)와 입추(立秋)사이에 보낸다. 이 시기를 넘기게 되면 잔쇼미마이를 보내는데 늦어도 8월 말까지는 보내야 예의에 어긋나지 않는다. 그리고 잔쇼미아이를 보내게 될 때는 이미 가을 문턱에 들어서고 있기 때문에 성하(盛夏)가 아니라 만하(晩夏) 혹은 입추(立秋) 등의 말을 넣는 것이 좋다. 쇼추미마이는 상중과 관계없이 보낼 수 있기 때문에 그 만큼 연하장보다 가벼운 마음으로 주고받을 수 있다.

연하장과 쇼추미마이는 연초와 오봉(お盆)을 지내며 서로 오가던

인사형태가 우편제도의 발달과 더불어 서신 형태로 변하면서 만들어졌다고 볼 수 있다. 평상시 만나지도 못하고 연락도 못하는 과거에 신세를 진 친한 사람들에게 자연스럽게 내 마음을 전할 수 있는 기회를 제공해 주는 것이 일본의 연하장과 쇼추미마이이다.

!? 3 포장이 중요한 선물

생일과 같은 기념일에 상대에게 건네는 선물은 present를 명사형으로 써서 프레젠토(プレゼント)라고 표현한다. 그런데 같은 선물이라도 여행을 다녀오면서 들고 오는 선물은 그 명칭이 다르다. 여기에는 오미야게(お土産)라는 표현을 쓴다. 이렇게 같은 말이 표현을 달리함으로써 의미가 전혀 달라지는 경우는 또 있다. 가령 물건을 사고파는 시장은 이치바(いちば, 市場)라고 하지만 금융시장, 암시장, 노동시장, 시장경제 등에 쓰이는 시장은 시죠우(しじょう, 市場)라고 읽는다. 둘 다 영어나 우리말로는 market의 의미를 가지고 있지만 일본어는 상황에 따라 읽는 방법을 달리한다. 우리나라와 일본과 함께 한자문화권에 속하는 중국에서도 양 쪽 모두 같은 표현을 써 스창(shichang, 市場)이라고 하는데 일본어만은 다르다.

일본사람들의 습관 중에서 특히 중요한 것이 선물을 주고받는

죠우토우(贈答, 증답)라 할 수 있다. 더욱이 그 중에서도 오미야게(お土産)는 현대 일본인의 생활에 매우 중요한 의미를 지닌다. 여행 명소는 물론이고 전국의 주요 역 주변에는 오미야게를 사려는 사람들로 항상 북적거린다. 지방 출장을 다녀오는 직장인이 부담되지 않는 그 지방의 특산물을 사서 회사로 출근하는 것은 지극히 당연한 일이다. 가족과 친구를 챙기는 것과 함께 자신이 몸담고 있는 직장의 동료나 상사에게 줄 가벼운 오미야게를 사서 건네는 것은 서로 부담스럽지 않은 자연스러운 일상 습관이다. 도쿄 역 지하상가는 온통 오미야게를 파는 상점으로 메워져 있다. 도쿄를 떠나 지방으로 가는 사람과 도쿄를 다녀가는 사람들이 기차에 오르기 전에 들르는 곳이 오미야게를 사기 위한 지하상점가다. 이러한 일본 사람들의 습관을 일종의 강박관념이라고까지 설명하는 정신분석가가 있을 정도다.

오미야게 습관은 원래 사원이나 신사를 참배할 때 신으로부터 받은 은혜를 의미하는 부적 등을 주민과 친한 사람들과 나누는 것에서 유래되었다. 무로마치(室町)시대에는 귀족들이 일본 황실의 종묘인 이세진구(伊勢神宮)를 참배하고 돌아가는 길에 무명천과 같은 일상적으로 사용하는 물건들을 오미야게로 사갔다. 그리고 에도(江戶)시대에 들어오면서 오미야게를 파는 점포들이 등장하고, 신사 참배가 늘어나면서 오미야게 습관이 서서히 서민들 사이에 정착하기 시작했다.

오래 전 촌락을 이루고 살던 시절에는 여행비용을 마을 전체가 함께 적립하는 습관도 있었다. 모인 돈으로 여행을 떠나는 사람은 마을을 대표하는 연장자였으며 멀리 있는 사찰이나 신사를 참배했다. 받은 여비로 신불(神仏)의 은혜(부적)를 사고, 미야게바나시(土産話, 여행담)를 마을 주민들에게 들려주었다. 이로 인해 마을사람들은 평상시 들을 수 없는 다른 지방의 이야기를 들으며 견문을 넓힐 수 있었다.

그런데 같은 선물이라도 중요한 의미를 담아 전달하는 것에는 온갖 정성을 쏟아 붓는 습관이 있다. 이사, 결혼, 장례, 출산 등에 정성을 담아 선물을 하는 경우에는 노시(熨斗)와 미즈히키(水引)라는 장식을 해서 포장한다. 노시는 빨간색과 하얀색 종이를 육각형으로 접고 그 안에 가늘고 긴 황색의 주물을 넣은 것으로 선물 포장 오른 쪽 위에 장식한다. 미즈히키는 포장지를 묶는 끈을 말한다. 노시는 엷게 저며서 펴 말린 전복을 뜻하는 노시아와비(熨斗鮑)의 준말이다. 귀중한 보존식품이었던 전복을 색종이로 싸서 선물할 때 포장지와 미즈히키 사이에 끼었던 것이 원래의 관습이다.

원래 노시아와비는 소금에 절인 전복을 얇게 펴서 가늘고 길게 자른 다음 건조시킨 것으로 신에게 바치는 공물의 일종이었다. 가마쿠라(鎌倉)시대 이후에는 무가의 출전(出戦)과 귀환할 때 축의의 의미로 사용되었으며 에도(江戸)시대에는 건강과 장수를 축원하는 의미로 중요하게 보관되었다. 또한 전복 냄새가 악의와 마귀를 물리친다 해서 노시아와비가 붙은 선물은 신선하고 더럽지 않은 것이라는 생각이 전해지고 있다.

미즈히키는 단색인 것도 있지만 보통 두 가지 색을 합쳐서 사용하는 것이 기본이다. 경사(慶事)에는 홍색과 금색 등을 이용하고 조사(弔事)에는 흑백, 은백색으로 묶는다. 묶는 방법은 크게 두 가지로 나뉘는데 나비모양으로 하는 쵸우무스비(蝶結び)와 무스비키리(結び切り)가 있다. 쵸우무스비는 혼례 이외의 축의 전반에 사용된다. 몇 번이고 풀고 다시 묶을 수 있는 방법으로 "이런 축하드릴 일은 몇 번이고 있어도 좋다"라는 의미로 사용된다. 무스비키리는 미즈히키를 두 번 다시 풀지 못할 정도로 어렵고 강하게 묶는 방법이다. 두 번 다시 있어서는 안 된다는 의미로 혼례나 장례 등에 활용된다.

최근에는 선물을 포장할 때 실제로 노시와 미즈히키를 장식하는 것이 아니라 노시와 미즈히키가 인쇄된 노시카미(熨斗紙)라는 종이로 선물을 싸는 경우가 많다.

오타쿠オタク

일본사람들의 행동과 심리적 특징을 엿볼 수 있는 신조어가 1980년대에 또 하나 만들어졌다. 풍요로움을 만끽하던 일본인들의 삶이 절정에 달했던 시기였다. 풍족한 삶의 이면에서 획일화된 교육과정을 거부하며 자신만의 성을 쌓아가기 위해 사회와의 교류를 단절한 채 오로지 하나의 분야에 몰두하는 성향을 나타내는 오타쿠가 바로 그것이다. '오타쿠(オタク)'는 상대방이나 그 남편, 그 집안을 높여 부르는 '오타쿠(お宅)'에서 나온 말로 원래의 뜻과 구별하기 위해 가타카나(片仮名)로 쓰인다. 그래서 오타쿠는 어두운 음지로 그려질 수밖에 없었고 일본사회가 또는 교육계가 무엇보다도 먼저 해결해야 하는 중요과제 중 하나였다.

이러한 문제의 심각성이 일본사회 전역에 알려지게 된 것은 1989년 4명의 어린 소녀가 연이어 살해된 사건을 통해서였다. 도쿄(東京)와 사이타마(埼玉)현에서 일어난 이 연쇄 살인 사건은 살해한 소녀의 유골을 범인이 부모에게 우송하는 등의 엽기적인 행각을 벌였던 사건이었다. 결국 검거된 범인은 26세의 무직상태였던 청년이었으나, 이를 언론이 오타쿠 사건으로 대대적으로 보도했다. 그 이유는 범인의 방에 애니메이션 비디오테이프가 수북하게 쌓여있었기 때문이었다.

일본에서 가장 인지도가 높은 국어사전인 「고지엔(広辞苑)」에서 오타쿠를 '특정분야 사물에만 관심을 가져 이상할 정도로 자세히 알고 있지만 사회적 상식이 결여된 사람'이라고 설명하고 있는 것도 이런 일반적 인식과 유사하다고 할 수 있다.

그러나 일본사회의 어두운 한 면을 그려내는 듯 했던 전문성으로 무장한 집단 오타쿠가 1990년대 들어오면서 새로운 조명을 받으며 거듭나고 있다. 즉, 새로운 경제적 부가가치를 창출해 내기 시작했기 때문이다.

오타쿠가 과거의 비사회적이고 자기 틀에만 박혀 사는 사회의 낙오자가 아니라 일본의 대중문화를 창조하는 전문가들의 집합체로 인정받기 시작하고 있다. 이들은 깊은 상상의 세계를 통해 현실에 적용할 수 있는 상품성이 뛰어난 콘텐츠를 만들어 낸다. 실제 오타쿠들이 모여 기업을 만들어 업계의 주목을 받는 사례가 적지 않다. 애니메이션 분야에서는 가이낙스(GAINAX)라는 대표적인 기업이 있다.

일본 사회에서 독특한 대중문화의 창조집단인 오타쿠는 폐쇄적이고 전문적인 일본적 집단임에는 틀림없다. 그러나 일본 대중문화 속에서 오타쿠적 요소가 담긴 만화, 애니메이션, 게임 등이 인기를 얻자 하위문화(Subculture)의 중요성이 인식되면서 오타쿠에 대한 평가도 달라지고 있는 것이다.

최근에 오타쿠는 또 다른 형태로 일본사람들의 관심을 끌고 있다. 2004년에 출간되어 공전의 히트를 치며 밀리언셀러에 올랐고 영화로도 제작되어 개봉 2주 만에 100만 관객을 동원한 작품 덴샤오토코(電車男)의 주인공이 바로 오타쿠였기 때문이다. 이 소설은 덴샤(電車, 전철)안에서 술에 취한 중년 남자에게 희롱당하는 여성을 구출한 오타쿠 청년이 인터넷 게시판에 조언을 구하는 상담글을 올리면서 시작된다. 재택 근무하는 시스템 엔지니어인 주인공은 연애와는 거리가 멀었고 오로지 자기 일에만 열심인 전형적인 오타쿠였다. 전철 안에서 도움을 받은 여성이 사례라며 고급 브랜드의 에르메스 티컵을 보내오지만 주인공은 어쩔 줄 몰라 안절부절 한다. 고민 끝에 데이트에 성공하기 위한 구원의 글을 인터넷 게시판에 올린다.

이렇듯 어느 날 사랑에 빠진 22살의 오타쿠 청년이 익명을 통해 연애 상담을 하고 그의 글에 누리꾼들이 자신들의 연애 경험을 전하는 댓글을 달아주며 펼쳐지는 이야기다. 그러나 댓글의 내용을 유심히 들여다보면 누리꾼들 자신의 경험이라기보다는 주인공에게 심리적으로 공감하는 같은 성향의 집합체임을 짐작할 수 있게 해 준다. 바로 오타쿠들이 서로 격려하며 만들어낸 제작물이고, 일본사회 곳곳에 잠자고 있던 오타쿠들을 하나로 묶는 인터넷문화를 만들어 냈다고 할 수 있다.

1980년대부터 일본에서 발생한 오타쿠 현상은 정형화된 인재육성으로 치닫는 교육에 대한 반감과 더불어 경제적 여유에서 오는 풍요로운 삶이 가능했던 사회적 환경 속에서 자라난 일본의 젊은이들이 만들어낸 신조류이다. 그들은 태어났을 때부터 텔레비전을 접해왔고, 80년 대 비디오의 확산으로 시각문화 제1세 대의 길을 걸어왔다. 고속경제성장의 시대에 태어나 모든 것을 돈으로 살 수 있는 소비화 운동의 절정을 겪어왔고, 학교에서는 극심한 경쟁 속에 놓여 있었다. 스트레스에 민감한 그들은 자신들 속에 갇혀 현실보다 만화 주인공들과 놀기를 더 좋아했다.

1980년 대 오타쿠가 사회적으로 용인되지 않는 광기에 가까운 어두운 집합체였다면, 1990년대에는 일본의 하위문화를 이끌어가는 선도적 역할을 수행했고, 21세기 들어와서는 경제적 부로 연결되는 부가가치를 창출해내는 새로운 지식층으로 거듭나고 있다고 할 수 있다.

그러나 오타쿠적인 행동을 미화하거나 방치하는 것은 금물이다. 일본에서 손꼽히는 소장파 정신의학자 사이토 다마키씨는 '폐인과 동인녀의 정신분석'이라는 책을 통해 오타쿠로 대변되는 사회적 은둔자를 분석하면서 일본 사회를 관통하는 정신 병리적 현상을 지적하고 있다. 저자는 은둔이 광적인 취미 생활과 연관되어 있다는 임상 결과를 통해 오타쿠를 주목한다. 또한 이러한 성향의 청소년들은 설득과 강제적인 행동을 통해 바깥으로 끌어내는 것이 중요하고 다른 사람과 어울릴 수 있는 사회적응 기간을 거쳐 창의성을 필요로 하는 직업을 갖게 하는 것이 필요하다고 주장한다. 오타쿠가 진정한 의미에서의 새로운 창조를 꿈꾼다면 그것은 사회와 함께 만들어갈 때 비로소 그 꿈이 이루어질 것이다.

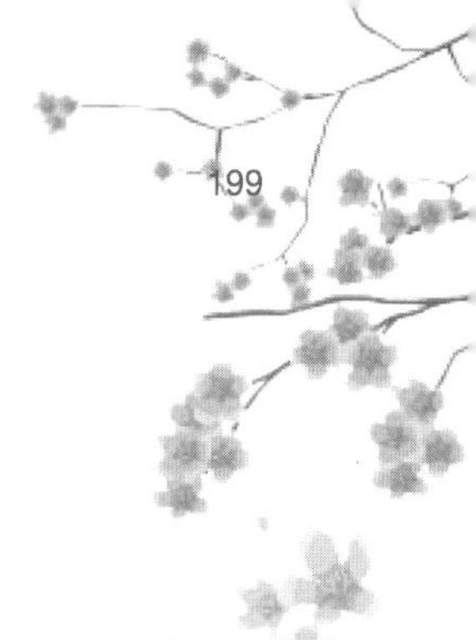

10장 대표적 국경일과 그 의미

1 이빨이 검으면 성인

일본에서 성인의 날은 1948년에 '1월 15일을 어른이 된 것을 자각하고, 스스로 살아나가려는 청년을 축하하고 격려하는 날로 법률에서 정하면서 시작되었다. 이후 2000년에 제정된 해피먼데이 법에 근거하여 1월 둘째 월요일로 개정되었다. 이날 각 지방자치단체에서 행해지는 성인식에는 남녀 모두 기모노를 차려 입는데, 여자는 후리소데(振袖), 남자는 하카마(袴, 최근에는 대부분 양복을 입는다)를 입고 거주지의 시장 등으로부터 축사를 듣는다.

일본에서 성인이 된 것을 축하하는 풍습은 오래된 관습이다. 옛

날에는 성인이 된 남자는 머리를 묶어 올리고 복장을 달리하여 주위에 성인이 되었음을 알렸다. 그리고 성인이 되면서 그 동안 써왔던 어릴 적 이름(幼名)를 바꾸는 풍습도 성행했었다. 여자 역시 머리를 묶어 올리고 치아를 검게 물들이는 '오하구로'라고 하는 의식을 통해 성인이 되었음을 주위에 알렸다. 이러한 의식은 귀족과 같은 지위가 높은 집안에서 행해졌다.

한편 서민들 사이에서는 특별한 의식이 있는 것은 아니었으나 가령 하루에 60킬로의 나무를 베어서 그 중 12킬로를 돌아다니면서 팔면 성인이 된 남자로 간주하는 등 연령과는 상관없이 그 행위를 할 수 있으면 성인으로 인정하는 풍습이 있었다. 이러한 의식은 성년식(成年式) 또는 성녀식(成女式) 등으로 불렸으나 메이지(明治) 시대 이후 일부 지역을 남기고 거의 대부분 자취를 감추었다.

메이지(明治) 시대 이후 남자는 병역의 의무가 주어졌다. 군대에 가기 위해 징병검사를 받아야 했고 이 징병검사가 성인식의 의미를 가지면서 성인식 제정의 계기를 마련했다. 제2차 세계대전 이후 병역의 의무는 폐지되었지만 1948년에 '국민의 축일에 관한 법률'에 의해 '성인의 날'은 정식으로 국경일로 자리 잡았다.

몇 해 전 고치(高知)현의 성인식 식장에서 있었던 해프닝을 떠올리며 앞으로 일본에서 성인식이 잘 거행될지 의문시 된다. 이미 언급 했듯이 성인식은 만 스무 살의 성인이 된 젊은이에게 지방자치단체가 베풀어주는 행사이다. 젊은이들의 장도를 축하하기 위해 고치(高知)현 지사가 축사를 읽던 중 행사장 2층에 앉아있던 청년들이 "너무 길다 그만 돌아가라"는 말로 야유를 퍼부었다. 화가 난 지사가 축사를 읽다 말고 젊은이들에게 "조용히 해 밖으로 나가"라고 소리치자 젊은이들도 질세라 "당신이 나가"라며 맞받아치는 바람에 장내는 엉망이 됐다.

다른 지방자치단체의 성인식 사정도 이렇듯 과격하지는 않지만 마지못해 거행하는 행사임에는 거짓이 없는 듯하다. 매년 성인식 직후 각 언론에서는 철없는 젊은이들을 나무라는 한편 젊은이들을 애지중지 키워왔던 전후 교육에 대한 반성도 집중적으로 보도되고 있다.

〈참고〉 오하구로お歯黒

오하구로가 언제부터 어떤 목적에서 행해졌는지에 대한 그 기원을 찾기는 어렵다. 그러나 헤이안(平安)시대의 겐지모노가타리(源氏物語)에 당시 여성이 일정 연령에 도달하면 오하구로를 했다는 내용이 나온다. 그리고 헤이안(平安)시대 말기가 되면 귀족집안의 남자도 오하구로를 했다고 한다. 이렇듯 오하구로는 귀족사회에서 먼저 여성이 성인이 되었다는 상징으로 시작하여 후에 일반 여성의 기혼을 의미하는 것으로 변형되었으며 이러한 습관은 메이지(明治) 시대에 들어오기까지의 천년 가까운 세월 동안 유지되었다. 특히 에도 시대의 화장 습관 중에 오하구로는 가장 특징적인 것으로, 이것으로 결혼 여부를 알았다고 한다.

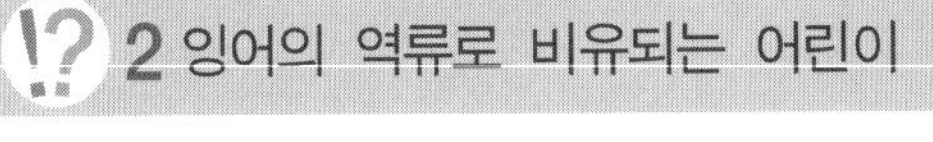

2 잉어의 역류로 비유되는 어린이

일본에서 해마다 4월 말에서 5월 초 사이에 잉어 모양의 '고이노보리(鯉幟)'라는 이름의 연을 날리는 행사를 한다. 고이노보리 행사는 어린이날인 5월 5일 절정을 이룬다. 일반적으로 부모를 상징하는 대형 고이노보리와 자녀를 뜻하는 소형 고이노보리가 사이좋게 나부낀다.

 고이노보리

일본에선 에도(江戶)시대부터 무사의 집에 남자아이가 태어나면 집 주위에 천 깃발을 다는 풍습이 있었다. 깃발은 무사의 상징이었다. 이 풍습이 점차 서민들에게 퍼지면서 깃발 대신 잉어 모양 천으

로 바뀌었다. 강의 급류를 타고 올라가는 잉어에 빗대 남자아이들이 역경을 이겨내고 크게 출세해 달라고 기원한 것이다. 최근에는 고이노보리가 성별에 상관없이 아이들의 건강과 성장을 기원하는 어린이날 행사가 됐다. 새 관저에 입주한 고이즈미 준이치로(小泉純一郎) 총리가 관저 입구에 고이노보리 3개가 걸려 있는 것을 보고 "3인 가족은 쓸쓸하다 적어도 5인 가족은 돼야 한다"며 2마리를 더 늘리도록 지시했다는 일화도 있다.

어린이날 일본의 가정에선 가는 대나무 잎과 떡갈나무 잎으로 싼 찹쌀떡을 즐겨 먹는다. 이들 잎이 액땜을 한다고 믿기 때문이다. 가는 대나무 잎은 오사카(大阪) 등 간사이(関西)지방에서, 떡갈나무 잎은 도쿄에서 주로 쓰인다. 집에서 부모와 아이들이 함께 둘러앉아 직접 떡을 만들어 먹기도 한다. 어린이날이 휴일이기 때문에 유치원과 초등학교에서는 어린이날 2~3일 전에 '고이노보리'를 만들어 학교 입구에 달거나 직접 떡을 찧어 먹는 행사도 개최한다.

도쿄 디즈니랜드 등 각종 놀이공원에서는 어린이를 위한 전시공연 등이 열려 가족들로 북적인다. 백화점은 어린이 용품을 싼 가격으로 팔거나 인기 연예인과 프로 스포츠 선수들을 동원해 각종 행사를 벌인다.

일본 여자어린이들의 어린이날이라고 할 수 있는 히나마츠리(雛祭り)는 3월 3일이다. 물론 이날은 여자아이들만을 위한 명절이다. 여자아이가 있는 집안에서는 히나마츠리가 되기 며칠 전부터 아이

장래의 행복과 건강을 기원하는 마음으로 히나단(雛壇)이라는 계단식의 붉은 단에 옛 궁중의 옷을 입은 히나인형들을 장식한다. 히나단은 최고 7단까지 되어 있고, 맨 위에는 오다이리사마(お内裏さま)라는 천황인형, 오히메사마(お姫さま)라는 황후인형을 장식하고, 그 뒤에는 병풍을 친다. 그리고 그 밑에는 신하 3명, 그리고 그 사이에 3단 정도로 쌓아 놓은 떡을 장식한다. 그리고 그 밑에 무희들의 인형을 장식한다.

가격은 천만원대에서 일반적으로 구입하는 십만 원대에 이르기까지 다양하다. 하지만 최근에는 좁은 주택 공간과, 과소비 방지 등을 이유로 1단이나 3단 정도로만 한다(히나인형을 장식하게 된 시대는 에도시대부터이다). 그리고 장식했던 히나단은 3월 3일이 지나면 바로 치워버린다. 3월 3일 이후에도 계속 장식하고 있으면 시집을 늦게 간다는 미신이 있어 서둘러 장식했던 인형들을 치운다. 그리고 3월 3일 당일에는 기모노를 입은 종이인형을 강물에 떠내려 보내는 행사도 한다. 이것은 우리나라가 연을 날려 보내는 것처럼 액운이나 질병을 대신 가지고 떠나라는 뜻에서 나왔다.

!? 3 징검다리 연휴가 없는 일본

일본의 국경일 중에 우리에게 익숙하지 않고 이름만 봐서는 무슨 날인지 알기 어려운 날이 있다. 바로 국민휴일이다. 이날은 1985년 12월 27일 축일법(祝日法)을 개정하면서 국경일과 국경일 사이에 들어가는 평일을 휴일로 정하면서 만들어졌다. 당시 일본경제가 최고의 주가를 올리던 시점이었고, 일본의 제조업 경쟁력이 세계를 압도하고 있었다. 이에 따른 자신감과 여유가 근로자들의 휴일 증가

해외여행 안내 책자가 놓은 여행사 앞

로 이어졌다고 볼 수 있다. 현재는 5월 4일이 국민 휴일이다. 5월 3일이 건국기념일이고 5월 5일이 어린이 날이기 때문이다.

그러나 앞으로 또 한 번 국민 휴일이 생길 것으로 보인다. 지난 2003년 해피먼데이법 개정으로 경로의 날이 9월 셋째 월요일로 바뀌었다. 따라서 9월 셋째 수요일에 추분이 오는 해에는 경로의 날과 추분 사이의 화요일이 국민휴일이 된다. 이렇게 되면 이날이 5월 4일에 이은 제2의 국민휴일이 된다(2009년 9월 21일). 이때가 되면 일본사람들은 길게는 5일 동안 이어지는 연휴를 즐길 수 있을 것으로 보인다. 이와 더불어 일본에서는 국경일과 일요일이 중복되면 그 다음 날인 월요일을 휴일로 정하고 있다.

하라腹

신체의 일부를 인용하여 만들어지는 관용구는 어느 나라 언어에서나 찾아 볼 수 있는 극히 보편적인 경향이다. 가령 우리말에서도 눈이 높다 혹은 팔이 안으로 굽다 등과 같이 대부분의 신체 부위가 인용된다고 해도 과언이 아니다. 물론 일본어 역시 우리 말 못지않게 몸의 일부를 비유하면서 만들어진 관용구가 많다. 그 중 눈에 띄게 많이 활용되는 부위가 바로 복부 즉 배이다. 배를 일본어로는 하라(腹)라고 한다.

화가 났을 때는 하라가다츠(腹が立つ)라고 하며, 언어를 주고받는 의사소통에 의존하지 않고 상대방의 계획, 의도, 생각 등을 떠볼 때는 하라오사구루(腹を探る)라는 표현을 쓴다. 또한 상대와 솔직하게 모든 것을 터놓고 이야기하는 것을 하라오와루(腹を割る)라고 한다. 즉, 일본어에서는 서로 뱃속을 활짝 열어 보이며 이야기하는 것이 서로를 믿고 속내를 터놓을 수 있는 것과 같은 의미로 쓰인다는 것을 알 수 있다. 그리고 우리말에 속이 검다는 말이 있듯이 이와 비슷하게 일본어에도 나쁜 사람의 하라는 검다는 뜻으로 하라구로이(腹黒い)가 있다.

연극에서 배우가 대사나 동작에 의지하지 않고 무언으로 심중을 나타내어 맡은 배역의 기분을 살리는 일, 그리고 말과 행동이 아닌 배짱이

나 경험으로 일을 처리하는 것을 하라게이(腹芸)라고 한다. 서로 등을 보이고 돌아서는 것과 반대되는 말 즉, 마주보는 것을 뜻하는 말로 하라아와세(腹合わせ)가 있으며, 예측되는 사태에 대한 마음 속 다짐 즉, 죽을 각오를 뜻하는 말로 하라가마에(腹構え)가 있다. 이렇게 수없이 많은 하라를 이용한 표현은 오랜 기간 동안 일본사회에서 복부가 감정, 사상, 의향 등의 중심으로 여겨져 왔다는 것을 의미한다. 하라는 쉽게 상대에게 보여서는 안 될 부위이며 하라 그 자체가 시작과 마지막을 의미하기도 한다.

하라가 일본사람들의 전통적인 행동양식이며 인간관계의 중요한 개념이라는 근거는 하라키리(腹切り, 할복)를 통해 어렵지 않게 엿볼 수 있다. 할복은 사무라이(侍, 무사)가 책임을 지고 스스로 목숨을 끊는 것으로 헤이안(平安)시대부터 있었다고 한다. 봉건시대 사무라이는 인간의 혼과 감정의 근원이 복부에 있다고 믿었고 그렇기 때문에 스스로 배를 가르는 행동으로 자신의 진실한 영혼과 감정을 피력할 수 있었다.

즉, 사무라이의 정신세계를 대변하는 신성한 곳으로 의미를 부여했고 사무라이로서 주어진 의무를 다하지 못했을 때 그 하라를 갈랐던 것이다. 그것이 사무라이 세계에서 말하는 존중과 죽음을 두려워하지 않는 용기가 더해져 사무라이의 죽음 가운데 할복은 그야말로 최고의 명예로 여겨지게 된 것이다. 또한 할복은 사무라이의 인격과 명예를 존중하는 의미로 스스로 목숨을 끊게 하는 의미를 지녔으며 할복에 실패하거나 참담한 고통을 빨리 끝내기 위해 배를 가를 때 옆에서 목을 가르는 카이샤쿠(介錯)가 있었다. 카이샤쿠는 그래서 지금은 시중을 든다는 의미와 그런 사람을 칭한다.

물론 현대 일본사회에서 이러한 할복을 찾아보기는 어렵다. 1970년 우익 소설가 미시마 유키오(三島由紀夫)의 할복자살 사건은 매우 이례적인 것으로 일본 사람들 조차도 경악한 사건이었다. 미시마는 45세이던 1970년 11월 25일 도쿄 이치가야(市谷) 육상자위대 동부총감부 총감(사령관)실에 추종자 4명과 난입, 2층 발코니에서 총감을 인질로 잡고 소집한 자위대원 1천명을 내려다보며 "지금 일본의 혼을 유지하는 것은 자위대뿐이다. 너희는 사무라이다. 자신을 부정하는 헌법을 왜 지키고 있단 말인가"라며 궐기를 부르짖었다.

그러나 야유와 경멸만이 터지자 '천황폐하 만세'를 외치더니 갑자기 총감실로 들어가 일본도로 배를 갈랐다. 이어 추종자가 목을 쳐주는 사무라이 방식으로 목숨을 끊었다.

오랜 기간 동안 이 사건은 잊었던 할복에 대한 쇼크로 일본 사람들이 입에 올리기를 꺼려했다. 그런데 최근 그에 대한 재평가가 이루어지면서 그가 쓴 소설의 전시회가 연이어 열리고 있다. 자위대의 상시 해외파견, 국가주의 교육 강화 등 사회전반에 걸쳐 급격한 보수우익 성향이 짙어지는 분위기와 무관해 보이지 않는다.

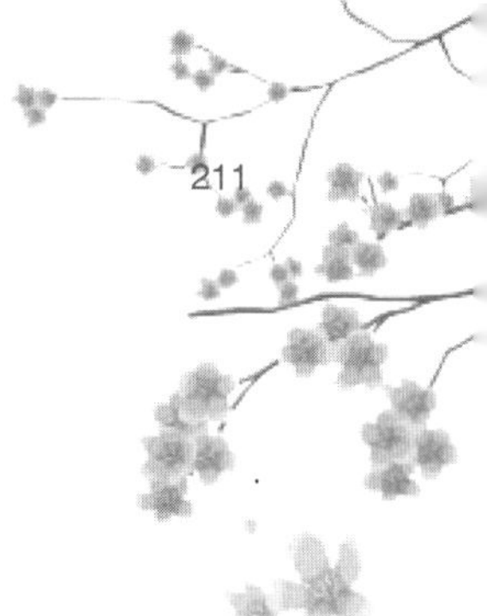

11장 통과의례에서 나타난 현대 일본의 모습

1 시치고산七五三

시치고산(七五三)은 3세 남녀, 5세 남자, 7세 여자가 11월 15일에 미야마이리(宮参り, 신사에 참배하러 가는 것을 가리킴)를 하면서 어린이의 복된 성장을 기원하는 행사를 말한다. 이날이 되면 어린이들이 하레기(晴れ着)를 입고 치토세아메(千歳飴)를 들고 부모의 손을 잡고 각지의 신사를 참배하고 기념사진을 찍는다.

하레기는 축일과 제사 때 입는 정장 예복으로 주로 정월 혹은 오봉(お盆)때 격식을 차리기 위해 입는 옷이다. 정장 예복은 아니지만 어린이들이 입는 알록달록한 옷도 하레기라고 한다. 치토세아메

는 한자에 담긴 뜻 그대로 오래오래 건강하게 장수하기를 바라며 먹는 엿을 말한다.

시치고산은 가미오키(髪置き), 하카마기(袴着), 히모오토시(紐落し), 오비도키(帯解き)라고 불리던 각 지역의 다양한 행사에서 유래되었다. 가미오키는 2~3세 사이에 그때까지 짧게 길렀던 머리를 기르기 시작하는 의식이었다. 하카마기는 3~7세의 어린이들이 처음으로 하카마(袴, 겉에 입는 주름 잡힌 하의)를 입는 의식을 말한다. 히모오토시는 5~9세 사이에 그때까지 기모노를 묶고 있었던 히모(紐, 끈)를 오비(帯, 허리띠)로 바꾸는 의식으로 오비도키라고도 한다.

에도(江戸) 시대 중기 무렵 고후쿠야(呉服屋, 포목전)가 이와 같은 3가지 행사를 하나로 묶어 에도 중심가에서 선전을 했다. 이것이 지금의 시치고산의 원형으로 알려져 있다. 그리고 귀족과 재력가였던 상인들 사이에서 행해지던 것이 서민으로까지 확산된 것은 메이지(明治)시대 이후부터 이다.

의료시설은 물론이고 위생상태가 좋지 않았기 때문에 유아의 사망률이 높아 무사히 성장하는 어린이는 행운아라고 여겨졌다. 그래서 나나츠 마에와 카미노우치(七つ前は神のうち)라고 해서, 7살 미만의 어린이는 아직 신적인 존재에 속한다고 여겨 신이 그 운명을 결정한다고 생각했다. 따라서 사람들은 갖가지 의식을 통해 어린아이의 무사함과 성장을 기원했던 것이다. 7살이 되는 해에는 그 동안 불안전했던 시기를 잘 극복했다는 의미에서 다른 어느 때보다도

성대하게 행사를 치르는 지역이 많았다.

이날 행사는 신사에서 노리토(祝詞, 축문)를 읽고 오하라이(お祓い, 액막이)를 하는 경우와 그냥 참배만 하고 사이센(賽銭, 불전)을 내고 어린이의 성장을 기원하는 경우가 있으나, 요즘은 후자가 많은 것 같다. 예전과 같이 이유를 알 수 없는 병마로 어린 생명을 잃어버려야 했던 일이 의학의 발달로 줄어들면서 이날의 행사도 점차 간소화되어 가고 있다고 볼 수 있다. 그리고 참배하는 날도 꼭 11월 15일을 고집하는 것이 아니라 그 전후로 여유가 있는 날에 가족 모두가 가는 경우가 많다. 특히 북쪽 지방에서는 1개월 앞서 10월 15일에 행사를 치르기도 한다.

이날 3세 여자 아이는 어깨 징그기를 한 기모노에 오비를 묶는 것이 아니라 히후(被布)라고 하는 빨간색 두루마기 비슷한 겉옷을 걸친다. 그리고 3세과 5세 남자 아이는 가문을 넣은 하오리(羽織, 짧은 겉옷)에 센다이히라(仙台平, 센다이 지방의 특산 견직물의 일종)로 만든 하카마를 입는다. 7살 여자 아이는 어깨 징그기를 한 혼다치(本裁ち, 감 한 필로 옷을 재단)기모노에 오비를 한다.

그러나 지금은 어린이들이 편하게 이날을 지낼 수 있도록 간편한 복장과 무리하지 않는 일정으로 하루를 보내는 것이 일반적이다. 오래 전에는 가죠에토시(数え年, 만 나이가 아닌 달력 나이)로 시치고산을 축하했으나, 지금은 만 나이로 행사를 갖기도 한다.

!? 2 초대 없이는 참석 못하는 결혼식

일본에서 결혼식에 참석하기 위해서는 정식으로 초대장을 엽서로 받고 참석하겠다는 회신을 엽서로 보내야 한다. 보통 신랑신부 가족이 초대할 명부를 만들고 정해진 인원만을 최종 결정한다. 그래서 결혼식을 올리는 예식장에는 정확한 인원수로 예약이 가능해진다.

일반적으로 결혼식 전에 나코우토(仲人, 중매인)을 찾아가 인사를 드린다. 나코우토는 실제 중매를 선 사람이 아니라 우리나라 결혼식의 주례로 생각하면 된다. 지역마다 조금씩 차이는 있지만 결혼 전에 예단을 보내는 풍습은 우리나라와 비슷하다. 옛날에는 기모노와 술, 다시마 등을 보냈다고 한다. 그런데 요즘은 돈을 보내는 경우가 많다. 신랑이 신부 쪽에 보내는 것은 '오비료(帯料)'라고 하고, 신부가 신랑에게 보내는 것은 '하카마료(はかま料)'라고 한다.

가장 일반적인 결혼식은 나코우토가 신랑과 신부의 경력을 소개하고 주빈이 인사말을 하면서 시작된다. 도중에 전통의상에서 드레스로 갈아입는 오이로나오시(お色直し)가 있고, 케이크를 자르고 각 테이블에 신부와 신랑이 함께 초에 불을 붙이는 행사가 이어진다. 신부가 부모님께 드리는 글을 읽으면서 결혼식은 절정을 이루게 된다.

결혼식에 참석하는 하객은 남자의 경우에는 대부분 검은 양복에

흰색 넥타이를 착용한다. 기혼 여성의 경우는 검은색 정장 투피스에 흰색 진주 목걸이를 하거나 검은색 바탕에 금박 무늬가 조금 들어간 쿠로토메소데(黒留袖)라는 전통의상을 입는다. 그리고 미혼인 경우에는 원색의 화려한 후리소데(振り袖)라는 기모노를 입거나 이브닝 드레스 차림으로 결혼식에 참석한다. 결혼식이 끝나고 돌아갈 때 반드시 히키데모노(引き出物)라는 선물을 하객에게 건넨다. 결혼식이 진행되는 동안 테이블에 개별적으로 차려놓았던 음식을 남기는 경우에는 선물과 함께 정성스럽게 포장해서 준다.

일본의 결혼방식은 기독교 신자가 전체 인구의 1% 정도에 불과하지만 약 60%가 교회 등에서 이루지는 서구식으로 행해진다. 나머지는 신도(神道)식인데 이것을 보통 신전결혼(神前結婚)이라고도 한다. 신사에서 신관이 결혼식을 주재하고 새롭게 한 쌍의 부부가 탄생했다고 신에게 알리는 글을 읽으며 결혼식을 마친다.

이 전통 결혼식에는 339도(三三九度)라는 신랑 신부가 술을 나누어 마시는 의식이 있다. 3잔의 술잔을 앞에 놓고 먼저 신랑이 1잔을 들어 조금 마신 후 신부에게 건네면 신부는 술을 조금 남겨 다시 술잔을 신랑에게 주고 신랑은 술잔을 비운다. 두 번째 잔과 세 번째 잔도 같은 방법으로 서로 교대해 가며 술잔을 비운다. 서로 주고받는 횟수가 3×3=9가 되기 때문에 339도라고 한다.

일본의 결혼 역사는 민속학적으로 보면 무코이리콘(婿入り婚, 데릴사위 결혼)에서 요메이리콘(嫁入婚, 시집가는 결혼)으로 변해왔다고

할 수 있다. 나라(奈良)와 헤이안(平安)시대의 서민은 물론 귀족들 사이에서 행해졌던 무코이리콘은 손나이콘(村内婚, 마을 안의 남녀가 하는 결혼)이 대부분이었다. 손나이콘은 당사자들 간의 연애에서 시작되는 경우가 대부분이었으며, 먼저 신부 집에서 첫 선을 보는 의식을 가진 후 신랑이 신부 집을 수개월 동안 왕래한다. 이런 과정이 끝나면 비로소 독립해서 새로운 집을 마련하거나 신랑 집에서 새살림을 꾸렸다.

가마쿠라(鎌倉)시대 이후에 보급된 요메이리콘은 손가이콘(村外婚, 마을 경계를 넘어 이루어지는 결혼)이 많았다. 손가이콘은 집안의 번영과 존속을 위해 결혼 상대를 찾을 때 신분이나 집안내력을 중시했다. 그래서 혼인은 당사자들의 의사와 관계없이 신랑의 아버지 의지대로 미지의 남녀가 만나야 했다. 그리고 시집으로 들어오는 의식이 행해지고 신랑신부는 처음부터 신랑 집에서 생활을 했다.

또한 남녀 쌍방의 부모가 합의하여 어린 아들과 딸을 성인이 된 후 결혼시키는 약속을 하는 이이나즈케(許婚)라는 풍습은 무사와 귀족들 사이에서 헤이안(平安)시대부터 왕성하게 행해졌으며 에도(江戸)시대에 와서는 일반 서민에게도 확산되었다.

3 성행하는 장의업체

일본 후생성 인구문제연구소 통계에 따르면 2010년경에는 사망자 수가 출생자 수를 넘어서고, 2025년에는 한해 사망자 수가 지금의 두 배가량 되는 170만에 달할 것이라고 한다. 따라서 일본에서는 인구 감소와 더불어 사망에 따른 제반 사회적 비용이 앞으로 꾸준히 증가할 것으로 보인다.

일본의 전통적인 장례풍습에는 마츠고노미즈(末期の水), 콘요비(魂呼び), 마쿠라메시(枕飯)라는 독특한 의식이 있다. 마츠고노미즈는 일종의 사수(死水)라고 할 수 있는데 임종하면 가족 누군가가 죽은 사람 입에 물을 넣는 것을 말한다. 저 세상에서 기아와 갈증의 괴로움이 없기를 바라는 마음에서 행해진다. 최근에는 물 대신 나무 젓가락에 탈지면을 감고 물을 적신 후 입술에 대주는 것으로 대신하기도 한다.

콘요비는 임종한 사람의 머리맡 혹은 지붕 위에 올라가 고인의 이름을 부르며 몸에서 빠져나가려는 혼을 멈추게 하거나 되돌아오게 하는 의식을 말한다. 혼을 불러 멈추게 하고 소생시키려는 주술적 의식에는 대나무 통에 쌀을 넣어 사자의 귓전에서 흔드는 방법도 있다.

마쿠라메시는 고인이 사용했던 차왕(茶碗, 밥공기)에 쌀밥을 수북하게 쌓아 중앙에 젓가락을 꼽고 머리맡에 놓아두는 의식이다. 혼이 몸으로부터 빠져나간 뒤 장례식 전에 한번은 돌아온다는 속설이 있어 그 때 먹을 수 있도록 식사를 마련해 놓는 것이다.

오래 전부터 일본에는 사체를 처리하는 4가지 방법이 전해져 왔다. 사체를 불에 태워 뼈만 보관하는 화장, 사체를 땅에 묻는 토장, 강이나 바다에 사체를 흘려보내는 수장(배에 태워 흘려보내는 경우도 있음), 산이나 숲 속에 사체를 놓아두는 풍장이 있었다. 토장은 죠오몬(縄文)시대에 일반적으로 행해졌으며, 불교의 영향을 받기 시작한 나라(奈良)시대부터 화장이 시작되어 무로마치(室町)시대에 들어와서는 주류를 이루게 되었다. 지금은 화장이 일반화되어 있으며 토장이나 풍장은 지역 특성에 따라 일부만이 남아있다.

정식 불교식으로 장례식이 행해지기 시작한 것은 헤이안(平安)시대 이후부터이다. 한편 기독교식으로 행해지게 된 것은 메이지(明治)시대에서 다이쇼(大正)시대에 들어오면서부터이고, 꽃을 바치는 풍습도 이 무렵부터 시작되었다고 한다. 특히 화장할 때 유족들이 소각로 앞 사체 옆에 기다리고 있다가 다시 유골을 수습하는 습관은 다른 나라에서는 찾아보기 어려운 일본 장례풍습의 특징이라 할 수 있다.

한편 토장을 아직도 행하고 있는 지역에서는 희망할 경우 먼저 신청서를 제출해야 한다. 무덤을 팔 때 술을 마시면서 하는 습관이 있는데 이 술을 아나호리사케(穴堀り酒)라고 한다. 무덤을 파는 일이

끝나면 악령이 들어가지 않도록 괭이나 낫 등의 연장을 넣어두거나 그 자리를 나뭇가지로 가린다. 토장 후 집으로 돌아갈 때는 뒤를 돌아보지 않고 온 길을 피하여 다른 곳으로 돌아가거나 인가(人家)에 들리지 않는다. 그 이유는 죽은 넋이 따라오는 것을 두려워하기 때문이다.

공업화에 따른 도시화가 진행되기 이전에는 대부분의 지역에서 장례식은 촌락 안에서 구성원들 간에 서로 도와가며 행해졌다. 그러나 1950년경부터 각지에 전문 장의업자가 장례도구를 임대 혹은 판매하기 시작하면서 장례식이 상업적 영역으로 편입되었다. 현재 일본에는 약 5천여 개의 장의업체가 있다. 주문만 받아 장례의식은 다른 업체에게 넘기는 장례식 브로커도 1백여 개나 된다고 한다. 이런 장의시장 규모는 약 3조 엔에 달하는 것으로 추정하고 있다. 그래서 전문장의업체뿐 아니라 백화점, 호텔, 보험사까지 이 시장에 뛰어들어 치열한 경쟁을 벌이고 있다. 도쿄의 최고급 호텔인 뉴오타니 호텔은 이미지를 훼손할 우려가 있음에도 불구하고 장례식장을 더욱 고급스럽게 꾸미고 있을 정도다.

장례식이 있는 하루 전날 일가친척이나 친지들이 함께 모여 고인과 함께 하룻밤을 지내는 의식을 오츠야(お通夜)라고 한다. 요즘은 임종한 당일 날 밤에 하는 경우도 종종 있다. 오츠야에는 일가친척 이외에도 가까이 지냈던 지인들이 참석하는 것이 일반적이지만, 원래는 고인과 함께 금기생활을 빈소에서 보내는 유족으로 한정되어 있었다.

그리고 일본 장례식의 절반 정도는 아직도 자택에서 행해진다. 사람이 죽으면 현관에 발을 뒤집어 달고 '기중(忌中)' 팻말을 붙인다. 그리고 죽은 사람에게는 스님에게 부탁하여 '계명(戒名)'을 지어준다. 영결식은 장례식 혹은 그 후에 행하는데, 영결식에 참석한 사람은 분향 또는 헌화한 뒤, 유족들에게 애도의 말을 전한다. 고인의 영전에 바치는 물품이나 금전을 넓은 의미에서 '고덴(香典)'이라 하는데 액수는 이웃인 경우 3~5천 엔, 동료 혹은 친구인 경우에는 1만 엔 정도라고 한다.

영결식 후, 화장터에 가서 화장을 하고 화장한 뼈는 고츠츠보(骨壷, 뼈단지)에 담는데, 이 때 젓가락으로 사람에서 사람으로 전해 담는다. 유골과 함께 귀가해서 다음 날 납골(매장)한다. 묘지가 정식으로 정해지지 않았을 경우나 멀어서 바로 갈 수 없는 경우에는 사원의 납골당에 일단 맡겨 두었다가 후일 매장하는 경우도 있다. 또는 최대 재일인 49일재까지는 집안의 불단에 모셔두기도 한다.

11 일본을 바로보기 위한 핵심 단어

엔료遠慮

엔료(遠慮)라는 말은 과거 에도(江戸)시대부터 쓰였다. 자기 집에만 있도록 해 바깥출입을 못하게 하는 형벌의 하나로 그 대상은 사무라이 혹은 승려였다. 여기서 유래되어 지금은 '삼가다', '사양하다'는 의미로 사용 된다.

일본에서 생활하게 되면 엔료라는 단어는 여러 상황에서 수 없이 많이 접하게 된다. 말보다는 게시판, 푯말, 안내문 등을 미리 붙여 주의 내지는 경고를 함으로써 서로간의 말다툼을 미연에 방지하는 사회적 관습이 엿보인다고 일본을 방문한 경험이 있는 외국인들은 입을 모은다. 이런 안내문에 자주 등장하는 단어가 바로 엔료이다. 즉, 무엇인가를 삼가라는 뜻을 담고 있다. 가령 이곳에서는 담배를 피워서는 안 되고, 이곳에서는 휴대전화를 사용해서는 안 된다는 식의 문장을 특히 사람이 많이 모이는 공공장소에서 쉽게 찾아 볼 수 있다.

그래서 일본을 가게 되면 우선 세워진 안내문이나 주의문구를 눈여겨 봐 두어야 한다. 그렇지 않으면 낭패를 보기 일쑤이다. 가령 우리나라에서처럼 버스를 이용하면서 서슴없이 휴대전화를 사용하면 주위로부터의 따가운 눈총을 피하기 어려울 것이다. 버스에는 어김없이 휴대전화를 삼가 해 달라는 주의문이 붙어 있다.

그런데 엔료라는 말이 우리말로 '삼가다' 정도로 직역이 된다면 좋겠지만, 엔료는 그 이상의 다양한 의미를 담고 있다. 그래서 우리말로 옮기기 어려운 일본어 중 엔료는 그 대표적인 무리에 속한다. 그러나 엔료라는 단어가 어떤 상황에서 쓰이는지 몇 가지 사례를 보며 번역은 어려워도 그 설명이 가능해 진다.

가령 누군가의 집을 방문한 손님이 시간가는 줄 모르고 있다가 식사시간이 다가와 주인이 식사하기를 청하면 손님은 엔료시데(遠慮して, 사양하면서) 거절하지만 주인은 도우죠 엔료나사라 나이데(どうぞ遠慮なさらないで, 의역한다면, 그러지 말고 드시고 가세요)라고 말한다. 손님이 주인의 청을 받아들일 것인가 말 것인가는 결국 엔료의 정도에 따라 정해진다. 또한 엔료는 특정한 사람과 대화를 하지 않거나 일정 거리를 유지하는 데도 쓰인다. 즉 엔료 노 나이 아이다가라(遠慮のない間柄, 스스럼없는 사이)라는 표현 속에 나타나듯이 엔료는 거리낌 혹은 꺼림의 의미도 갖고 있다.

특정한 모임에서 너무 숨김없이 솔직히 발언하면 엔료가 없다고 해서 비난을 받는다. 즉 엔료를 하지 않으면 자신이 필요로 하는 요구사항을 다른 사람들에게 강하게 강요하는 것으로 비춰진다. 이러한 엔료 문화는 집단적 행동의 규범으로 나만을 너무 강조하지 않는 일본적 개인행동의 기본적 원리와 부합된다고 볼 수 있다. 물론 너무 엔료를 강조하다 보면 주위의 사람들과 가까워질 수 있는 기회조차 상실하게 될 우려가 있다.

일본에서 열리는 학회에 참석해보면 발표자의 발표와 토론자의 조언이 끝난 후 회원들에게 내용에 대한 질문과 의견을 듣는 순서가 오면 회의장은 한참 동안 조용해진다. 진행자가 회의장에 모인 회원들의 질문이나 발언을 유도해 보지만, 좀처럼 나서는 사람이 없는 경우가 대부분이다. 모두 서로의 눈치를 보며 엔료하고 있는 것이다. 하고 싶은 말이 있어도 혹시 나보다 더 중요한 발언을 할 사람이 있을지도 모르고 너무 내 욕심만 내세우는 것이 아닌가 하고 내가 아닌 전체를 먼저 생각하기 때문이다. 물론 이런 경우에는 사회자가 회의장의 누군가를 지명하여 발언을 부탁한다.

그런데 이 발언을 계기로 회의장은 뜨거워진다. 참고 있었던 발언 욕구가 터져 나와 서로 손을 들고 의견을 제시하려 한다. 저 사람이 저 정도의 발언으로 이 정도 시간을 소요했다면 내가 하려 했던 발언도 시간과 내용을 생각해 보면 모두에게 폐를 끼치는 것이 아닐 것이라 생각하고 더 이상의 엔료는 하지 않게 된다.

가장 엔료가 불필요한 사이라면 부모와 자식 사이 그리고 가까운 친척이나 친구사이 일 것이다. 그러나 가까운 사이도 아니고 그렇다고 전혀 모르는 남이 아닌 사람에게 엔료는 일본사회에서 절대적으로 필요한 행동규범이다. 엔료는 주제넘게 참견하거나 남의 일에 너무 깊게 간섭하는 행위를 방지해주는 방어벽이 되기 때문으로, 일본 사회에서의 대인관계에 매우 중요한 요소임에 틀림없다.

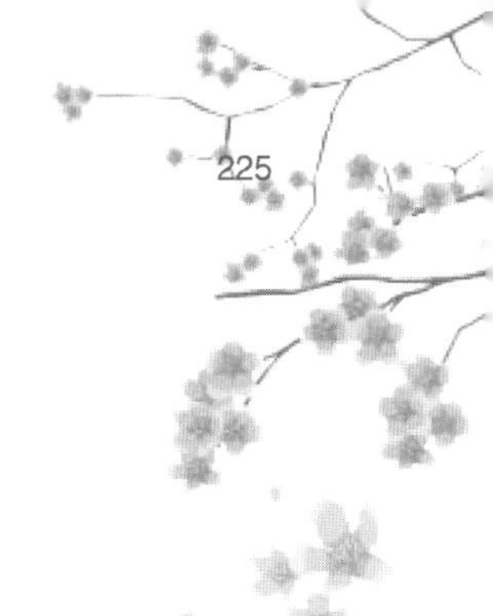

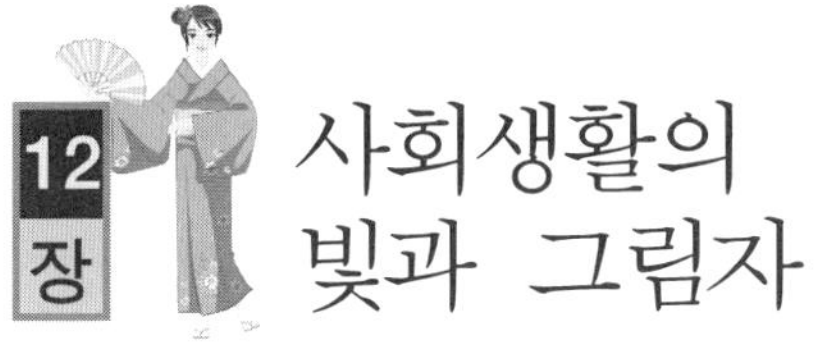

12장 사회생활의 빛과 그림자

!? 1 전 국민 모두의 이동수단 전철

일본의 도심에서 자동차를 손수 몰고 출퇴근하는 사람을 찾는 것은 어렵다. 출퇴근하는 거의 모든 사람이 거미줄처럼 엮여있는 전철 혹은 지하철을 이용한다고 보면 된다. 통근뿐 아니라 통학 역시 그렇다. 이런 상황이기 때문에 일본을 이해하는데 전철을 빼놓을 수 없다.

우리 역시 전철은 노선이 꾸준히 증가면서 이용객이 늘어나고 있으나 일본에 비하면 아직 그 규모 면에서 비교대상이 못 된다. 우리와 크게 다른 것은 직위고하를 막론하고 전철을 이용한다는 것이다. 웬만한 규모의 기업사장은 물론 자동차가 집에 몇 대씩 있어도 출근할 때 자동차를 타고 집을 나서지는 않는다. 그만큼 전철은 일본 사람들의 삶에 밀착해서 편리성을 제공하고 있다고 보면 된다. 일본에서 처음 만난 사람과 통성명할 때 사는 곳은 대부분 가장 가까운 역 이름을 노선이름과 함께 말하면 된다.

물론 일본의 전철이 현재의 모습을 갖추기까지는 많은 노력이 있었다. 자동차의 대중화로 도심의 정체가 극심하던 1960년대 전부터 도심의 전철 계획이 실행에 옮겨졌으며, 특히 중앙정부 혹은 지방자치단체가 운영하는 전철이 아니라 개인이 운영할 수 있는 사철(私鉄)이 놓이면서 비약적인 발전을 하였다. 도쿄 등의 도심에서의 출퇴근 시간 혼잡도는 이루 말할 수 없을 정도로 높은 노선이 있으나 이 역시 점차 그 정도를 낮추어가고 있다. 일본 국토교통성 조사에 따르면 전국의 혼잡율은, 1975년 평균 혼잡율(혼잡 시간대 1시간 평균)이 도쿄지역 221% 오사카 지역 199% 나고야 지역 205%이었으나, 2003년에는 도쿄지역 171%, 오사카 지역 137%, 나고야 지역 146%로 완화되었다.

한편 전철이 얼마나 일본 직장인 또는 통학학생들과 밀접한 관계에 있는가를 알 수 있는 것이 바로 '지연증명서'이다. 우리는 전철이 어떤 사유에서든지 늦게 도착을 한다든지 하면 그 자리에 있지 않았던 사람에게 입증해 보일 수가 없다. 가령 전철 사고로 회사에 지각한다든지 학교에 늦으면, 있던 상황을 그대로 전언하는 정도로 선처를 바랄 수밖에 없다. 그러나 일본에서는 전철이 늦었을 경우 반드시 역에서 지연증명서를 배부한다. 이 지연증명서는 지각한 것이 내가 늦어서가 아니라는 정당성을 입증해 주는 좋은 자료로 쓰인다.

도쿄의 하라주쿠역

요즘 우리의 전철문화를 유심히 들여다보면 일본과 비슷해져 가고 있다는 생각이 든다. 에스컬레이터를 타고 이동할 때 한쪽을 비워두어 바쁜 사람을 걸어갈 수 있도록 배려하는 것이 그렇다(우리는 왼쪽을 비우지만, 일본은 오른쪽을 비워둔다). 전철은 분명 공공의 장소이고 이에 따르는 남을 생각하는 행동이 따라야 함은 분명 옳은 일이다. 전철에서 내리는 사람보다 먼저 전철에 탄다든지 전철 문 앞에 서서 타고 내리는 사람을 방해하는 행동 등은 일본 전철에서는 찾아보기 힘들다.

특히 남을 배려하는 일본 사람들의 행동양식은 전철에서 신문을 보는 것을 지켜보면 분명하게 드러난다. 출근 시간 우리와는 달리 일본 직장인들의 많은 사람들이 경제신문을 읽는다. 신문을 펼치고 읽기에는 전철 안에 사람이 너무 많고 읽기는 읽어야 하고 그래서 생각해낸 것이 문고서적 정도의 크기로 신문을 접어 돌려가며 읽는 것이다. 아침 출근 전철 속에서 쉽게 볼 수 있는 광경이다.

우리나라와는 달리 에스컬레이터의 오른쪽을 바쁜 사람들을 위해 비어둔다.

일본에서의 전철은 이렇듯 사회생활과 밀접한 연관성이 있지만, 이미 초등학교 때부터 전철 이용은 생활화되어 있다고 해도 과언이 아니다. 웬만한 거리는 부모와 함께 전철로 이동하고 전철로 통학을 하는 경우에는 비닐로 만들어진 전철 정기권 지갑을 목걸이처럼 목에 걸고 통학을 하는 초등학생을 어렵지 않게 발견할 수 있다. 전철 정기권은 직장인 대부분이 갖고 다닌다. 시중 백화점 지갑 코너에 가면 정기권만 넣어 들고 다닐 수 있는 지갑이 다양하게 놓여 있다.

〈참고〉혼잡율을 측정하는 전철 내부 상황

100%＝정원전철. 좌석에 앉거나 손잡이를 잡거나 세워진 기둥을 잡을 수 있다.

150%＝신문을 펼치고 읽을 수 있다.

180%＝신문을 4분의 1정도로 접으면 신문을 읽을 수 있다.

200%＝신체가 서로 밀착되어 상당한 압박감을 느끼며 주간지 정도는 위로 올려 겨우 볼 수 있다.

250%＝전철이 흔들릴 때마다 승객모두가 하나가 되어 움직이면서 손조차 움직일 수 없다.

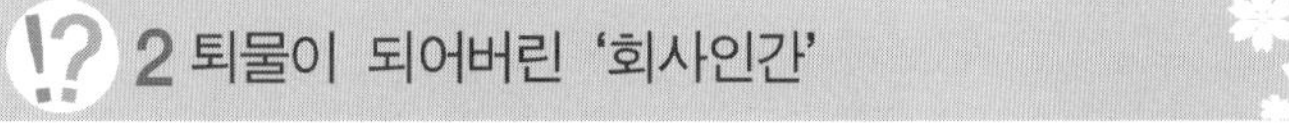

2 퇴물이 되어버린 '회사인간'

1980년대 중반 '일본적 경영'이라는 단어가 국제적으로 관심을 끌었던 때가 있었다. 이 당시 일본 경제는 탄탄한 제조업 경쟁력을 가지고 세계를 석권하고 있었다. 특히 일본의 전자산업과 자동차산업의 강력한 국제경쟁력은 관련 연구자들의 사례연구 대상으로 자주 거론되었다. 그 경쟁력의 원천이 어디에 있는지를 밝히는 과정에서 일본 특유의 경영 방법과 생산 방식을 지적하면서 새롭게 이러한 현상을 '일본적 경영'이라고 규정했었다. 기존에는 찾아볼 수 없었던 일본만의 무엇인가가 있다는 결론이었다. 세계적으로 인정받고 있는 도요타자동차의 '간반 생산 방식' 등이 그 대표적인 사례이다. 이렇듯 일본 경영을 세계적인 수준으로 끌어올릴 수 있었던 원동력은 무엇이었을까? 그 이유는 몇 가지 학술적 검증에 의해 규명된 대표적인 일본적인 요소라고 할 수 있는 종신고용과 연공서열에서 찾아 볼 수 있을 것 같다.

회사와 일생을 같이하며 회사의 성장이 곧 자신의 성장이라고 생각하며 오랜 기간 일본의 근로자들은 '회사인간'이 되어 살아왔다. 근무하는 회사를 바꾸는 것은 옳지 못한 것이라는 사회적 인식 속에 전직은 거의 불가능에 가까웠다고 할 수 있다. 평생직장으로 생각하고 다니던 회사를 옮기는 사람에게는 무엇인가 문제가 있다는 생각에서였을 것이다.

이렇게 헌신하는 근로자에게 일본의 회사는 근무연수가 늘어나면 날수록 급여가 올라가고 더 나아가 그의 가족까지도 책임을 지는 모습을 보였던 것이다. 즉 승진은 기본적으로 실력보다는 시간이 지나면 가능해지는 연공서열이었던 것이다.

이러한 일본적인 회사문화가 1980년대까지 일본의 성장을 이끌어 왔다. 그러나 1990년대 들어와 장기침체를 맞으면서 그 신화는 서서히 무너져 내렸다. 종신고용에 대한 생각을 달리하는 회사가 늘었고, 급여와 승진은 능력과 실력에 좌우되어야 한다는 생각이 확산되고 있다. 이제 일본은 새로운 회사문화가 필요한 시기에 와 있다. 1980년대 세계인의 주목을 받았던 '일본적 경영'의 새로운 형태 '新 일본적 경영'을 이루어야 할 때인 것이다.

이 밖에 몇 가지 일본 회사 혹은 근로조건 등의 기본적인 사항에 대해 살펴보도록 하자. 먼저 근무시간을 보면, 1993년 개정된 '노동기본법'에 따르면 최장 노동시간은 '1일 8시간 주 40시간'으로 제한하고 있다. 이에 따라 많은 기업이 주 5일 근무를 시행하고 있다. 규모가 작은 기업은 아직 자유롭게 시행하고 있으나, 일본의 연간 노동시간은 패망 이후 50년이 넘어 겨우 구미의 선진국 수준을 유지하게 되었다. 2004년 통계를 보면 일본 제조업에 종사하는 근로자의 연간 노동시간은 1965시간으로 미국의 2005시간과 영국의 1934시간의 중간수준에 와 있다.

다음으로 어느 정도의 급여를 받는가를 살펴보면 종업원 30인 이상 기업의 월 급여액은 38만 7,638엔이다(2004년 후생노동성 통계). 여기에는 잔업수당과 특별수당(보너스)도 포함되어 있다. 이 임금수준을 다른 선진국과 비교해 보면, 일본을 100으로 했을 때 일본보다 높은 수준에 있는 나라는 약 120 수준을 기록하고 있는 스위스밖에 없다. 독일, 스웨덴은 약 85, 미국, 영국은 65정도이다. 그러나 높은 일본의 물가를 감안하면 세계 2위의 임금수준도 무색해진다. 일본 근로자들의 삶이 보다 윤택해지기 위해서는 토지 가격을 포함한 물가가 조정되어야 하지 않을까 생각한다.

마지막으로 최근 일본의 직장인들의 전직이 늘어나는 이유이기도 한 단신부임이 증가하고 있는 이유에 대해 알아보도록 하자. 먼저 편리해진 교통을 들 수 있을 것 같다. 신간센(新幹線)은 물론이고 국내 항공도 다양한 시간대의 노선을 어렵지 않게 이용할 수 있다. 찾기 어려울 정도의 오지가 아니라면 일본 전역을 하나로 연결하고 있는 기차노선으로 통근이 가능하기 때문이다. 주말에 가족과 함께 시간을 보내고 월요일 아침 일찍 부임한 곳으로 돌아가는 직장인이 늘고 있다. 또한 단신부임이 많아지는 것은 자녀 교육과도 연관이 있다. 부모의 전근과 함께 학교를 옮기면 수험생에게 치명적일 수 있다는 생각에서 자녀는 도심 등에 그대로 남는 경우가 대부분이다.

3 자유로운 젊은이

일본 역시 우리나라와 같이 졸업을 앞둔 대학생들의 최대 관심사는 취직이다. 단 서로 차이가 있다면 일본의 대학생들은 취직을 위해 도서관에서 밤 낮 없이 시험을 대비하여 영어와 씨름을 하지 않는다는 것이다. 물론 외국어는 취직 여부를 가늠하는 중요한 요소임에는 틀림없다. 그러나 반드시 갖추어야 할 필요조건은 아니다. 외국어보다는 반복되는 심층 면접을 통해 인재를 확인하는 인사시스템을 갖는 회사가 대부분이다. 그리고 취직활동 기간이 정해져 있어 해당 학생과 일본 대부분의 회사가 같은 시기에 일사불란하게 움직이는 양상이 우리나라와 다르다.

학생시절을 마감하고 사회에 진출하기 위해 체험하게 되는 첫 관문이 바로 '취직활동'이다. 일본의 대학생들은 빠르게는 3학년 말부터 취직활동을 한다. 크게는 공무원과 일반회사로 나뉘어 준비를 한다고 볼 수 있다. 빠른 경우에는 4학년(2년제는 2학년) 여름방학 전에 내정(内定, 비공식적인 입사확인서)을 받기도 하지만 일반적으로 4학년 여름방학이 지나고 마지막 학기를 맞게 되면 대부분의 학생이 진로를 정하면서 길었던 취업활동을 마치게 된다. 그래서 일본의 대학 4학년들에게는 그 해 여름이 더 뜨거울 수밖에 없다. 얼마나 발로 뛰어 다니느냐, 얼마나 회사 설명회에 많이 참가하느냐, 얼마나 취업관련 정보를 많이 입수 하느냐가 남보다 먼저 내정을 받을 수 있는 지름길이기 때문이다.

일반적으로 대부분의 학생이 취직활동을 시작하면서 회사안내를 읽고 회사설명회에 찾아다니고 회사방문을 하지만, 일부 유명대학의 경우에는 추천제도가 주로 이용된다. 우리나라 대학과 마찬가지로 특정 회사가 특정 대학을 돌며 취직활동 시기에 설명회를 개최하기도 한다.

한편 이렇듯 대학을 졸업하면서 취직을 하는 사람이 있는가 하면 일본의 사회적 문제로까지 대두되고 있는 프리터(일정한 직업 없이 아르바이트로 생활하는 사람)로 남기를 원하는 학생들도 적지 않다. 프리터는 직장에 들어가 정규사원이 되기보다 특정 직업 없이 아르바이트로 생활하면서 자유를 누리는 젊은이를 가리키는 말로, 현재 일본에 200만 명이 훨씬 넘는 것으로 추산되고 있다. 또한 프리터의 연령층도 최근에는 30대까지 확대되는 등 젊은 층의 자발적 실업이 사회문제화 되고 있다.

최근 더 이상 프리터의 증가를 두고 볼 수만은 없다며, 민관이 합동으로 젊은이들의 고용문제 해결에 적극 나서고 있다. 우선 프리터 20만 명을 정규사원 등으로 회사에 취직시킨다는 목표를 세웠다. 이를 위해 경제계와 노동계, 정부 관계자 등이 참가하는 '젊은이의 인간력을 높이기 위한 국민회의'를 2005년 5월 설치했다. 일본 후생 노동성은 기술이나 지식을 축적하기 어려운 프리터의 증가는 본인들의 문제만이 아니라 인재가 육성되지 않음으로써 산업의 활력과 국제경쟁력을 떨어뜨리는 국가적 문제라고 심각하게 받아들이고 있다.

한편 일본 내각부의 자료에 따르면 직업이 없고 학교에도 가지 않으며 직업훈련도 받지 않는 15~34세 사이의 젊은이를 가리키는 이른바 '니트족(NEET族 · Not in Employment, Education or Training)'이 2004년 말 현재 84만 7천 명에 달한다고 한다. 이는 후생노동성이 노동경제백서에서 추정한 2002년 니트족 수 48만 명은 물론 2003년 추정치 52만 명보다도 훨씬 많은 것이다. 원래 니트(NEET)라는 말은 학교를 졸업해도 일하지 않는 젊은이가 늘어난 1990년대 후반 영국에서 생겨난 말이다. 조사에서 니트족 수가 크게 늘어난 것은 후생노동성이 통계에서 제외했던 집안일을 돕는 것 외에는 아무 일도 하지 않는 사람들을 포함했기 때문이라고는 하지만, 사회전반에 걸쳐 확산되고 있어 심각한 수준에 이른 것으로 판단된다.

니트족이 증가하고 있는 이유는 1990년대 일본경제의 장기침체에서 찾아 볼 수 있다. 계속되는 불황으로 일본기업들은 신규채용을 꺼렸고 그 결과 일자리를 찾지 못하는 젊은이들이 희망을 잃었다. 이들은 주위와의 연락을 끊은 채 자신감을 잃고 살아간다. 1990년대 니트족이 늘어났던 영국에서는 사회진출을 하지 않은 젊은이들이 마약과 알코올 중독에 빠지는 등의 문제가 야기되었지만, 일본에서는 경제에 미치는 악영향이 우려 된다.

경제활동에 참여하지 않는 가용노동력이 늘어나면 국내총생산(GDP)을 끌어내리게 된다. 일하지 않기 때문에 수입이 생기지 않고 그래서 돈을 쓰지 않기 때문에, 기업의 생산 활동에 아무런 영향을 미치지 않는 인구가 늘어나는 것이다. 즉 국가 경제의 활력이 약해지는 원인을 제공하게 되는 것이다. 그렇지 않아도 고령화 정도가 심해지면서 활력을 잃어가는 일본경제가 더블펀치를 맞는 꼴이 된 것이다.

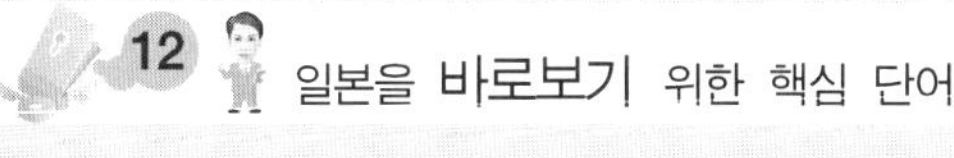

기리義理와 닌죠人情

연말을 즈음하여 일본을 방문하게 되면 빨간색 깃털을 옷에 꽂고 다니는 사람들을 전국 각지에서 볼 수 있다. 매년 10월 1일부터 12월 31일까지 홋카이도(北海道)에서 오키나와(沖縄)에 이르는 일본 전역에서 일제히 공동모금 운동이 펼쳐진다. 대부분 역 앞에서 모금활동을 벌이고 모금함에 기부를 하면 빨간색 깃털을 옷에 달아준다. 각 지역의 주민과 학생들이 주로 거리로 나와 지나가는 행인들에게 따뜻한 인정을 호소한다. 이러한 모금활동은 1947년부터 공동모금회라는 민간단체에서 운영하기 시작했지만 1951년 사회복지사업법이 제정되면서 명실공히 법제화된 단체로 거듭났다. 그 후 사회복지사업법은 2000년에 사회복지법으로 개정되어 현재 전개되고 있는 공동모금은 이 법에 준해 실행되고 있다.

현대를 살아가는 일본사람들에게서 인정을 찾아볼 수 있는 많지 않은 사례를 이와 같은 모금운동을 통해 엿볼 수 있다. 매년 어느 정도의 모금이 가능한지는 차치하더라도 50년 넘게 전 국민이 일사불란하게 복지개선과 도움의 손길이 필요한 곳을 향해 인정을 베푼다는 것은 결코 쉽지 않은 일이다. 그러나 시간이 지나면서 모금운동이 초기와는 달리 원래의 빛이 퇴색되어 가고 있다고 한다. 일본 국민 대부분이 윤택한 삶에 근접해 가면서 도움을 필요로 하는 곳이 줄었고 남을 위해 인정을 베푸는 데도 예전 같은 열의를 보이지 않기 때문이다.

닌죠(人情, 인정)란 넓은 의미에서 사랑, 호의, 비애, 동정, 슬픔 등 일반적인 인간 감정을 뜻하는 것으로 부모관계 혹은 애인관계에서 보이는 것처럼 사람에 대해 품는 극히 자연스러운 감정으로 볼 수 있다. 이러한 닌죠는 분명 일본의 전통적인 행동개념으로 일본사람들의 행동지침의 중요한 부분을 차지했었다. 그러나 현대 일본 사회에서 닌죠라는 개념은 이미 오랜 전의 것으로, 자주 입에 오르내리는 단어와는 너무 거리가 멀게 느껴진다. 일본의 인터넷 검색 사이트에서 닌죠라는 단어로 검색을 해 보아도 현대사회와 연결고리를 찾아 볼만한 사이트를 발견하기 어렵다. 일본의 전통적 문화양식이라 할 수 있는 지다이게키(時代劇, 사극) 혹은 라쿠고(落語, 만담)를 듣고 있다 보면 가끔 닌죠라는 단어가 들리기는 하지만 현대의 매스미디어를 통해 같은 단어를 접하는 기회는 극히 드물다. 현대 일본인에게는 잊혀져 가는 개념이며 단어임을 반증하는 좋은 사례가 아닐까 싶다.

한편 일반적으로 일본적 특징을 그것도 계승 여부를 떠나 전통적인 개념을 설명할 때 닌죠는 반드시 기리(義理, 의리)와 함께 쓰인다. 기리란 다른 사람과의 관계에 있어서 그 사회가 명령하는 대로 행동해야 하는 의무와 같은 것이다. 그러나 사회적 연결고리를 갖는 특정한 사람에게만 적용되기 때문에 보편적 개념이라기보다는 개별적인 기준이 된다고 볼 수 있다. 따라서 기리란 호혜적인 관계를 지키는 것을 의무화하는 규범으로 도움을 받은 사람에게 도움을 준다든지, 친절을 베푼 은인에게 다시 그 친절을 갚는 것이라 할 수 있다. 이러한 개념은 사회 구성원에게 가령 인정을 저버리더라도 사회적 통념상 당연시되는 호혜관계를 강요하는 도덕적인 힘을 의미한다.

이러한 일본사람들의 전통적 행동지침이 본격적으로 사회 전반적으로 나타났던 시점은 일본의 봉건시대로 특히 무사들의 정신세계에서 뚜렷하게 나타났다. 당시 무사들에게 기리란 목숨을 던져서라도 주군에게 봉사하는 의무임과 동시에 주군으로부터 받은 은혜를 반드시 잊지 않는 것이었다. 물론 아직도 일본에서 이와 유사한 기리를 지키는 것은 도덕적으로 매우 높은 가치가 있는 듯 보인다. 은혜에 보답할 의무를 소홀히 하면 신용을 잃게 되고 결국 지지를 영원히 받지 못하게 된다. 일반적으로 인간의 감정은 사회 규범과 모순되지 않기 때문에 기리를 지키는 것이 닌죠를 부인하는 것은 아니라고 볼 수 있다. 그러나 가끔 사회적 의무와 자연스러운 감정 사이에서 고민하는 경우가 종종 있음을 부인하기 어렵다.

과거 봉건사회 무사들이 가졌던 기리의 행동개념은 닌죠와 마찬가지로 그 의미 자체는 이미 옛것이 되어 현대 사회에서 찾아보기 어려워졌다. 그러나 우리가 흔히 말하는 의리상 어쩔 수 없이 한다고 말하는 것처럼 일본 역시 이러한 의미의 기리는 여전히 남아있다. 그 좋은 사례를 여성이 남성에게 사랑을 고백하며 초콜릿을 건네는 발렌타인데이를 즐기는 일본 젊은이들 사이에서 찾아 볼 수 있다. 물론 우리나라와 마찬가지로 이날은 연인 간에 매우 중요한 날이기도 하고, 진정한 의미에서 사랑 고백이 이루어지기도 한다. 그러나 주변의 남성에게 의리상 어쩔 수 없이 초콜릿을 주는 것도 우리와 비슷하다. 이렇게 전달되는

초콜릿을 일본에서 기리초코(ギリチョコ, 의리초콜릿)라고 한다. 직장의 남성은 이날 기리초코를 몇 개 받았는가를 놓고 회사에서의 인기 정도를 가늠하기도 한다. 현대 일본사회에서 기리와 닌죠를 찾아보기는 어려워졌다. 그러나 그 개념은 지금도 일본사람의 행동지침으로 중요한 위치를 차지하고 있다. 우리가 의리와 인정을 등지고 살아가는 사람을 높게 평가하지 않는 것처럼.

13장 일본의 마음을 읽을 수 있는 문예와 종교

1 여장한 남자 배우

일본의 대표적인 고전연극 가부키는 에도(江戸)시대에 생겼다. 1603년경 이즈모타이샤(出雲大社)라는 신사(神社)에서 오쿠니(阿国)라는 미코(巫女, 신사에서 봉사하는 미혼 여성)가 염불에 가락을 붙여 춤을 추기 시작한 것에서 유래되었다. 원래는 종교적 목적으로 염불에 맞추어 추던 춤이었으나 이전과는 달리 색다른 시도를 해 세간의 관심을 끌었다. 가무를 하는 것은 물론 남장을 하고 술집에서 술을 먹는 장면을 연출한다든지, 당시 포르투갈 등에서 수입된 희귀한 옷으로 치장을 하는 등 이국적인 분위기를 선보였다. 이러한 이상하

면서도 기발했던 춤을 '가부키오도리(かぶきおどり)'라고 불렀다.

여기서 말하는 가부키는 가부쿠(傾く)라는 동사원형에서 만들어졌다. 가부쿠는 한쪽으로 쏠린다는 뜻과 함께 평범하지 않고 특이한 모습 혹은 우스꽝스럽다는 의미도 갖고 있다. 즉, 당시 가부키는 그간 접해보지 못했던 이색적인 모습을 뜻하는 것이었다고 볼 수 있다. 이러한 평범하지 않은 행동은 일상생활에까지 확산되어 자신의 키와 비슷한 길이의 칼을 차고 다니거나, 긴 담뱃대를 사용하는

 오쿠니의 가부키

등, 남과 다른 행동을 하는 사람이 유행처럼 늘어났고 이런 사람들을 가부키모노(かぶき者)라고 불렀다.

전혀 색다른 시도를 하며 유행을 만들어갔던 당시 오쿠니의 춤을 모방하여 여자들만으로 구성된 극단이 만들어지기 시작했다. 이러한 유형의 가부키가 성황을 이루자 극단에서 매춘을 겸하는 경우가 생겨났고, 여자 배우들이 연관된 풍기문란 사건도 끊이지 않았다. 그러자 당시 막부정부는 미풍양속을 헤친다는 이유에서 1929년에 이른바 온나가부키(女歌舞伎, 여자가부키)를 금지시켰다. 그 이후 다양한 조건부로 가부키가 다시 허가를 받아 무대에 올려 지기는 했으나. 이후로 가부키 무대에 여자가 등장하는 일은 없어지게 되었다. 가부키가 금지되자 가부키로 생계를 이어갔던 사람들과 가부키 애호가들이 해당관청에 지속적으로 건의를 하였고, 관청은 머지않아 여자배우들 대신에 남자로만 구성된 가부키라면 공연해도 좋다는 허가를 내리게 된다.

이런 우여곡절 속에 탄생한 것이 바로 소년 배우들이 등장하게 되는 와카슈가부키(若衆歌舞伎)이다. 남장을 한 여자들이 노래와 춤을 연출하는 가부키 대신에 미소년들이 여장을 하고 그 자리를 대신하면서 가부키는 새로운 시대를 맞게 된다. 이 당시부터 남자가 여자역을 맡게 되었는데 이를 오야마(女形) 혹은 온나카타(女形)라고 한다. 남자배우가 변칙적으로 여자역을 맡는 특수 연출을 만들어 냈다는 점에서 가부키 역사에서 새로운 획을 그었다고 볼 수 있다.

실제 와카슈 가부키는 기존의 온나 가부키와 비교하여 연극적인 측면에서 큰 차이가 없었다. 소녀 역할을 소년이 대신하는 정도의 변화였다고 볼 수 있다. 그럼에도 불구하고 다시 관객을 모을 수 있었던 것은 당시만 하더라도 가부키가 대사나 배우의 연기 능력이 중요한 연극이라기보다는 춤을 추며 아름다운 미모를 관객들에게 선보이는데 그 목적이 있었기 때문이었다.

에도(江戸) 3대 장군 도쿠가와 이에미츠(徳川家光)는 당시 가부키에 등장하던 미소년들을 자주 집으로 불러 곁에서 지켜봤던 것으로 유명하다. 그런데 이에미츠가 사망한 이듬해인 1652년에 와카슈가부키 역시 온나가부키와 비슷한 이유에서 공연이 금지된다. 미소년들이 남색의 대상으로 전락하여 소년들과 당시의 귀족 부인들과의 불순한 관계가 알려지면서 다시 가부키 공연이 사라지게 된다.

금지되었던 가부키 공연은 1년을 넘기지 못하고 1653년에 여론에 힘입어 부활한다. 그런데 이번에는 남색 문제가 다시 불거지지 못하도록 머리와 복장을 청년 차림새로 할 것과 춤과 노래만이 아닌 상세한 줄거리를 가진 연극이어야 한다는 조건부 허가였다. 이렇게 다시 관객들 앞에 선보인 가부키는 여자보다 더 자연스러운 온나가타를 연이어 탄생시키며, 춤과 노래로 관객의 시선을 모았던 기존의 연극형태에서 크게 벗어나 탄탄하고 짜임새 있는 내용전개를 해나가며 현대 가부키의 모습을 갖추게 된다.

한편 가부키는 노래(歌)와 춤(舞)과 솜씨(伎)가 하나로 묶여져 이루어내는 연극이다. 노래는 세 줄로 되어 있는 샤미센(三味線)이라는 악기와 함께 부른다. 춤은 가부키가 태생적으로 가지고 있었던 미를 연출하는데 총력을 기울인다. 마지막으로 솜씨에 해당하는 연기는 동작 하나하나에 과장된 표현을 쓰는 것이 기본이다. 특히

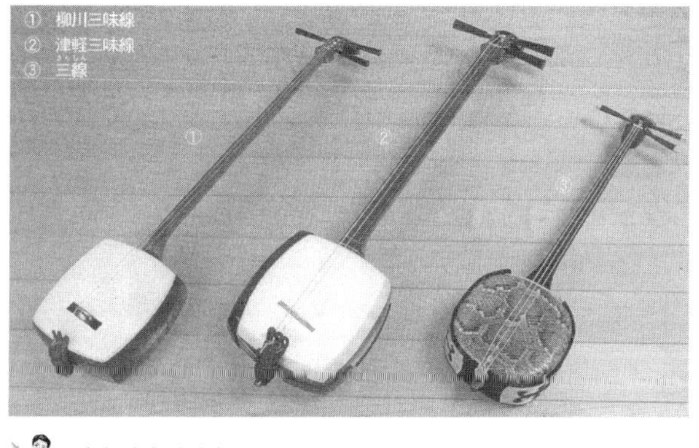

여러 가지 샤미센

이러한 연기 기술은 배우들이 대를 이어가며 다시 새롭게 창조되는 특징을 가지고 있다. 새롭게 자기만의 연기 기법을 창안해내고 다시 그것이 후배 배우에게 세습되면서 보다 세련되어져 가는 것이다. 그래서 가부키 배우들은 하루아침에 스타가 되는 일은 있을 수 없다. 꾸준한 훈련과 선배 배우들의 기법을 익혀야만 비로소 뒤를 이를 수 있는 자격이 주어진다. 이렇게 대를 이어 세습되는 것을 슈우메이(襲名)라고 하는데, 선배 배우의 이름만 이어 받는 것이 아니라 연기 기법과 고정 팬까지도 물려받게 된다.

2 일본문화의 종합예술

일본사람들이 차를 마시는 방법을 배우는 데 적지 않은 수업료를 내는 것을 많은 외국인들은 이해를 못한다. 일본 사람들이 이러한 다도(茶道)를 일본문화의 종합예술이라고 하는 것처럼 다도는 단순히 차를 마시는 것이 아니라 예술의 경지에 달해 있기 때문에 이해하는 것이 쉽지 않다. 다도는 차를 만들어 마시는 즐거움만 있는 것이 아니라 삶을 영위하는 목적과 사고방식, 그리고 차를 만드는 도구와 다실에 걸린 미술품까지 세심한 배려를 해야 하는 예술이라는 것이다. 즉 다실과 정원 등의 주거와 관련된 공간예술, 차 도구를 고르고 감상하는 공예, 차카이(茶会, 차를 마시는 모임)에 나오는 카이세키(懐石, 다도에서 차를 대접하기 전에 내는 간단한 요리)와 와가시(和菓子, 일본 전통과자) 등의 식생활, 손님을 정성껏 대접하기 위한 접대방법 등이 모두 조화롭게 융합되어야 원래 그대로의 다도라 할 수 있다.

카이세키

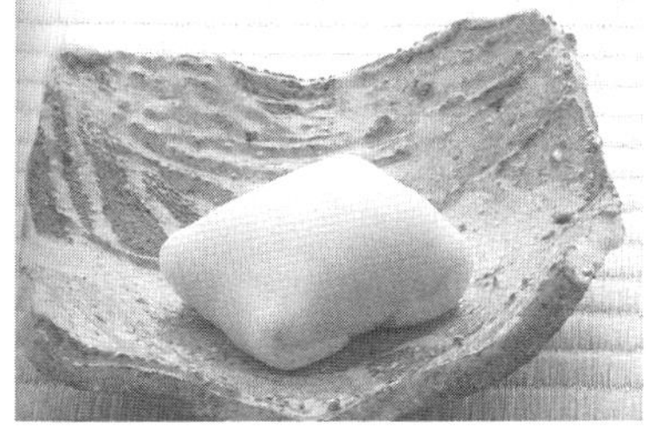

 와가시

더욱이 다도는 선종(禅宗, 불교의 일파)과도 깊은 관련이 있어 '와비(わび)・사비(さび)'라는 정신문화를 만들어 내기도 했다. 와비・사비란 와비시이(侘しい, 적적하다)와 사비시이(寂しい, 외롭다)라는 충족되지 못하는 상태를 인정하고 조심스럽게 행동하는 것을 뜻한다. 다도에서는 이러한 정신세계를 중요하게 여기며, 조용한 다실에서 차를 만드는 데 집중함으로써 마음을 안정시키는 것에 큰 의미를 부여한다. 또한 다도에는 이치고이치에(一期一会)라는 말이 있는데 이는 '사람과의 만남을 일생에 단 한번으로 생각하고 상대에게 최선을 다해 대해야 한다'는 의미이다.

중국 당(618~907년)나라 시대에 다도가 일본에 전해진 것으로 알려져 있다. 그 후 가마쿠라(鎌倉)시대에 들어와 선종이 서민들 사이에서 퍼지면서 다도문화도 전국적으로 확산되었다. 그리고 현재 다도의 원형이라고 할 수 있는 와비차(侘茶)을 완성시킨 것은 센노리큐우(千利休)라는 사람이며, 그가 죽고 난 후 자손들이 다도를 계승하면서 여러 유파로 갈라졌다.

센노리큐우가 생각했던 다도의 마음가짐은 시키시치소쿠(四規七則, 4가지 규정과 7가지 규칙)로 풀어볼 수 있다. 먼저 4가지 규정은 화경청숙(和敬清叔)의 정신을 뜻한다. 화는 서로 사이 좋게 화합하는 것, 경은 서로 존경하는 것, 청은 겉모습이 아닌 마음을 청결하게 하는 것, 숙은 무슨 일이 있어도 동요하지 않는 마음을 뜻한다.

차도구(상→하)
가마 · 나츠메 · 미즈사시 · 차왕

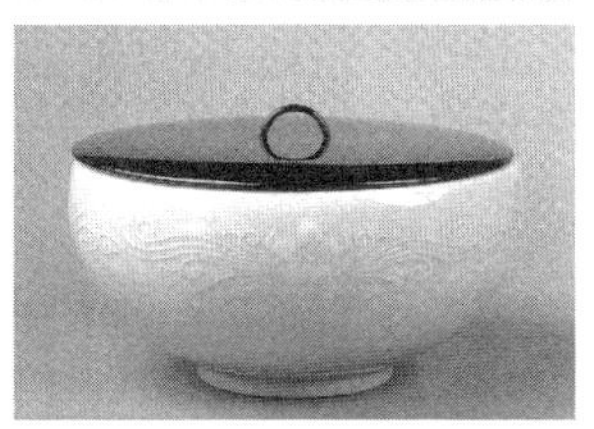

한편 7가지 규칙은 손님을 접대하는 마음가짐에 대한 것으로 '바른 마음으로 차를 젓고, 숯은 물이 끓을 정도로 적당히 놓고, 겨울은 따뜻하게 여름은 시원하게 하고, 정원에 꽃이 있도록 하고, 정해진 시간보다 서두르고, 비가 오지 않더라도 우산을 준비하고, 성심을 다해 손님을 맞아야 한다'는 것이다.

한편 다도에서 쓰이는 차는 일반적으로 마시는 차가 아닌 맛차(抹茶)라는 진한 녹색 차를 이용한다. 불을 지피고 물을 끓여 맛차를 잘 저어 마실 때까지 데마에(点前)라고 불리는 다양하고 복잡한 절차가 있는데, 이 행동을 규율에 어긋나지 않고 어떻게 품위을 지키며 하는가가 중요한 관건이 된다.

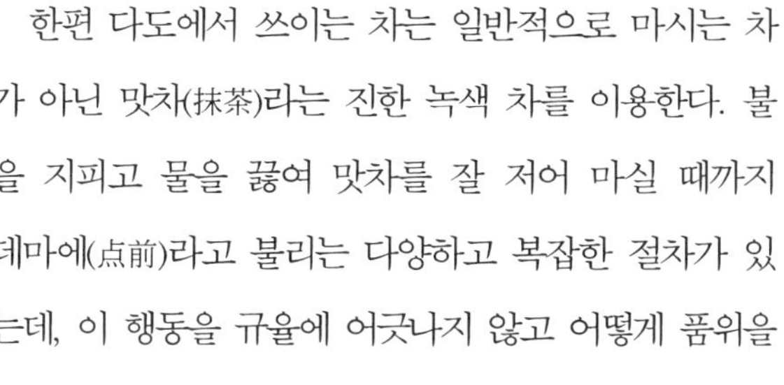

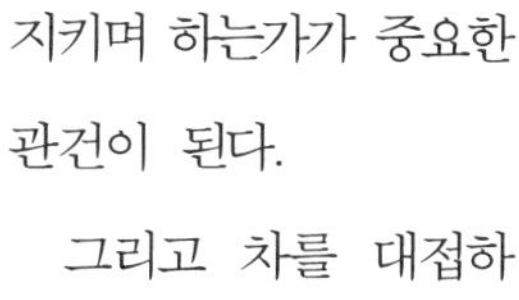

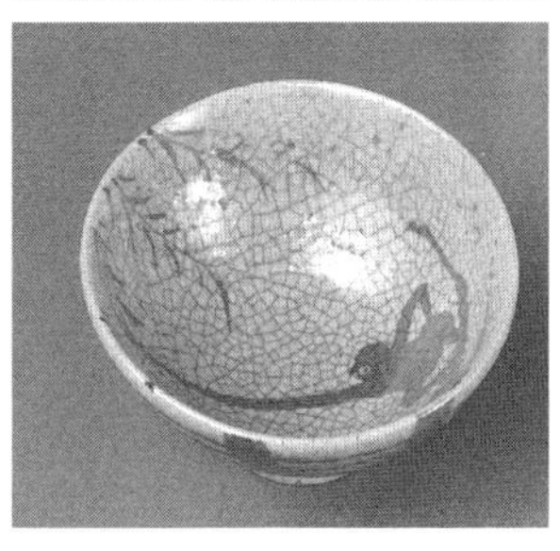

그리고 차를 대접하

는 상대와의 교감이 무엇보다도 중요하게 여겨진다. 주인은 초대한 손님을 위해 어떤 용기를 사용하고 어떤 마음가짐으로 차를 만들고 다실에 어떤 꽃을 장식하고 어떤 족자를 걸어 조화를 이룰 것인가를 생각한다. 따라서 초대받은 손님 역시 주인의 마음을 이해할 수 있을 정도의 세련된 교양과 감각을 가지고 있어야 한다.

!? 3 신도神道는 종교인가?

많은 일본 사람들이 종교에는 관심이 없다고 대답한다. 실제 종교와 관련된 통계를 보더라도 무신론자가 대부분인 것으로 나타난다. 그런데 각종 연중행사는 물론이고 태어나 죽을 때까지의 일생 동안 각종 종교적 의식이 행해진다. 그 중에서도 가장 신자가 많은 것으로 알려져 있는 불교와 신도가 생활습관 혹은 계절행사와 밀접한 연관성을 갖고 있다.

태어나 처음으로 신사를 찾아가 참배를 하고 장례는 불교적 행사로 이루어진다. 한편 결혼식은 기독교 신자가 아님에도 불구하고 교회에서 하는 것이 유행처럼 번지고 있다. 그래서 일본은 다신교 혹은 다종교 국가로 불린다. 즉 두개 이상의 종교를 같이 믿어도 전혀 이상할 것이 없는 나라가 바로 일본이다. 일본의 토속신앙이라고 할 수 있는 신도만 하더라고 수없이 많은 신을 모시는 종교의 형태를 지니고 있다.

신사 입구에 세워진 도리이(鳥居)

일본의 종교연감에 따르면 신도란 '일본민족 고유의 신과 신령에 대한 신념을 기반으로 만들어져 발전한 종교를 총칭한다'고 되어 있다. 또한 신념만이 아니라 전통적인 생활 속에서 이어져 온 태도나 사고방식까지도 포함한다고 덧붙이고 있다. 그런데 실제 신도의 정의는 종교학자들 마다 각기 달리 규정하고 있어 뚜렷한 개념을 정리하기가 어렵다.

'일본에서 신도로 말할 수 있는 것은 신사의 마츠리(祭り)뿐으로 그것이 다른 종교의 영향을 받아 만들어진 신앙과 뒤섞으면서 그 형태가 변했다'고 하는 학자가 있는가 하면 '신도는 역사상 일본에 들어온 여러 다른 종교와 구별되는 일본 고유의 종교를 총괄하는 말이다'라고 설명하는 학자도 있다.

한편 '신도가 종교인지 아닌지는 명확하지 않다. 단지 일본의 풍토에서 생겨 일본민족과 더불어 발전해 온 종교문화의 단면을 나타내는 것으로 일본 사람의 생활과 밀접한 전통문화일 따름이다. 따라서 신도는 종교로서의 고유한 성격이나 역사를 갖고 있지 않다'고 종교로서의 신도를 부인하는 학자도 적지 않다. 이 뿐만이 아니라 신도의 정의는 종교를 연구하는 학자 숫자만큼이나 많다고 해도 과언이 아니다.

이러한 신도에 대한 다양한 정의를 정리해 보면 크게 3가지 정도로 구분해 볼 수 있다. 먼저 신사의 신앙으로서의 신도를 들 수 있다. 이는 신사를 중심으로 이루어지는 종교적 행위 전반을 신도라고 보는 관점이다. 둘째로 마츠리와 신화의 전승으로의 신도가 있다. 신도에는 보편적으로 다른 종교들이 가지고 있는 교리가 없고 그 대신 신화가 그것을 대신하고 있기 때문이다. 셋째로 일본인의 신앙으로서의 신도이다. 즉 일본민족 고유의 신앙이 바로 신도라고 보는 것으로 일본의 종교학자는 물론 외국의 학자들 사이에서도 가장 알려져 있는 통념으로 볼 수 있다.

한편 신도라는 말은 제31대 천황인 요우메이(用明, 585~587년)천황의 즉위전기에 처음으로 등장한 것으로, 고사기(古史記)에 기록되어 있는데 '천황은 불교를 믿고 신도를 숭배했다(天皇信仏法尊神道))'고 적혀있다. 즉 이 당시부터 일본에서는 신도가 불교와 대비되면서 사용되기 시작했던 것이다. 일본 사람들이 처음으로 다른 나라로부터 전해진 종교였던 불교를 접하면서 비로소 자기 자신 즉 신도를 의식하기 시작했음을 알 수 있는 대목이다.

결론적으로 일본의 신도는 사회문화의 다양한 분야에 스며들어 있는 관습 혹은 의례와 신앙을 가리키며, 일본 고유의 것이라는 점이 특징이라고 할 수 있다. 그래서 불교, 유교, 도교 등과 같은 외래종교가 일본으로 유입되기 이전의 모든 일본 고유의 종교적, 사회적, 문화적 특징이 전부 신도의 영역으로 규정되기도 한다.

13 일본을 바로보기 위한 핵심 단어

와리칸割り勘

누구로부터 무엇을 받는 것도 원하지 않고 주는 것도 썩 내키지 않아하는 행동양식을 보이는 일본사람의 특징은 이미 메이와쿠(迷惑)를 설명하는 부분에서 소개한 바 있다. 우리에게는 매우 이질적으로 느껴지는 이러한 일본사람들의 행동은 와리칸이라는 용어를 통해서 보면 더욱 선명하게 나타난다. 와리칸은 각자 부담한다는 사전적 의미를 가지고 있다. 사회의 질서가 유지되고 다양한 대인관계가 어긋나지 않고 순조롭게 형성되고 유지되기 위해서는 분명 서로 간에 지켜야 할 무언의 약속이 있다. 또한 서로 간에 넘어서는 안 되는 성역이 있을 것이다. 그 약속이 깨지게 되고 성역이 무너지면 사회가 혼란스러워지고 사소한 분쟁이 끊임없이 이어질 것이다. 일본 사회를 안정적으로 유지시켜 나갈 수 있는, 굳이 말로 표현하지 않아도 되는 그들만의 약속된 행동을 와리칸 문화를 통해 찾아 볼 수 있다.

일본 유학시절 일본 친구들과 함께 모임을 갖게 되면 단 한 푼의 에누리도 없는 와리칸이 반드시 등장했다. 여러 명이 아니고 단 둘의 모임이라도 어김없이 와리칸으로 모든 것을 말끔하게 정리한다. 누구와 함께 혹은 여럿이 식사를 하고 차를 마시고 버스를 타는 모든 행동에 수반되는 비용은 오로지 내 것만 생각하면 되는 것이다. 내가 한번 사고 다음에 기회가 있으면 얻어먹는 그러면서 서로간의 관계를 이어가는 우리 정서로는 도저히 받아들이기 어려운 대인관계의 무언의 약속이 바로 와리칸인 것이다. 상사와 부하직원, 스승과 제자 간에도 특별한 약속이 없는 한 와리칸은 엄격하게 지켜진다. 그래서 누군가에게 무엇인가를 하자고 제안하는 것이 우리보다는 쉽게 이루어지는 경향도 있다.

이번에는 내가 사고 다음에는 네가 사라는 식의 가벼운 약속은 일본에서 절대 통하지 않는다. 특히나 일본에서는 구매가격에 소비세가 붙기 때문에 1엔짜리 동전까지 서로 셈을 해야 하는 경우가 대부분이다. 같이 앉아 화기애애하게 담소를 즐기던 너무 친해 보이는 여럿이 찻집 카운터 앞에서 줄을 서 각자의 동전지갑을 꺼내 몇 엔까지 칼 같이 나누어 계산하는 모습을 어렵지 않게 볼 수 있다. 종업원 역시 1엔짜리 동전을 세어가며 각자에게 잔돈을 나누어주는 데 전혀 귀찮다는 내색을 하지 않는다. 지극히 당연한 일이기 때문에 그렇다.

문화의 질에는 높고 낮음이 있을 수 없다. 좋은 문화가 있고 나쁜 문화가 있을 수 없음이다. 한 나라 문화는 역사적으로 혹은 발전과정에서 그만한 생성 이유가 있는 고유의 영역으로 인정되어야 한다. 와리칸이 우리와 다르다고 어긋난 시각으로 봐서는 안 될 것이다. 그렇다면 일본사람들은 왜 와리칸을 하는가? 이러한 물음에 대부분의 일본사람은 편하기 때문이라고 답한다. 나 역시 유학생활을 마치고 귀국할 즈음에는 와리칸이 익숙했고 편했던 것으로 기억한다. 그러나 편하다는 것은 그 이전에 서로 구속되기 싫다는 일본 특유의 문화적 색깔이 있기에 그렇다는 점을 잊어서는 안 된다.

'우리'가 되기 전에는 관계를 엄격하게 구분되는 사회를 일본은 고수하고 있다. 집단적 행동을 취할 수 있는 연결고리가 없다면 와리칸 이상의 싸늘함을 인간사에서 느끼게 된다. 일본이 세계 제일을 자랑하는 것 중에 하나가 자동판매기 대수가 많다는 것이다. 가히 일본은 자동판매기의 천국이라 해도 지나침이 없을 정도이다. 인구대비 자동판매기가 가장 많은 나라가 바로 일본이다. 세계 어느 나라에서나 쉽게 찾아볼 수 있는 음료 자동판매기에서부터 담배, 잡지, 신문, 꽃, 여성용 스타킹 등에 이르기까지 기계와 맞대고 구매 욕구를 충족시킬 수 있는 물건이 너무나도 다양하다. 그렇다면 왜 일본에는 자동판매기가 많은 것일까? 유동인구가 많은 곳에 좁은 공간을 확보하고 높은 수익을 올릴

담배 자동판매기

수 있다는 경제적 논리만으로는 설명이 충분하지 않을 듯싶다. 왜냐하면 음료수를 파는 조그만 슈퍼마켓 앞에도 버젓이 다양한 음료를 동전으로 손쉽게 빼먹을 수 있는 자동판매기가 놓여 있기 때문이다.

일본에서 자취하던 집에서 가까운 동네 슈퍼마켓에 음료수를 사러 가면 항상 가게 앞에서 고민 했던 기억이 있다. 가게 앞에 놓인 자동판매기를 이용할까 그렇지 않으면 가게 안으로 들어가 냉장고 속에 들어 있는 주스를 사 먹을까를 놓고.

일본 사람들은 사람을 대하는 것보다 혼자 조용히 기계와 마주보고 용무를 해결하는 편이 편하다고 생각하는 것은 아닐까? 주고받는 것에 익숙하지 못한 사람들 간의 관계보다 동전만 넣으면 얻고자 하는 것을 얻을 수 있는 자동판매기가 많아질 수밖에 없는 이유가 혹시 여기에 있는 것은 아닐까?

14장 변화하는 공교육과 사교육

1 훈련받는 일본인

일본에서 국민 모두가 교육을 받을 수 있는 근대적인 교육제도가 만들어진 것은 명치유신(明治維新)이후인 1872년이다. 에도(江戸)시대까지 서민들은 데라고야(寺子屋, 우리나라의 서당)라는 시설에서 교육을 받았다. 원래 의무교육 기간은 4년으로 신분, 성별, 빈부와 상관없이 교육을 받을 수 있었으나, 학업에 필요한 경비는 학생이 부담하는 것이 원칙이었다. 또한 점차 중앙집권체제가 정립되면서 교육에 필요한 교과서를 나라가 정하는 국정교과서 제도가 1903년에 시행되었다. 그리고 1945년까지 일본의 교육은 군국주의 교육이 기본이었으며, 남녀학생이 다른 교실을 사용하였다.

1947년 새로운 학교교육법이 성립되고 이 교육법이 현재 일본의 학교제도의 바탕이 되고 있다. 현재 일본의 의무교육 범위는 소학교(우리나라의 초등학교) 6년과 중학교 3년이며 고등학교와 대학교는 의무교육이 아니다. 그러나 현재 100%에 가까운 학생이 고등학교에 진학하고 있어 고등학교도 의무교육 범위에 넣어야 한다는 목소리가 높아지고 있다. 한편 문부과학성의 조사에 따르면 대학진학률은 2003년 기준으로 약 50%에 이르고 있다. 1960년에 대학진학률이 10.3%였으므로 약 40년 사이에 대학에 가는 사람이 약 5배 늘어난 셈이다.

일본이 의무교육 기간 중 가장 중점을 두는 것은 규율과 훈련이다. 초등학교 특히 교복에 대한 제한도 없는 곳이 많은 공립 초등학교는 비교적 자유로운 분위기에서 교육을 받지만, 중학교에 진학하면서부터는 학교의 규율이 매우 엄격해 진다. 예민한 연령대이기에 더욱 많은 규율이 필요하겠지만, 그보다는 집단적으로 규율을 지킴으로써 개인의 책임을 자각시키려는 것이 강한 것 같다. 일본사람들은 집단 속에 있으면 일종의 편안함을 느끼고 안심이 된다고 한다. 이 집단을 평온하게 유지하기 위해 일정한 규칙에 얽매이는 것에 대해 그다지 저항을 느끼지 않는 것도 엄격한 규칙을 인정하는 이유 중 하나일지 모른다.

일본인들의 공중질서 지키기에는 세계적으로 정평이 나있다고 할 수 있다. 이러한 질서의식 역시 집단 속에서 규율을 만들어 그것을 지키면 편하기 때문일 것이다. 그러나 규율을 만들고 지키기 위한 훈련이 없다면 오래 지속되기 어려울지 모른다. 일본인의 행동규범 속에는 이러한 훈련을 받았음을 짐작할 수 있는 것이 많다. 사람이 전혀 오가지 않는 새벽녘 건널목에서 정지선을 지키고 신호가 바뀌기를 기다리는 자동차를 쉽게 볼 수 있고, 매표소 앞의 칼같이 늘어선 행렬 역시 우리를 놀라게 하는 일본인에게는 당연한 행동양식이다. 이러한 것은 어려서부터 철저하게 훈련을 받지 않으면 행동에 옮기기 어렵다. 훈련은 초등학교에서 집요할 정도로 받는

백화점 앞에 타고 온 자전거가 정렬되어 있는 광경

'남에게 폐를 끼치지 말라'부터 시작된다. 남에게 폐를 끼치지 않기 위해서는 지키기로 약속한 규율을 훈련 받은 그대로 이행하면 되는 것이다.

한편 1990년대 중반부터 일본은 학생의 인성이나 창의력을 키우기 위해 수업시간과 교재 량을 크게 줄이고 주 5일제 수업을 점진적으로 실시하는 등의 '여유 교육'을 실시해 왔다. 그러나 2004년 12월 경제협력개발기구(OECD)가 발표한 '학업성취도 국제비교' 결과에서 일본 학생들의 순위가 지난 조사에 비해 크게 떨어졌다.

이로 인해 최근 '경쟁만이 교육을 살릴 수 있다'는 진단과 반성이 일본의 정계, 학계에서 일제히 제기되고 있다. '학생들을 입시지옥에서 해방시킨다'는 명분 아래 사회의 박수를 받으며 출발했던 '여유교육'이 실패 판정을 받은 것이다. 교과 성취도를 중시하는 학력중시교육으로 되돌아가는 한편, 지나친 경쟁을 부추긴다는 이유로 폐지했던 전국학력시험도 부활시키기로 했다. 일본 재계를 대표하는 경단련(経団連)도 학교교육에 경쟁원리를 도입하라고 제안했다. 학생과 학부모가 학교를 선택하도록 하고, 이렇게 학생과 학부모의 선택을 받은 학교에 예산을 집중 지원해야 한다는 것이다. '여유교육'은 주 5일제 수업, 교육내용 30% 삭감 등 학습 부담을 덜어주는 것이 핵심이었다. 그래서 '수업이 어렵다'는 학생들도 웬만큼만 하면 모두 100점을 맞도록 한다는 평준화식 목표를 설정했었다.

그러나 공립고교 교사의 87%는 '여유교육 실시 이후 기초 학력이 크게 저하됐다'는 평가를 내렸고, '수업이 어렵다'는 학생 비율은 오히려 늘었다. '교육현장에 경쟁을 불어 넣자'는 이런 일본 내 목소리는 학생들을 그저 보통 수준의 규격화된 사회인으로 길러내는 산업사회형 교육으로는 지식사회형 경쟁에서 버텨낼 수 없다는 판단에 따른 것으로 보인다.

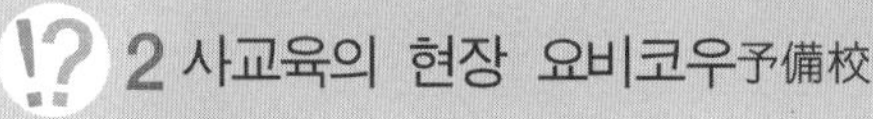

2 사교육의 현장 요비코우予備校

한일 양국 간의 여론 조사 결과에 따르면 한국 학부모들의 73%가 자녀의 대학 진학을 희망하는 한편 일본 학부모들은 21%만 그렇다고 한다. 그렇다고 일본에서 대학을 가기 위한 치열한 경쟁이 없는 것은 아니다. 대학교육 자체에 대한 사회적 인식이 과거에 비해 그 필요성이 다소 약해졌으나 유명대학에 대한 진학 열기는 우리나라와 크게 다르지 않다.

그러나 일본 명문 사립 유치원은 같은 계열의 대학 진학을 보장하는 특징이 있다. 일본의 양대 명문 사립대학인 케이오 대학과 와세다 대학이 그렇다. 이러한 명문 유치원 입학을 위해 일본 학부모들은 유치원 면접 시기를 전후에 '면접 증후군'을 앓는다. 상대적으로 우리보다는 대학입시에 대한 부담에서는 자유롭지만, 또 다른 형태의 입시 부담이 있는 곳이 일본인 것이다.

한편 사교육에 큰 축을 이루고 있는 입시학원 역시 일본의 공교육을 보완하는 역할을 하면서 하나의 거대한 산업을 형성하고 있다. 이른바 주쿠(塾)와 요비코우(予備校)가 바로 그것이다. 최근 문부과학성의 통계에 따르면 초등학생의 40%, 중학생의 50%, 고등학생의 60%가 주쿠와 요비코우를 다니고 있는 것으로 나타난다.

아마도 우리나라와 일본만큼 거대한 수험산업이 만들어져 있는 나라는 그렇게 많지 않을 듯싶다. 더욱이 일본과 같이 유명 사립유치원에 보내기 위해 학원에 다니는 경우는 극히 드물 것으로 보인다. 초등학교 재학생에서부터 로우닝(浪人, 재수생)에 이르기까지 합격을 위한 시간을 학교가 아닌 학원에서 학생들이 보내고 있다. 학교 수업만으로는 입시에 어려움이 있다고 판단하는 것 역시 우리나라와 비슷하다. 시험문제를 푸는 훈련을 받으면서 진학을 준비하는 것, 즉 교육이 아닌 훈련을 통해 진학을 하는 현실이 한국과 일본에서 펼쳐지고 있다.

이러한 수험전쟁의 이면에는 좋은 회사에 들어가기 위해 또는 빨리 승진하기 위해 유명대학을 나오지 않으면 안 된다는 '학력사회'라는 현실이 있다. 물론 최근 일본에서는 '학력무용론'을 주장하며 입사시험에서 출신대학을 묻지 않는 회사도 늘어나고 있다.

한편 '공부에 대한 부모의 기대가 버겁다'거나 '학교가 싫다'며 6개월 이상 자기 방에서 나오지 않는 학생이 늘어나는 폐해도 생겨나고 있다. 이들은 '히키코모리'라고 불린다. 일본 인구의 약1%에 해당하는 120만 명 정도가 '히키코모리'로 추산되고 있다. 또한 등교거부 등으로 일반 학교에 가지 않는 학생들을 대상으로 개설된 대안학교 혹은 자연학교도 점차 늘어나는 추세이다.

!? 3 역 앞에서 배우는 외국어

일본에서 1980년대 후반 '역 앞 유학(駅前留学)'이라는 단어가 유행한 적이 있다. 노바(NOVA)라는 외국어학원 체인을 경영하는 회사가 내세운 광고 문구였다. 1980년대 경기호황과 더불어 엔화가치가 상승하면서 해외로의 유학이 늘던 때, 비싼 유학비용을 들여서 해외로 가지 말고 가까운 역 앞에서 외국어를 배울 수 있는 유학을 떠나라는 의미였던 것으로 기억한다. 물론 커다란 성공을 거두었고 지금도 웬만한 역 앞에서 이 회사의 간판을 쉽게 볼 수 있다. 물론 여기서 말하는 외국어는 영어를 의미한다고 해도 과언이 아니다. 당시 일본 제조업체들이 엔화가치의 상승으로 국제경쟁력을 잃으면서 생산거점을 빠르게 해외로 이전하던 시기였으며 이로 인해 해외출장 및 파견근무가 증가했던 시기였다. 이러한 환경변화도 외국어학원의 체인화를 활성화시키는 데 일조했을 것으로 보인다.

도쿄 신주쿠(新宿) 역 앞에 있는 노바 외국어학원

일본기업의 국제적 활동이 본격화 되면서 외국어교육이 보다 활성화 되었다고 볼 수 있다. 특히 영어를 포함한 외래어 표기는 히라가나가 아닌 가타가나로 표기하는데 이 외래어를 모은 사전의 두께가 점차 두꺼워지는 것을 보면 외국어에 대한 관심과 더불어 일본의 국제화 수준을 엿볼 수 있는 좋은 자료가 된다. 그러나 이 사전에 담겨있는 가타가나 만을 읽어서는 도대체 무슨 말인지 이해하기 어려운 것이 많다. 단조로운 일본어 표기의 한계 때문인지 영어 원음과는 상당한 거리가 있고, 일본에서 자체적으로 만들어낸 영어 즉, 와세이에이고(和製英語)는 더더욱 그렇다.

문제는 이러한 와세이에이고가 검증 작업 없이 그대로 우리나라로 들어와 쓰이는 경우가 많았다는 것이다. 일본에서 우리나라로 전해졌을 것으로 생각되는 단어는 애프터서비스, 아파트, 백밀러, 아르바이트 등 적지 않다. 외래어는 외래어일 뿐 외국어가 아니라는 명확한 인식이 있다면 될 것으로 보이지만, 무분별한 외래어 활용은 자칫 의사소통에 장애가 될 수도 있다. 일본에서 범람하고 있는 가타가나 표기가 어디까지 이어질지 또한 얼마나 늘어나게 될지 지켜볼 일이다.

한편 일본 지식인 사이에서 영어교육에 대한 성과가 좀처럼 나타나지 않는다는 우려의 목소리가 높은 것이 사실이다. 우리나라 역시 초등학교부터 원어민 선생님을 모시고 점차 회화 중심의 교육으로 서둘러 옮겨가고 있는 현실을 보더라도, 과거 영어교육 방법이 과연 옳았던 것인가 반성하게 된다.

일본은 아직도 중학교 1학년이 되어야 정규수업에 영어가 들어간다. 또한 우리와 비슷하게 패망 이후 오랜 기간 동안 일본의 영어교육은 독해중심이었다. 그런 교육을 받은 교사가 대부분이었기 때문이다. 최근에는 우리와 같은 회화를 중심으로 하는 교육내용으로 전환하고 있으나, 무엇보다도 일본 학교에서의 영어 학습은 단계별 학습을 중요시하는 검정절차를 통과한 획일적인 교과서를 가지고 배운다는 것이 한계인 듯하다.

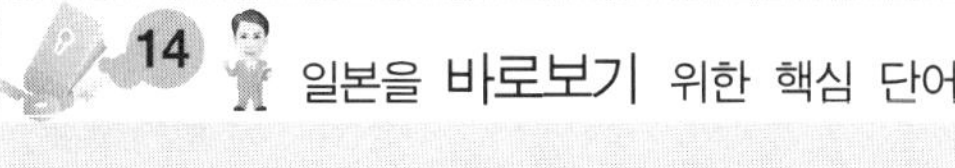

당고우談合

남모르게 자기들끼리만 짜고 하는 약속을 우리말로 짬짜미라고 한다. 가끔 정부의 공공공사에 대한 불공정한 입찰과 관련된 신문보도 내용에서 볼 수 있는 단어지만, 아마도 이 말보다는 같은 의미의 담합이라는 단어가 우리에게 더 익숙할지도 모른다. 물론 우리가 알고 쓰고 있는 담합은 일본에서 건너온 말이다. 일본의 당고우(談合, 담합)는 지역사회와 국가를 연결하는 중요한 역할을 했던 무라샤카이(村社会, 촌락사회)에 기인하는 일본특유의 문화라고 보는 견해가 지배적이다. 특정 이익단체에서 공동의 이익을 추구하는 방법으로 오랜 기간 동안 뿌리 깊게 내재해 왔다는 것이다. 경쟁원리를 도입함으로써 불균형을 초래하기 보다는 골고루 이익을 서로 분배해 가져갈 수 있는 형태의 사회구조를 만들었다고 볼 수 있다.

원래 당고우는 의논하고 상의하다는 의미이지만 현대 일본사회에서는 특정사업의 입찰에 앞서 밀통하고 공모한다는 의미가 강하다. 특히 건설업계에서 공공공사를 수주하는 과정에서 업체 간에 밀약하는 방법으로 당고우는 유용하게 쓰인다. 입찰에 참가하는 업체가 서로 입을 맞추어 수주예정자를 미리 정해버리는 당고우는 가격경쟁을 거치지 않기 때문에 당연히 계약가격의 상승으로 이어진다. 그 결과 공공공사의 경우 납세자의 세금부담이 가중되고, 경쟁을 한다면 자연스럽게 시장에서 퇴출될 질이 나쁜 업체가 살아남게 되어 부실공사로 이어질 공산이 더욱 커지는 것이다.

그렇다면 아무리 오랜 기간 동안 일본의 촌락사회에서 이어져 내려온 전통적인 문화라 할지라도 왜 현대 일본사회에서 당고우는 횡행하고 있는 것일까? 답은 의외로 간단하다. 당고우는 경쟁하는 것보다 많은 이익을 가져다주기 때문이다.

일본의 모든 공공공사 발주는 원칙적으로 경쟁 입찰로 이루어진다. 분명 경쟁 입찰을 하면 기업 간 경쟁이 치열해지면서 가격을 낮추어 납세자의 부담이 줄어든다. 경쟁 입찰은 납세자에게는 바람직한 방식이지만 해당 업체에게는 바람직하지 못하다. 경쟁으로 가격이 내려가면 운 좋게 공사를 낙찰하더라도 수익성이 나쁘기 때문이다. 따라서 당고우가 등장하게 되는 것이다.

기업은 당고우를 통해 가격 경쟁을 피하고 자신의 이익을 극대화시킬 수 있는 것이다. 당고우는 일본 법률이 금지하는 명확한 범법행위이다. 당고우는 독점금지법에 위반되며 형법상의 당고우죄(談合罪)에도 해당된다. 적발되어 유죄 판결이 나면 과징금, 지명 정지, 영업 정지 등의 벌칙이 기다리고 있다. 이렇듯 당고우는 분명 위법 행위임에도 불구하고 일본의 많은 사람들이 아직까지도 범죄로 의식하지 않고 있는데 문제의 심각성이 있다. 이러한 범법행위에 대한 희박한 의식은 당고우의 역사가 오래되었음에도 불구하고 당고우가 범죄라고 인지하기 시작한지 얼마 되지 않았다는 것과 무관하지 않다.

이렇듯 현대 일본사회의 병폐로 자리 잡고 있는 당고우의 역사는 일본의 입찰제도와 거의 동시에 시작되었다고 볼 수 있다. 일본의 입찰제도는 도요토미 히데요시(豊臣秀吉)시대에 도입되었다. 1661년 에도(江戸)막부의 문서 중에 "입찰자들이 합의해서 1번부터 4번까지를 제외하고 5번 입찰자가 낙찰되도록 하고 있으니 주의하라"는 내용이 있다고 한다. 한편 메이지(明治)시대에 들어오면서 근대국가 건설을 서둘렀던 일본 정부가 대형 공사 발주를 늘리자 이권이 커지면서 당고우가 더욱 횡행하게 된다. 도쿄건설업협회의 '건설업 50년사'를 보면 도쿄중앙정차장(지금의 도쿄역) 건설공사(1908~1914년)에서도 당고우가 있었음을 상세하게 기록하고 있다.

사회 전반적으로 확산되는 당고우의 횡행을 막기 위해 일본 정부는 1902년 회계법에서 당고우에 연루된 업체의 입찰 참가를 2년간 금지하는 조항을 삽입하고, 1940년에는 당고우를 처벌하기 위한 형법 개정안을 당시의 제국의회에 상정했다. 그러나 건설업체와 가까운 의원들의 맹렬한 반발을 불러 결과적으로는 공정한 가격을 헤치거나 부정한 이익을 얻기 위한 목적의 당고우 만이 처벌대상에 포함되었다. 당시 업계에서 불리던 '좋은 당고우'와 '나쁜 당고우'의 존재를 법률이 인정한 형태가 되어 버린 것이다.

일본 정부는 당고우에 대해 매우 관대한 편이다. 그럴 수밖에 없는 것이 많은 일본의 국회의원들이 해당 지역의 건설업체들과 유착관계에 있어 왔고, 그 관계가 지금도 지속되고 있기 때문이다. 1947년 독점금지법이 제정된 이후에도 당고우에 대한 단속은 거의 이루어지지 않았다고 해도 과언이 아니다. 그 후 약 30년간 독점금지법에 적발된 당고우는 불과 9건이고 그 중 건설공사는 1건도 찾아볼 수 없다. 1982년 비로소 공정거래위원회의 감시가 시즈오카(静岡)현에서 일어난 당고우 사건을 계기로 시작되었다. 이 사건은 처음으로 제네콘(일본의 대형 건설회사를 칭하는 말)에 대해 현장 검증검사를 실시하는 등 본격적인 단속을 하는 듯 했으나 결과적으로 과징금 납부의 처분을 받은 것은 지방의 중소업체들뿐이었다. 당시 공정거래위원회는 제네콘을 처벌 대상에서 제외할 수밖에 없었던 것은 정치적 압력이 있었기 때문이라고 밝혔다.

1990년대 들어와 당고우에 대한 적발이 강화되었으나 이는 미일간의 구조협의 과정에서 나온 미국정부의 외압에 의한 것이었다. 이 협의에서 미국은 일본의 당고우 문제를 외국 기업에 대한 진입 장벽으로 생각해 그에 대한 시정을 일본 정부에 요구했다. 일본 정부는 이를 받아들여 공정거래위원회가 1990년에 독점금지법 위반을 적극적으로 검찰청에 고발하도록 하는 방침을 발표했다. 그 이후 독점금지법의 운용 강화에 따른 당고우 적발은 미국에 대한 공약의 하나가 되어 국내 문제에서 국제 문제로 발전하였고, 이로 인해 적발건수가 비약적으로 증가했다.

그러나 유감스럽게도 이로써 당고우가 일본사회에서 사라지고 있는 것은 아니다. 그 이후에도 제네콘 대부분이 관여된 당고우 사건이 끊이지 않고 있다. 실제 적발되어 매스컴을 통해 일반에게 알려지는 사건은 빙산의 일각일 것으로 추정된다.

물론 이러한 건설업계의 당고우는 일본에서만 나타나는 현상이 아니다. 구미지역에서도 당고우는 폭넓은 영역에서 나타난다. 그러나 미국과 같은 나라에서는 '당고우는 절대 용서 받지 못한다'라는 사회적 합의가 이루어져 있으며 적발되었을 때 일본과는 비교가 안 되는 엄한 처분이 내려진다. 개인의 경우 일본은 3년 이하의 징역 또는 500만 엔 이하의 벌금을 내야 하지만, 미국은 10년 이하의 금고 또는 100만 달러 이하의 벌금에 처해진다. 또한 일본에서는 개인에게 실형을 선고한 적이 없지만 미국에서는 2003년 1인 평균 금고 20일을 선고했다.

제도적인 측면에서 일본의 독점금지법은 당고우 재발 방지를 위한 다양한 강구를 하고 있고 앞으로 보완될 것으로 보인다. 그러나 사회적 관념상 특정 무리에 끼지 못하면 철저하게 소외하고 배제되는 현상과 무관할 수 없는 당고우 현상은 일본에서 쉽게 사라지지 않을 것으로 보인다.

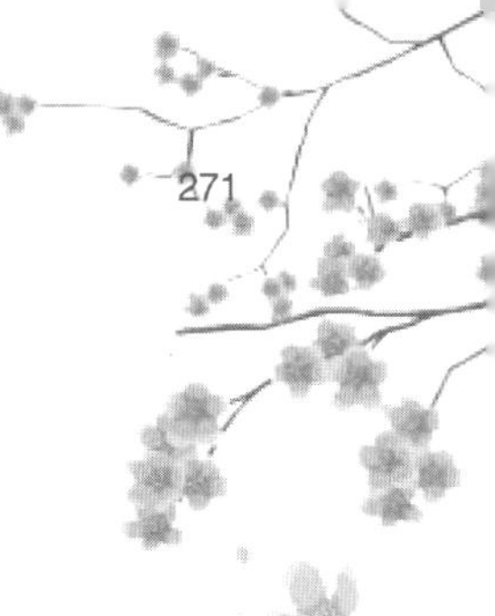

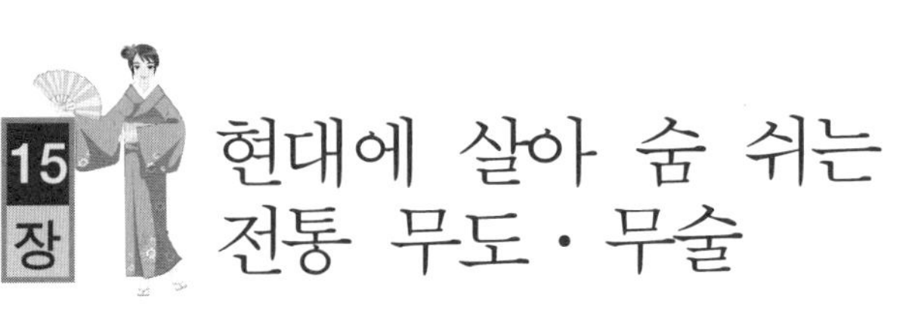

15장 현대에 살아 숨 쉬는 전통 무도·무술

!? 1 스모우는 의식인가 스포츠인가?

우리나라에 씨름이 있다면 일본에는 스모우(相撲)가 있다. 성장 과정도 비슷한 점이 적지 않다. 지난 2005년 8월 우리나라에서는 프로씨름 제도가 중단되었으나 민속경기에서 출발해서 프로스포츠로 자리매김했다는 것이 닮았다. 현재 일본에서 스모우는 큰대(大)자를 붙여서 오오즈모우(大相撲)라고 불리는 시기에 와 있으나, 이는 스모우 역사의 극히 일부분에 지나지 않는다. 스모우는 일본문화의 변천과 더불어 그 형태와 존재의의를 바꿔가면서 현재에 이르고 있기 때문이다.

스모우의 기원을 찾아보면 고사기(古史記)와 일본서기(日本書紀)에 등장할 정도로 역사가 깊은 것을 알 수 있다. 여기에 등장하는 스모우는 격투기의 일종으로 신들이 힘을 겨루는 신화로써의 의미를 지니고 있었다.

그런데 헤이안(平安)시대에는 종교문화적 색채가 가미된 제사의 일환으로 스모우가 등장한다. 그리고 무사사회인 가마쿠라(鎌倉)시대를 전후해서는 무예의 일종으로 그 의미가 바뀌면서 무사들에게 장려하게 된다. 에도(江戸)시대는 스모우에 예능적 요소가 가미되면서 대중화의 꽃을 피웠던 시기였다. 현재 스모우는 직업 혹은 스포츠로의 성격이 강하다.

이렇듯 스모우는 시대의 흐름에 따라 각기 다른 의미로 성장하고 변화해 왔다. 현재 스모우는 과거 신을 제사 지내던 흔적을 그대로 살리면서 프로스포츠로서 성장해 있으며, 변함없이 일본 사람들에게 없어서는 안 될 중요한 중심 문화로 굳건하게 자리를 지키고 있다.

씨름의 모래판에 해당하는 스모우가 진행되는 경기장은 도효우(土俵)라고 한다. 에도(江戸)시대 도효우의 직경은 13척(3m 94cm)이였으나, 천황이 직접 관람했던 덴란즈모우(天覧相撲)가 열렸던 1931년 4월 29일부터 15척(4m 55cm)으로 넓이가 조정되었다. 당시 도효우의 크기를 넓힌 이유는 스모우가 가진 묘미 중 하나인 순간승부를 조금이라도 더 보기 위해서였다고 한다.

1945년 11월에 열렸던 시합에는 당시 일본에 주둔했던 GHQ (General Headquarters, 연합군총사령부)의 요청에 따라 한때 도효우가 16척으로 넓어지기도 했다. 그리고 도효우 지붕의 네 모서리를 장식하고 있는 각각의 색깔은 동쪽의 푸른색은 봄과 청용신(青竜神), 서쪽의 흰색은 가을과 백호신(白虎神), 남쪽의 붉은 색은 여름과 주작신(朱雀神), 북쪽의 검은 색은 겨울과 현무신(玄武神)을 상징한다.

스모우 장면

실제 스모우 경기를 보면 두 선수가 격렬한 몸싸움을 하는 짧은 시간을 제외하고는 일종의 엄격한 격식을 갖춘 의식을 보고 있는

것 같은 인상을 받는다. 가장 먼저 시합에 앞서 모든 참가 선수들이 등장하는 도효우이리(土俵入り)가 행해진다. 이때 화려한 복장으로 일사불란한 몸동작을 선보이는 선수들에게 관중들은 우레와 같은 박수를 보낸다. 이 의식이 끝나면 다시 안으로 돌아갔다가 본인의 경기 순번의 2경기 전에 도효우 아래에 와서 준비하고 있다가 호명되면 도효우로 올라간다. 올라가서 도효우 위에 힘차게 뿌리는 소금을 키요메노시오(清めの塩)라고 한다. 이 소금을 뿌리는 행위는 소금이 액운을 막아준다는 의미와 더불어 선수들이 넘어져 상처가 났을 때 소독처리를 할 수 있는 부대효과도 있기 때문이다.

그리고 옆에 놓여있는 치카라미즈(力水)를 한 입 마시고 치카라가미(力紙)로 입을 닦는다. 물은 정화수로 시합 전 기를 모으는 의미가 있으며 입을 닦는 종이는 몸과 마음을 맑게 한다는 의미를 담고 있다. 이러한 모든 행동을 끝내면 양 발을 번갈아 높이 옆으로 쳐들면서 땅을 다지는듯한 몸짓을 하는데 이것을 시코(四股)라고 한다. 그리고 상대와 마주보고 두 손을 땅에 대고 상대를 노려보는 행동은 시키리(仕切り)라고 하는데 경기의 시작을 의미한다.

경기는 도효우 밖으로 누군가가 밀려나거나 발바닥 이외의 신체가 땅에 닿는 것으로 승부가 결정된다. 단순히 밀쳐내는 것으로만 보이는 스모우에도 무려 70여 가지의 기술이 있다. 승부가 난 후 교우지(行司, 심판)가 들고 있던 부채모양의 군바이(軍配)를 이긴 쪽을 향해 들어 승리했음을 알린다. 패한 선수는 바로 도효우에서 내려가지만 이긴 선수는 잠시 남아 오른손을 좌우로 저으며 신에게 감사를 표시한다. 이때 교우지는 군바이 위에 스폰서가 되어준 기업이나 기관으로부터 전해지는 상금을 얹어 선수에게 준다.

!? 2 요코즈나横綱와 선수의 일생

일본스모우협회가 공식적으로 인정하는 스모우 시합을 혼바쇼(本場所)라고 하는데 매년 6차례 전국을 순회하며 열린다. 가장 먼저 1월에 하츠바쇼(初場所)가 도쿄(東京) 국기원(国技館)에서 열리는 것을 시작으로 3월에 오사카(大阪)에서 하루바쇼(春場所), 5월에 도쿄(東京)에서 나츠바쇼(夏場所), 7월에 나고야(名古屋)에서 나고야바쇼(名古屋場所), 9월에 도쿄(東京)에서 아키바쇼(秋場所), 11월에 후쿠오카(福岡)에서 큐슈바쇼(九州場所)가 차례로 개최된다.

선수들은 임의로 동과 서로 나뉘고 15일간의 열전에 돌입하는데 동서간의 팀 별 대항이 아니라 개인전으로 한다. 매일 다른 선수와 경기를 하고 나서 마지막 날 성적이 가장 좋은 선수에게 우승컵이 돌아간다. 우리나라 씨름은 권투와 같이 체중에 따라 등급을 정하고 각 체급별 우승자를 가려내지만, 스모우는 모든 선수가 체중과 등급에 관계없이 대전한다. 스모우 등급 중에서 가장 높은 것은 요코즈나(橫綱)이다. 과거 300년이 넘는 스모우 역사에서 요코즈나가 된 선수는 겨우 60여명에 불과할 정도로 올라가기 어려운 자리이다.

그러나 한번 요코즈나가 되면 성적이 아무리 나쁘더라도 강등되는 경우는 없다. 일반적으로 요코즈나의 바로 아래 등급인 오오제키(大関)시절에 혼바쇼에서 연이어 우승하면 요코즈나가 될 가능성이 매우 높아진다. 그러나 시합 성적만으로 최고의 자리에 올라갈 수 있는 것은 아니다. 승격 여부는 심사위원회에 상정된 후 회의를 통해 결정된다. 스모우의 능력과 더불어 요코즈나가 갖추어야 할 덕목도 함께 심사된다. 매번 시합이 끝나면 각 선수들의 등급이 경기 결과에 따라 조정되어 다음 경기에 반영된다. 강등되고 승격되어 다시 조정되어 발표되는 순위표를 반즈케(番付)라고 한다.

세계 2차 대전 이후 탄생한 요코즈나 중에서 대중적 사랑을 가장 많이 받은 리키시(力士, 스모우 선수)를 꼽으라면 와카노하나(若乃花)와 다카노하나(貴乃花) 형제 요코즈나를 꼽을 수 있다. 두 형제가 모두 스모우의 챔피언이 되었기 때문에 주목을 받았으나, 대중적 관심사로 부상한 것은 이 두 리키시를 어려서부터 엄격한 지도를 통해 키워낸 오야카다(親方, 소속선수들의 훈련과 생활을 책임지는 도장의 사범)이면서 그들의 아버지인 후타고야마 오야가타(二子山親方)가 있었기 때문이었다. 그 역시 요코즈나는 되지는 못했지만 그 바로 아래 등급인 오오제키까지 올랐던 리키시였다. 본인이 이루지 못했던 최고의 자리에 두 아들을 올려놓고 2005년 5월 암으로 세상을 떠났는데, 스모우협회장으로 거행된 장례식에는 그의 죽음을 애도하기 위해 국민들의 행렬이 줄을 이었었다.

현재 일본스모우협회에 등록된 리키시는 약 900여명이 있다. 이들 선수들은 각자 자신이 속해있는 헤야(部屋, 스모우선수를 양성하는 합숙소)에서 숙식하며 요코즈나를 꿈꾼다. 그러나 부와 명예를 같이 거머쥘 수 있는 요코즈나로 가는 길은 험난하고 길다. 엄격한 관리와 일정을 소화해야 하는 것은 물론이고 위계질서가 명확한 헤야에서의 생활을 견디어내는 것은 고된 훈련을 받는 것 이상으로 어렵다. 각각의 헤야에 마련되어 있는 연습장에서 매일 새벽부터 시작되는 훈련을 케이코(稽古)라고 하는데 나무기둥을 손바닥으로 계속해서 때린다든지 양 발을 높이 올리는 연속적인 행동을 끊임없이 반복한다.

실제 프로 스모우선수로 불리며 세키토리(関取)라는 명칭을 얻고 봉급을 받을 수 있게 될 때까지 걸리는 기간은 빨라야 5년이다. 전체 선수들 중에서 불과 10%에도 못 미치는 선수들이 세키토리로 활동하고 있을 정도로 관문이 좁다. 몸집을 불리기 위한 과도한 식사와 과격한 훈련과 시합으로 선수로서의 생명은 그다지 길지 않다. 적지 않은 선수들이 부상과 질병으로 30대가 되기 전에 은퇴한다.

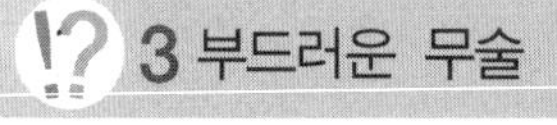

3 부드러운 무술

올림픽 경기 때마다 우리나라에서는 금메달을 획득할 확률이 높은 종목으로 유도가 거론된다. 그러나 그때마다 금메달에 다가가기 위해서는 일본의 벽을 넘어야 한다고 덧붙인다. 유도 종주국 일본은 그 오랜 역사뿐 아니라 두터운 선수층을 앞세워 각종 국제 경기에서 메달을 독식하고 있다.

부드러운 무술을 뜻하는 유도의 근원은 유술(柔術)이라는 무도(武道)에서 찾아 볼 수 있다. 무로마치(室町)시대부터 시작된 것으로 전해지는 유술에는 다양한 유파(流派)가 있었는데 그 중에서 잡아 던지고, 조이는 등의 유파가 한데 모여 유도가 만들어졌다. 일본어에 부드러움이 강한 것을 누른다는 의미의 주우요쿠 코우오 세이스루(柔よく剛を制する)라는 말이 있는데 이 말의 어원이 바로 유도의 기원이라 할 수 있는 유술에서 나왔다. 무기를 사용하지 않는 무술의 왕도라는 유술은 격투기와 호신술에 응용되고 있다. 실제 유술은 유도와 합기도의 원류라고 알려져 있는 것 이외에도 손에 아무것도 잡지 않은 채 빈손으로 하는 것을 뜻하는 가라테(空手) 등과 같은 무술에도 많은 영향을 끼쳤다.

유도는 1882년 카노 지고로우(嘉納治五郎)에 의해 만들어졌다. 자신이 배운 유술을 독자적으로 개량하고 무도로서의 정신적 함양을 곁들였다고 한다. 그가 내세웠던 유도의 이념은 정력선용(精力善

用, 자신이 가진 심신의 힘을 의롭고 선한 곳에 써야 한다)과 자타공영(自他共栄, 상대에게 존경과 감사를 표시하면서 서로 신뢰를 쌓아 나가는 방법으로 자신만이 아니라 남과 함께 공영할 수 있는 사회구현을 실현한다)으로, 사회와 주위사람들에 대해 자신의 마음가짐을 어떻게 유지하고 가꾸어 나가는 것이 바람직한가를 나타내는 것이었다. 이러한 생각은 유도를 연마하는 모든 선수들이 가장 먼저 익혀야 하는 기본자세가 되어 있다.

일본의 초대 IOC(국제올림픽위원회)위원을 지냈던 유도의 창시자 카노 지고로우의 이름을 붙인 국제유도대회가 1978년에 만들어졌다. 4년에 한번 열리던 대회가 1992년부터는 2년에 한번 개최되고 있고 각국의 대표급 선수들을 초청해서 일본에서 성대하게 개최된다.

한편 국제유도협회가 만들어진 것은 1952년이었다. 그로부터 4년이 경과한 1956년 5월에 제1회 세계 유도 챔피언 대회가 도쿄에서 열렸다. 유도를 세계에 알리는 첫 시험무대였다고 볼 수 있다. 그리고 그로부터 10년이 지난 1964년 도쿄에서 개최된 하계 올림픽에서 유도가 정식종목으로 채택되었다. 현재 추산되는 전 세계 유도인구는 약 5만 명에 이른다.

역대 일본의 유도선수 중에서 가장 대표적인 인물로는 야마시타 야스히로(山下泰裕)와 타무라 료코(田村亮子)를 꼽을 수 있다. 야마시타 야스히로는 1977년부터 1985까지 전일본유도선수권대회 9연패, 세계유도선수권대회 3연패라는 전대미문의 실적을 남겼으며 일본 유도계의 대부로 불리는 인물이다. 특히 그는 1984년 LA올림픽에서 심각한 부상에도 불구하고 불굴의 투지를 발휘하며 금메달을 목에 걸어 일본국민에게 뜨거운 감동을 선사하기도 했다.

한편 타무라 료코는 유년시절부터 일본 여자 유도의 미래를 책임질 재목으로 매스컴의 주목을 받으며 성장한 선수이다. 2000년 시드니 올림픽에서 금메달을 따며 일본열도를 열광의 도가니로 몰아넣었고, 세계유도선수권대회 4연패라는 경이로운 기록을 남겼다. 유도를 잘하는 만화 캐릭터에서 따온 애칭 야와라짱(YAWARAちゃん)이라 불리며 대중적 스타로 사랑을 받았다.

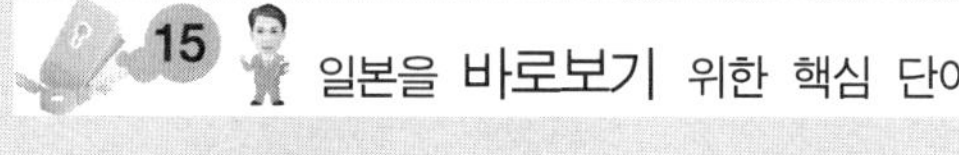

바쓰閥

현대 일본사회에는 오래 전부터 이어져 내려오는 무리나 파벌이 곳곳에 아직도 많이 남아 있다. 다양한 파벌주의가 수 백 년에 걸쳐 그 명맥을 유지해 오고 있으나 일본에서 바쓰(閥, 이해관계를 같이 하는 배타적 집단)라는 말이 사용되기 시작한 것은 메이지(明治)시대부터이다. 일본 사회 전반에 걸쳐 나타나는 바쓰는 기관, 지역, 가족 또는 공통의 지인 등의 인연으로 모여, 기업, 정부, 정당, 출신학교 등에서 배타적 소집단을 만드는 것으로 요약해 볼 수 있다.

일반적으로 이러한 바쓰는 기본적으로 계급적 부자(父子)주의에 근거하면서 고용, 승진, 정치나 거래 등에서 일어날 수 있는 모든 편의를 지배하게 된다. 바쓰의 구성원은 서로 협력하고 도와야 하며, 바쓰의 우두머리가 베푸는 은혜에는 반드시 보답해야 하는 의무도 함께 가지게 된다. 또한 바쓰의 우두머리는 가부장적인 인애를 구성원에게 베풀 뿐만 아니라 충성을 보일 것을 요구한다. 이렇듯 바쓰는 가족간의 관계 혹은 우리가 흔히 알고 있는 일본의 야쿠자 세계의 오야분(親分)과 고분(子分)간의 관계로 비춰지면서 선후배간의 계급적 성격도 함께 가지고 있음을 알 수 있게 해 준다.

실제 오야분과 고분이라는 말은 일본 현대사회의 특정 집단에서 흔히 쓰이는 말로 인식하고 있으나, 과거 일본의 봉건사회가 남긴 단어 중 하나이다. 오야분과 고분은 가상의 설정 즉 오야(親, 부모)와 고(子, 자식)의 사이에 만들어진 관계로 상호 경제적 이익과 사회적 편의를 목적으로 하고 있다.

오야분은 고분의 후생, 행동, 지도에 책임을 지는 것이 일반적이다. 오야분의 지배를 받아들인 고분은 그 은혜에 보답하기 위해 헌신적인 충성과 봉사를 한다. 오야분・고분의 관계는 19세기에 급격하게 쇠퇴했으나 오야분과 고분이라는 단어는 전통적인 인간관계가 유지되고 있는 곳에서는 아직도 사용되고 있다. 과거 형태 그대로의 오야분・고분 관계는 야쿠자 세계에 가장 잘 나타나 있다.

한편 아직도 일본사회의 여러 다양한 분야에서 그 집단의 실력자가 구성원들로부터 오야분이라고 불리는 경우가 있다. 그러나 이러한 경우의 대부분은 과거 오야분・고분의 관계 설정에서가 아니라 농담으로 하는 것으로 보면 크게 틀린 것이 아닐 것이다.

일본에서 나타나는 바쓰는 가쿠바쓰(学閥, 학벌), 자이바쓰(財閥, 재벌) 그리고 1945년 패전과 함께 자취를 감춘 군바쓰(軍閥, 군벌)와 같이 접두어에 따라 구분할 수 있다. 이렇듯 바쓰는 교육, 의학, 경영, 공무, 정치 등과 같이 일정한 훈련을 필요로 하는 직업에서 많이 나타난다. 또한 오랜 역사를 가지고 있는 바쓰로는 혼인을 통해 형성되는 게이바쓰(閨閥, 규벌)가 있다. 즉 처가와 그 친척의 세력을 중심으로 한 파벌로 정치적 혹은 경제적인 입신을 위한 발판으로 사용되기도 한다. 한편 명치유신(明治維新)에 공을 세웠던 사쓰마(薩摩)・초우슈우(長州)・도사(土佐) · 히젠(肥前) 등의 번(藩) 출신자들이 한바쓰(藩閥)를 만들어 당시의 정치와 군을 장악했었다. 이렇게 만들어진 한바쓰 정부는 일본에서 정당 내각이 출현하게 되는 1918년경까지 이어졌다.

바쓰와 거의 같은 의미로 쓰이는 하바쓰(派閥, 파벌) 역시 일본사회의 한 단면을 그려내고 있다고 할 수 있다. 하바쓰는 거대 조직 속에서 주도권 다툼의 결과 만들어지는 집단으로, 정당, 기업, 노동조합 등에서 주로 나타난다.

일반적으로 일본에서 하바쓰라고 하면 먼저 자민당 내의 파벌을 연상하게 된다. 자민당에는 총 8개의 파벌이 명맥을 이어오고 있으며 각 파벌의 목적은 파벌의 수장을 총리대신으로 만드는 것이다. 8개의 파벌이 당내에 존재하게 된 것은 1955년 보수합동이라는 당시 자유당과 민주당이 통합하면서 자유민주당이 만들어지던 때로 거슬러 올라간다. 합당으로 만들어진 자유민주당에는 통합 전 당파의 잔재가 10개 있었으며 다음 해인 1956년 자민당 총재선거를 계기로 8개의 파벌로 재편되었다. 이를 당시에 이른바 8개사단(八個師団)으로 칭했으며 이것이 지금에 이르고 있는 것이다.

이렇게 만들어진 파벌이 한층 더 발전하게 되는 계기가 되었던 것은 1996년에 중의원에서 소선거구제를 도입하기까지 지속된 중선거구제에 있었다. 중선거구제는 한 선거구에서 3명에서 5명까지 당선이 되는 제도로 특정 당에서 후보자를 복수로, 자유민주당의 경우는 항상 과반수를 목표로 하고 있었기 때문에 정원에 가까운 후보자를 입후보시켰다.

이 때문에 동일한 당내의 후보가 필연적으로 서로 경쟁을 해야 하는 상황이 벌어지게 된다. 그래서 당수를 목표로 하는 당내의 실력자들은 자신의 세력범위를 넓히기 위한 당내 계열화를 추진하고 그 집단에 들어온 입후보자에게 선거에 필요한 자금을 적극 지원한다. 당선된 후 보자는 그 파벌의 수장이 총리대신에 선출되기 위한 노력을 아끼지 않는다. 이러한 과정을 거치면서 파벌은 자연스럽게 특정 업계나 특정 지역과 연계하게 된다.

또한 각료나 국회의 주요 위원장 자리가 점차 파벌의 의원 수에 따라 분배되면서 파벌의 비대화를 조장했다. 따라서 파벌에 들어가지 않는 의원과 각료가 주요 요직에 앉는 일은 극히 드문 일이 되었다.

내각책임제를 택하고 있는 일본 내각을 들여다보면 몇 개의 파벌 대표들로 구성되어 있음을 알 수 있다. 이러한 내각 안의 파벌 유지는 겉으로 들어나지 않는 자신들만의 규칙에 의해 유지되고 있다. 가령 장관이 되기 위해서는 적어도 몇 선은 해야 한다거나, 몇 선 이하는 당의 요직이 될 수 없다든지 등의 원칙을 가지고 있다.

따라서 일본정치에서 갑자기 등장하는 스타급 정치인을 만나는 것은 거의 불가능에 가깝다고 할 수 있다. 수 없이 많은 단계를 파벌 내에서 거쳐야만 오를 수 있는 곳이 총리대신이다. 이러한 파벌주의의 가장 큰 맹점은 훌륭한 인재를 등용하기 어렵다는 데 있다. 점차 개혁성향이 뚜렷한 젊은 일본의 정치세력들의 등장으로 파벌주의가 가지고 있었던 장점들은 조금씩 줄어들 것으로 예상되지만, 파벌을 이용해 왔던 각료 사회와 정치세력이 일시에 무너지지 않는 한 파벌주의는 쉽게 사라지지는 않을 것 같다.

나가면서

일본에서 살면서, 그리고 그 동안 일본의 곳곳을 오가며 지불한 비싼 '수업료' 덕분에 지금은 일본을 가면 전혀 어색하지 않고 오히려 편한 느낌마저 든다. 그렇지만 갈 때마다 새로운 것을 발견하고 또 다른 일본의 모습에 놀란다. 어찌 한 나라를 알아가는 데 잠시 살고, 오고가며 모든 것을 알 수 있으랴.

그래서일까 일본을 다녀온 사람들은 크게 두 부류로 나뉜다. 잠시 여행을 다녀온 사람이라면 이구동성으로 깨끗하고 친절하다고 입을 모은다. 그런데 일본에서 짧지 않은 기간 동안 살다 온 사람 중에는 잠시라면 몰라도 계속 일본에 살고 싶지는 않다고 하는 사람이 적지 않다. 그래서 일본은 보이는 것이 전부가 아니라고 하는지 모르겠다. 그 속으로 들어가 같이 생활하면 한국 사람에게는 너무 이질적으로 다가오는 극복하기 어려운 무엇인가가 있는 것이 아닐까?

이 책을 통해 그러한 이질적 요소를 많이 찾았다면 내가 이 책을 쓴 의도가 성공한 셈이다. 사실 이 책은 대학의 교양강좌를 준비하면서 '일본입문'에 해당하는 내용을 정리하자는 것이 목적이었으나, 쓰면서 일본을 새롭게 바라보기 위해 필요한 내용이 무엇인가를 고민하는 데 시간을 많이 할애했다. 그것은 자연스럽게 한국적 시각에서 일본을 바라보았을 때 부각되는 다양한 요소에 초점이 맞춰지는 효과를 가져왔다.

한국과 일본, 어느 한쪽이 다른 지역으로 이사를 가지 않는 한, 해협을 사이에 두고 있기는 하지만 영원히 두 나라는'이웃집 운명'에서 절대 벗어날 수 없다. 자주 만날 수밖에 없고 가끔은 다투기도 하고 경우에 따라서는 의기투합해서 큰일을 도모해야 할 때도 있을 것이다. 아시아에 이러한 한국과 일본이 있다면, 유럽에는 영국과 프랑스가 있다. 단순히 해협을 사이에 두고 마주보고 있다는 것만이 아니라 여러 가지 측면에서 공통적으로 시사하는 바가 적지 않다.

과거 대영제국의 세력이 하늘을 찌르던 시절 영국인들은 "폭풍으로 프랑스와의 사이에 있는 해협의 뱃길이 막히면 영국이 고립되는 것이 아니라 유럽 대륙이 고립될 것이다"고 했다. 여기서 말하는 대륙은 프랑스를 지칭하는 것임을 알 수 있다. 세계사의 중요한 대목을 차지하는 100년 전쟁을 거론하지 않더라도 두 나라가 얼마나 앙숙처럼 지냈는지는 세상이 다 아는 이야기이다. 9세기 무렵에는 프랑스가 영국을 손안에 넣었던 적도 있고, 식민지 지배를 놓고 두 나라가 벌린 다툼은 지칠 줄 모르고 지속되었다. 그러던 두 나라가 지금은 유럽 전체의 주도권을 놓고 격돌하고 있다.

중국이 있고 미국이 버티고 있는데 아시아의 주도권을 놓고 한국과 일본이 다투게 될지는 더 지켜볼 일이지만, 아시아 성장의 쌍두마차 역할은 두 나라가 충분히 해 낼 수 있지 않을까? 지리적으로 자주 볼 수밖에 없는 운명적 관계에 있기 때문에 사이에 둔 해협의 이름을 놓고 줄다리기를 하고 있지만, 한편으로는 프랑스와 영국과 같이 그 바다 밑으로 해저터널을 뚫자는 계획들이 구체적으로 하나 둘씩 소개되고 있다. 아마도 해협의 이름을 합의하는 것보다 해협 밑으로 터널을 뚫을 것인가에 대한 합의가 먼저 이루어지지 않을까?

마지막으로 이 책은 앞서 발간된 '일본탐구'라는 책을 전면적으로 수정하여 만들어졌음을 밝혀둔다. 부분적으로 가필하는 과정에서 부족하다고 인지하고 있었던 내용을 추가했으며, 다양한 현상에 대한 이해를 돕고자 이미지사진을 가능한 많이 인용하였다.

20년 전 일본 유학을 통해 일본과 인연을 맺었기에 이 책은 가능했다. 그 유학의 길로 인도해 주셨던 부모님이 병중에 계신다. 빠른 쾌유를 손 모아 빌며 이 책을 두 분께 바친다.

오태헌

도쿄대학교에서 경제학 석·박사를 취득하고 대우경제연구소와 노무라종합연구소를 거쳐 현재 경희사이버대학교 국제지역학부 일본학과 부교수로 재직하고 있음.

일본 바로보기

초판인쇄 2007년 7월 30일 | 초판발행 2007년 8월 10일
저자 오태헌 | 발행 제이앤씨 | 등록 제7-220호

132-040
서울시 도봉구 창동 624-1 현대홈시티 102-1206
TEL (02)992-3253 | FAX (02)991-1285
e-mail, jncbook@hanmail.net | URL http://www.jncbook.co.kr

ISBN 978-89-5668-530-4 93830 | 정 가 15,000원